走出思想的边界

越国之殇

广州南越王墓发掘记

岳南 著

湖南文艺出版社　博集天卷

钮钟与石磬

陶响鱼

兽首衔璧

透雕凤纹牌形饰

双连璧

虎节

西耳室出土的"帝印"封泥

承盘高足玉杯

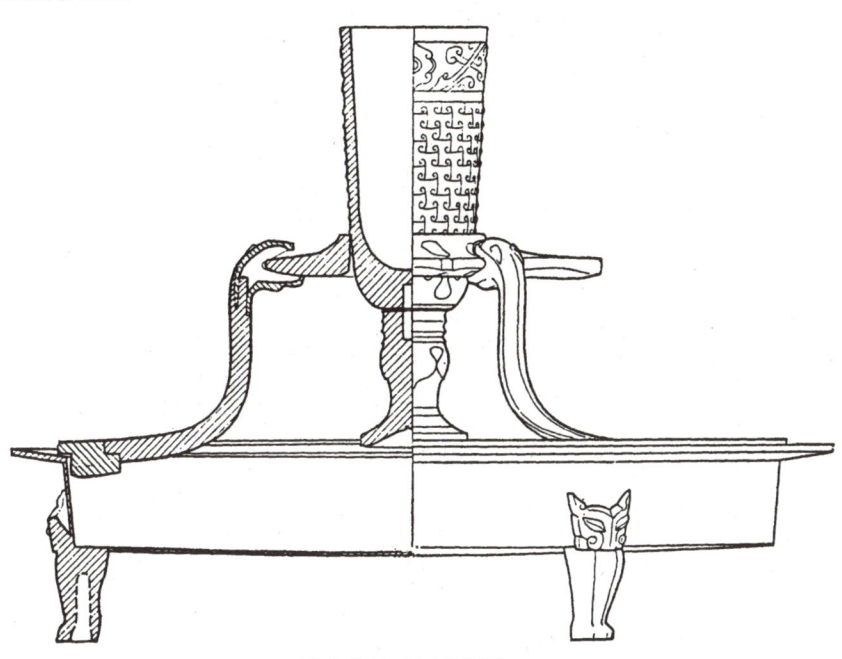

承盘高足玉杯线描图

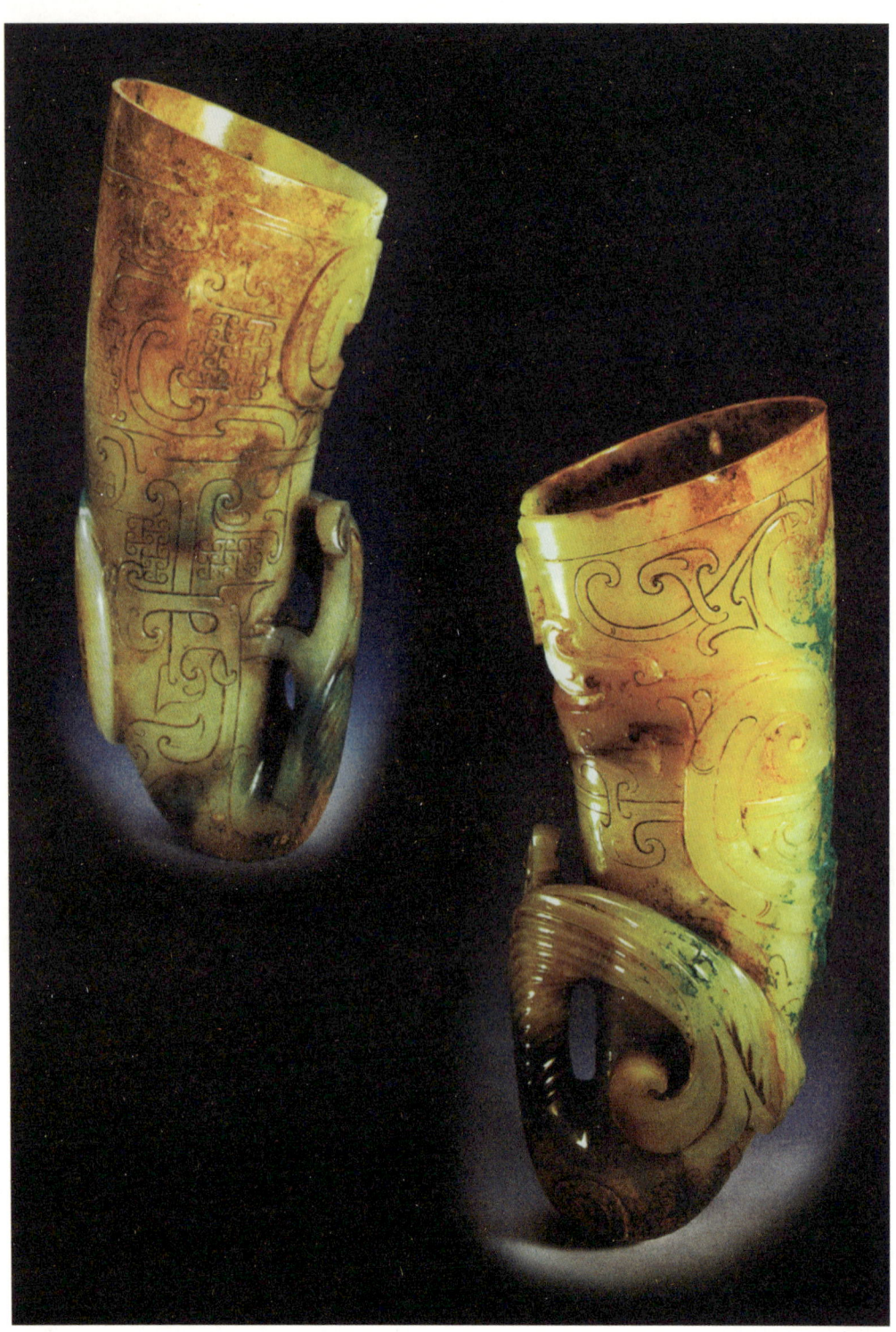

角形玉杯

黑色玉璧

玉璧

墓主组玉佩

透雕龙螭纹玉环

透雕龙凤纹重环玉佩

八节铁芯龙虎带钩　　　　　　　　龙虎带钩线描图

龙虎并体带钩

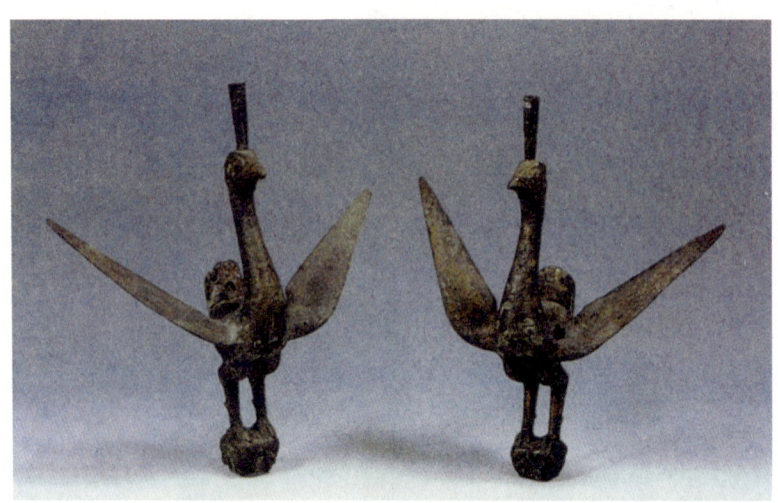

屏风上的朱雀顶饰

屏风下部的人操蛇托座

银盒

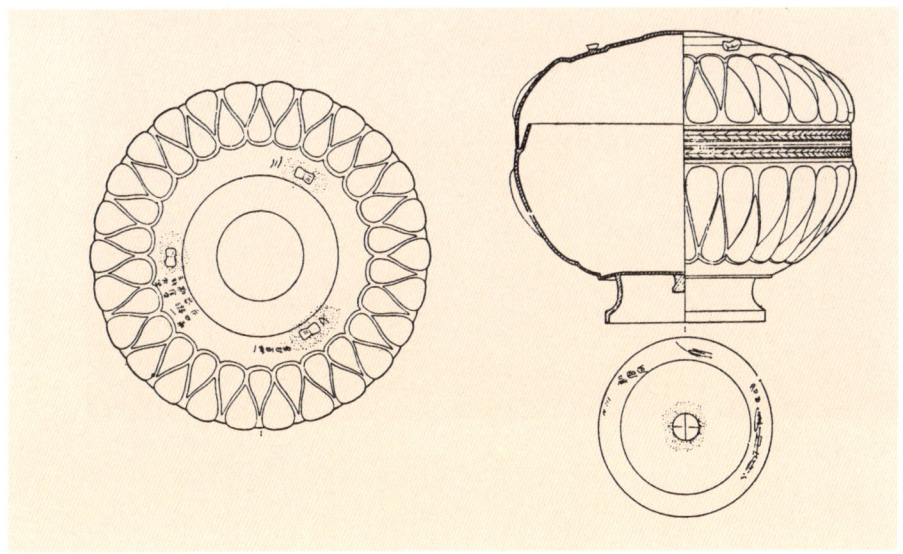

银盒线描图

陶璧中间是造型别致的银盒，内存药丸半盒

墓主头、胸部玉饰件和其他器物

为提取丝缕玉衣,考古人员在套箱前进行清理　考古人员正在套箱

修复后的丝缕玉衣

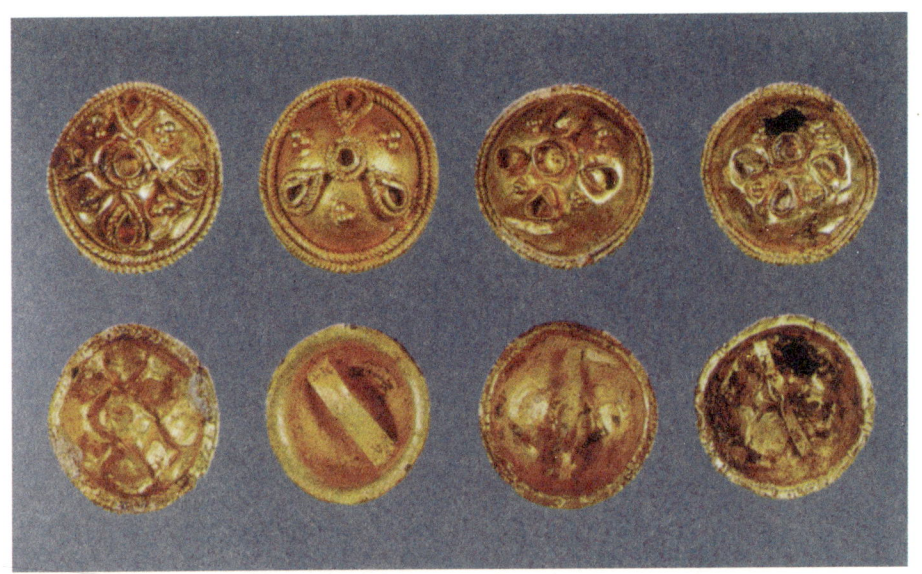

金花泡

玉盒

"帝印"玉印

"泰子"金印

"赵眛"玉印

"文帝行玺"金印

"右夫人玺"金印

"赵蓝"象牙印正面

龙纽金印出土情形

右夫人 A 组玉佩

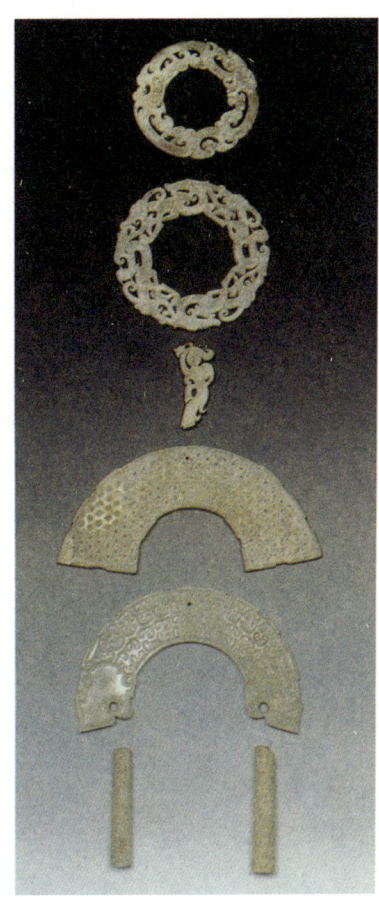

右夫人 B 组玉佩

右夫人 B 组玉佩上的舞人

"左夫人印""泰夫人印"和"□夫人印"铜印正面

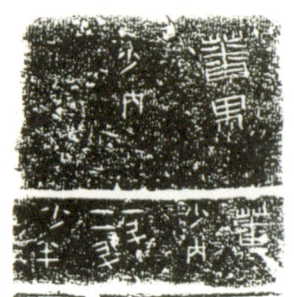

刻有"蕃禺"的汉式铜鼎

后藏室随葬器物

南越国宫殿"散水"遗迹

南越国宫署遗址出土的曲渠渠底用大型卵石布置的图案

南越国宫殿遗址出土的"万岁"瓦当的文字结构变化多姿

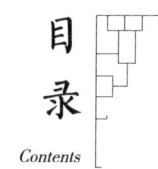

目录

序　一部走出象牙塔的成功之作（麦英豪）/1

序　章　千年隐秘 /001

第一章　端倪初露 /007
　　　　石板下，一个黑乎乎的洞穴 /008
　　　　地宫内，一扇倒塌的石门 /013
　　　　夜幕中，一个身影钻出墓室 /018
　　　　速向北京拍发电文 /025

第二章　进入地宫 /027
　　　　国务院领导的批示 /028
　　　　考古人员云集象岗 /033
　　　　解开木车移动之谜 /038
　　　　大音有声 /047
　　　　宴乐场所神秘的主人 /054

第三章　南征百越 /059

血战岭南 /060
史禄与灵渠的开凿 /068
岭南"通衢" /077

第四章　珍宝灿烂 /081

悬空发掘与虎节面世 /082
造型独特的铠甲 /092
神奇的丝绸纺织工艺 /101
又一个重要信息 /108

第五章　秦汉兴替 /113

平地起惊雷 /114
猛士如云唱大风 /119
丧钟为秦而鸣 /128
四面楚歌动垓下 /134

第六章　千年容颜初露 /141

第二道石门轰然洞开 /142
墓主棺椁今安在 /149
玉器之最 /154
发现丝缕玉衣 /163
墓主的死亡年龄 /170
镇墓之宝 /175

第七章　南越称王 /189

　　岭南割据 /190
　　掎角之势 /198
　　划岭而治 /201
　　出使南越 /207
　　南越国臣服 /218

第八章　来自岭南的震撼 /223

　　神奇的龟纽金印 /224
　　凄惨的人殉制度 /232
　　七名女人之死 /237
　　"蕃禺少内"与乘舆之谜 /239
　　南越王墓的形制 /243

第九章　南越国的兴亡 /253

　　五岭起烽烟 /254
　　血溅长安城 /256
　　汉越罢兵再言和 /262
　　南天支柱轰然倒塌 /268
　　危机四伏南越国 /275
　　历史的终结 /280

第十章　余波不绝 /285

　　令人费解的谜团 /286
　　最后的秘境 /295

主要参考书目 /303

后　记 /311

序

一部走出象牙塔的成功之作

麦英豪

岳南先生的新作《越国之殇》在付印前托友人将书稿转给我，并嘱在他新作的卷首添几句话。这使我犯难了，写什么好呢？一时思绪万千，因为我与南越王墓有不解之缘，说来话长了，唯有长话短说吧。

回想起来，我自1953年初参加田野考古工作，开始踏入文物考古之门。从那时起，我就梦想自己能有幸碰上发掘南越王墓的机会，由此而"朝思暮想"足有三十年，真是"踏破铁鞋无觅处"啊！1983年峰回路转了，一个偶然的机遇，在广州市车水马龙的解放北路象岗一个建筑工地，南越王墓被发现了！自从发现这座王陵之后，我们参与勘探、发掘、整理考古资料、修复出土文物、编写发掘报告与专题论著，又忙于筹划古墓原地保护、就地兴建古墓遗址博物馆、筹组在国内和出境的出土文物珍品展览等一连串工作。转眼又过了十多个年头，说起来又是"得来实在费工夫"哩。在这十余年中，有些日子确实是为了它而废寝忘食，但虽苦而无怨，累而不怠，何也？我们认为：值得。虽然，已发现的还不是南越开国之君赵佗的墓，而是二主的墓，但也是难能可贵的了。我觉得南越王墓的发现，不仅令岭南震撼，而且令中外震惊，因为它的文物价值实在太重要了。正如国家文物

1

局顾问谢辰生先生说的,南越王墓有三个至为难得:首先,从建国后的考古发掘所见,凡属大型的墓几乎都被盗掘过,十室九空。而南越王墓未受盗扰,保存完好,实在难得;其次,发现时墓内未遭任何扰乱破坏,这对科学研究有特别重要的价值;还有,这座石室墓是岭南发现规模最大、随葬遗物最丰富、墓主人身份最高的西汉大墓,司马迁的《史记》,班固的《汉书》均为主人入传,因而墓主的史事清楚,年代精确。试看,新中国成立五十年来在各地发现的大量汉墓中,有几座墓的主人是在《史记》《汉书》中有传可查的呢?

另一方面,南越王墓发掘后已出版有《西汉南越王墓发掘报告专刊》,台湾光复书局出版了《中国文物考古之美——岭南西汉的宝库》的专著。出土的文物珍品又先后在北京故宫、中国历史博物馆(今中国国家博物馆)、香港中文大学文物馆、台湾故宫博物院与历史博物馆以及境外的日本、德国等多个地方举办专题展览,都有精美的图录刊行。在围绕墓主人身份的考证等问题上引发学术争鸣的文章连篇累牍,虽未刻意经营,却已构成了南越王墓学术研究的系列。这样的学术效应,在岭南的考古发现中,至今仍无出其右者。近日,还接到一个信息:1999年世界建筑师大会第二十届年会在北京召开,南越王墓博物馆被大会属下组织评定为20世纪世界建筑精品。秦代造船遗址、南越国宫署遗址、南越王墓被誉为广州秦汉考古三大发现,这三个重要的秦汉文物史迹已由国务院公布列为全国重点文物保护单位,这是广州历史文化名城的精华所在。

《越国之殇》又为南越王墓学术研究系列增添一本别开生面的新作。我认为这本书有如下几点是值得称道的:

一是具有可读性。本书以发掘报告为蓝本,结合作者大量调查、采访中得来的与发掘相关的人和事等素材,采用纪实文学的手法,将发掘的全程分层铺开,在关键的地方切入秦汉期间的历史背景、南越国事件与南越的历史人物等。在叙说古墓各部分的发掘过程中既见现场,又见人、见物、见史,情节生动。即使不搞考古的人也能读懂,并读出兴味来。

二是史物结合。全书按发掘的先后分章,各章紧扣"史物结合,以物带史"的原则。本书是一本文学作品,所以它可以不必依循考古发掘报告专刊对遗址与遗物要客观、要全面的报道规范要求,又可以根据情节的需要对遗迹遗物等自由取舍。作者刻意把相关的考古学知识与历史的基本事实巧妙地结合起来，穿插到各章节之中，夹叙夹议，娓娓而谈，这就摆脱了发掘报告或专题研究难以避免的冗长与涩味；同时，又有别于一般以精美文物图片为主体的各种图录与图册。

三是具有相应的学术水平。作者注意了南越王墓发掘后对墓主人身份、世系等问题而引发的学术争鸣，把各家不同意见一一列举，作者对此也表明了自己的看法，让读者有个明晰的了解，启发读者的思考。书后又附"主要参考文献"，汇编了与研究南越王墓有关的书刊、论文等目录，注明出处，给读者以查阅研究的方便。

四是走出象牙之塔。新中国成立五十年来，许多重大的考古发现都有了研究成果，但这只是备受国内和国外专家、学者所关注，远未能为广大公众所了解和接受，尤其是专业的考古著作，一般读者不容易读懂。今天，我们要加强对文物考古的宣传，必须重视编写、出版有关文物考古方面的普及读物，以适应不同文化层次的读者需要。只有随着公众对文物保护意识不断增强，文物考古才能逐步走出象牙之塔。本书作者把文物考古、历史与文学三者结合的尝试，我看是成功的，它对普及文物考古知识和历史文化知识做出了贡献。如果我们考古界的同仁也能如此笔耕，文物考古走出象牙之塔也就有望了。

是为序。

麦英豪

2000年中秋节于羊城

【简介】麦英豪（1929—2016），广东番禺人，毕业于广州大学教育系。20世纪50年代初从事田野考古发掘与研究工作，先后参加、主持了山西侯马晋国铸铜遗址、北京大葆台汉墓、广州秦代造船遗址、西汉南越王墓、南越国官署遗址等大型遗址墓葬的发掘工作。主编、撰写《广州汉墓》《广州西村窑》《西汉南越王墓》《穗港汉墓》《汉代番禺——广州秦汉考古举要》等大型图录和文物考古论著十余部、论文五十余篇。历任广州市文物管理委员会考古队负责人、广州市文物管理委员会副主任、广州博物馆馆长、西汉南越王墓博物馆顾问、香港中文大学文物馆名誉顾问、全国历史文化名城保护专家委员会委员等职。多次获国家、省、市各种奖励与荣誉称号，2003年荣获全国"五一"劳动奖章。

序 章
千年隐秘

越国之殇

西汉建元四年（公元前137年）深秋，割据岭南万里之地的南越国，发生了一件惊天动地的大事——一代开国雄主、南越王赵佗，终于走完了一百多个春秋的生命历程，极不情愿又无可奈何地抛下了为之经营、奋斗长达八十余年的恢宏基业，撒手归天。

这位南越王被誉为"南天支柱"，他的归西使南越国朝野上下顿时陷入了巨大的惊恐和悲恸之中。继位的次孙赵胡强忍哀痛，在纷乱的事务与动荡不安的局势中，召来忠诚的臣僚、丞相吕嘉密议，为其祖父——南越国的缔造者赵佗，举行了自开国以来规模最为隆重，也最为特殊、隐秘的盛大葬礼。

早在此前的若干时日，素以英武刚毅、老谋深算著称的南越王赵佗，不知是出于对自己亲手创立的这个王国前途未卜的忧虑，还是出于对盗墓者的恐惧，就在他处理着一件件政务的同时，也对身后之事做了周密的安排。他让自己的心腹重臣、丞相吕嘉，挑选一批得力的人马，在南越国都城番禺郊外的禺山、鸡笼岗、天井等连岗接岭的广袤地带，秘密开凿疑冢数十处，作为自己百年之后的藏身之所，以让后人难辨真伪而不遭盗掘。

现在，赵佗已魂归西天。根据祖父临终前的密嘱，赵胡与

吕嘉以及几位心腹臣僚在做了周密严谨的布置后，于国葬之日，派出重兵将整个城郊的连岗接岭处包围得密不透风。稍后，无论是规制，还是规模都极为相似的灵柩，同时从都城番禺的四门运出，行进的送葬队伍在灵幡的导引下，忽左忽右，忽进忽退，左右盘旋，神秘莫测。当运出的灵柩全部被安葬完毕后，除赵胡和身边的几个重要亲近大臣外，世人无一知晓盛放赵佗遗体的灵柩以及陪葬的无数瑰宝珍玩到底秘藏于何处。

就在赵佗谢世26年后的西汉元鼎六年（公元前111年），历时93年的南越国，在汉武帝十万水陆大军的强攻下，宣告灭亡。曾盛极一时、威震万里边陲的南越国，在西汉一统的华夏版图上消失了。但是，关于南越在立国近一个世纪中发生的恩恩怨怨、是是非非以及那些愉快或忧伤的故事，并未在世人的记忆中消失。尤令后人格外关切和念念不忘的是，南越王赵佗以及他子孙的墓葬连同陪葬的无数奇珍异宝到底匿藏于何处？

随着新的历史格局的形成和变迁，一个探寻和盗掘南越王墓的时机也随之到来。于是，那一心想着发鬼魂之财的各色人等，很快便坠入寻掘陵墓的征途之中。他们借着当年南越国遗老遗少留下的种种传闻以及史书秘籍显露的蛛丝马迹，踏遍了南越国故都番禺城外的白云山、越秀山以及方圆数百里的无数山冈野岭，企图探查到南越王的真正葬所。遗憾的是，这些人无不枉费心机，空手而归。

恍惚间，许多年过去了，尽管世人对探寻南越王墓、掘冢觅宝的欲望未减，痴心不改，但南越王赵佗及他后世子孙的亡魂，仍安然无恙地匿藏在山野草莽的隐秘之处，未露半点峥嵘。

斗转星移，岁月如水，历史在几度翻云覆雨的流变中敲响了大汉王朝的丧钟，在这丧钟敲响时那洪大凄凉的噪声中，一个魏、蜀、吴三国争雄、狼烟四起的新时代随之到来。就在这新一轮大拼杀、大动荡、大折腾的格局中，一次看似意外的事件，引发了历史上规模最大也最为凶悍的寻掘南越王墓的狂飙。

黄武四年（公元225年）春，称帝不久的吴主孙权，为纪念先父含辛茹苦创下的江东基业和施给后世子孙的福禄恩泽，突发慈悲之心，诏令治下臣民广修孙坚庙，以示永久的纪念与膜拜之情。诏令既出，举国响应，各地臣僚政客无不各显神通，争先恐后地开始行动起来。隶属于东吴版图之内、统治长沙地区的臣僚同样不敢怠慢，想尽招数，倾尽财力以应上谕。由于此时的长沙尚处于偏乡僻壤、地瘠民贫的穷困境地，致使臣僚们虽竭尽全力以图主子的褒奖，但终因规模庞大的孙坚庙费工颇多、耗资巨大，加之时间紧迫而感到举步维艰、难以应付。就在这使他们颇感尴尬与狼狈的境况中，不知是哪个官僚顿起邪念，向长沙的最高统治者献出了发冢掘墓、以鬼魂之财弥补修造孙坚庙之缺的主意。出乎多数人意料的是，这个主意竟在长沙上层统治者反复斟酌思量后，很快得到批准和实施。于是，由部分官吏和流氓无产者组成的盗墓队伍很快被组织起来，开始明火执仗地大肆盗掘。只十几天工夫，凡长沙城郊能搜寻到的大墓巨冢尽被挖掘一空，即使是西汉王朝的开国功臣、由汉高祖刘邦亲自册封的第一代长沙王吴芮的墓葬也未能幸免。当群盗众匪在发掘吴芮那"广逾六十八丈"的巨冢时，意外发现这位死于公元前202年的长沙王，虽历四百多年的土埋水浸，仍衣帛完好，面色如生，犹如刚刚逝去一般，至于那随葬的大批奇珍异宝、丝帛服饰，更是光彩夺目、艳丽如鲜，令人瞠目结舌。

随着长沙郊外无数巨冢大墓的被盗掘，孙坚庙得以顺利建成。与此同时，长沙上层的大小臣僚也大大地发了一笔鬼魂财。作为一代霸主的吴大帝孙权，在得知先父的功德碑已赫然矗立于长沙的庙堂，并得到长沙官僚进献的奇珍异宝后，惊喜异常。他除毫不犹豫地为长沙官僚们大加封赏外，也从他们的行动中受到启示，感到发鬼魂之财实在是一笔无本万利的好买卖。在这个邪念的驱使下，他干脆一不做二不休，诏令官兵在都城建业（今南京）郊外悄悄干起了刨冢掘墓的勾当。当那些从坟堆里掘出的奇珍异宝源源不断地运往宫廷时，孙权更是精神大振、惊喜万分，并决定将这个买卖继续做下去，其地点不只局限于建业一地，还要将业务范围扩大到一切可能去的地方。主意打定，他便找来一帮臣僚专门负责打探巨冢珍宝的处所，当他得知南越国的国王赵佗死后曾随葬有大量奇珍异宝并一直未被后人盗掘时，立即命将军吕瑜亲率5000精兵，翻越雾瘴弥漫的五岭，在南越国故地大张旗鼓地搜寻、盗掘南越王家族特别是南越王赵佗的墓冢。由于南越王赵佗及其后世子孙的墓冢极其隐秘，吕瑜和手下兵将于番禺城外的山冈接岭处伐木毁林，凿山破石，四方钻探，在折腾了半年后，总算找到了赵佗曾孙、南越国的第三代王赵婴齐的墓葬，并从这座墓穴深处盗掘出"珍襦玉匣三具，金印三十,一皇帝信玺,一皇帝行玺,三纽铜镜"等大批珍宝。令孙权大帝感到遗憾的是,直到吕瑜的精兵不得不撤出岭南返回东吴腹地时,始终未能获取有关赵佗和其次孙赵胡的墓葬秘所,哪怕是点滴的线索。

孙权兵发岭南掘冢觅宝的行动,再度引发了当地掘冢刨墓的风潮。当吕瑜的大军撤出后,整个岭南大地盗贼蜂起,无数双贪婪的眼睛盯上了番禺城外那连绵的山冈野岭,并绞尽脑汁四处访凿,希图搜寻到连孙权大军都无从探访到的赵佗以及赵佗家族的墓葬。但让盗贼们恼恨和失望的是,任凭他们怎样地踏破铁鞋也无处寻觅,辉煌的梦想无不一个个变成泡沫,化为乌有。

当历史的长河跨越千年的时光隧道流淌到1916年5月11日,岭南台山一个叫黄葵石的农民,在广州东山龟岗建房时,不经意地在其地下挖出了一座南越国时期的古冢,从中出土了陶器、玉器、铜器等多件随葬品,同时还出土了上刻"甫一、甫二、甫十"等字样的椁板。这一古冢的意外发现,立即轰动了广州乃至整个中国学界,唤起了人们渐已淡忘的记忆,许多研究者认为这便是当年孙权派将军吕瑜寻而未获的南越国第二代王赵眛的墓冢。但有的学者在经过冷静而深入的研究后,认为这座古冢只不过是南越国某位高级贵族的墓葬而已,而真正南越国第一、第二代王的墓穴,仍在广州郊外的山岗接岭处深藏未露。于是,围绕东山龟岗古冢是否是南越王墓的问题,在中国学界展开了一场旷日持久的争论,论战波及之广,连当时最为著名的金石学家、国学大师王国维也卷了进来,从王氏留下的文章看,他对此墓属于南越王的墓葬坚信不疑。

就在这场吵吵嚷嚷、各执一词的论战中,现代田野考古学由中国北方传入偏南一隅的广州,1931年广州黄花学院的成立,标志着岭南地区现代考古学的萌生与开始。新中国成立后,1950年广州文物管理委员会宣告成立,意味着一个前景广阔的田野考古时代的到来。隶属于这个委员会的考古人员,以生逢其时、天将降大任于斯人的凌厉之气,将南越王赵佗的陵墓列为重点调查、探寻的对象。从50年代到80年代初,在为期三十多年的风云变幻中,考古人员根据汉朝陵墓大多远离都城百余里的特点,结合现代田野考古发掘知识,判断当年南越国的赵佗,也一定会承袭汉制,其陵墓不会建在广州近郊,而应在稍远的山峦深处。由此,考古人员依据这种推断,将调查、探寻的目标重点放在了广州城外远郊县区的荒山野岭之中,并于50年代到60年代

序　章　千年隐秘

短短的十年间，在广州市郊34个地点发掘南越国时期的墓葬两百余座。但令这些新时代的考古骄子颇为沮丧的是，如此大面积地探寻和发掘，依然未发现赵佗及其子孙墓穴的半点线索。

随着时间的推移和现代田野考古经验的积累，广州市考古人员渐渐感到过去的推断可能存在着失误和偏差，也就是说南越王赵佗及其子孙的墓冢可能在广州城的近郊而不是在偏远的山冈野岭。在这种新思维的驱使下，考古人员遂调整方向和目标，开始舍远求近，将重点放在城外近郊的调查和发掘上。1982年，时任广州市文物管理委员会副主任并主管考古业务的著名考古学家麦英豪，率黄淼章、陈伟汉、冼锦祥等几员虎将，在广州城北门外一个叫象岗的小山包中，发现了一个规模较大的墓葬，这个墓葬的发现使麦英豪等人异常欣喜，认为可能与赵佗家族的葬所有关。但当他们实际发掘后，才确切地得知，此次发现的只是汉朝王莽时期一个早已被盗过的贵族的墓葬，考古队员们再次由欣喜转为沮丧，对象岗这个小山包的探寻渐渐失去了热情，并将勘查地点移到他处。

这个时候的麦英豪及其手下的几员虎将们尚不知道，就在离他们的发掘现场仅有50米的半山腰

考古人员在广州郊外寻找赵佗及其子孙神秘的墓穴

考古发掘的南越国时代文物

005

中，竟埋藏着他们昼思夜想、苦苦探寻的千年隐秘。

有道是，虎去山还在，山在虎还来。一年之后，麦英豪等人再度重返象岗山，而这一次到来，等待他们的将是那千年隐秘的揭开以及整个岭南的震撼。

第一章 端倪初露

越国之殇

象岗小山包，一群凿石刨土的民工。断裂的石板下露出一个黑乎乎的洞穴，牵动了考古人员敏感的神经。深山藏古冢，探险大行动。夜幕下，幽暗的地宫透出灿烂的亮色，辉煌的宝藏令人心惊，南越王陵初露端倪……

石板下，一个黑乎乎的洞穴

工地一角

石板与周边土层裂缝

　　1983年6月9日，这是一个无论对广州的大小官员还是平民百姓都无足轻重、极为平常的日子，整个广州市区的城里城外都没有什么格外引人注目的大事发生。尽管天空不时地落下些如雨似雾、缥缈不定的细小水珠，但天气仍让人感到有些闷热，生活在这里的人们似乎早已习惯，没有人感到什么异常和特别之处。大家都遵循生活早已为自己安排好的游戏规则，或喝茶，或聊天，或看报，或不住地忙碌奔波。偶尔有几个地痞流氓在菜市场或酒店、茶肆闹出点有悖常规的声响，也没有人感到分外惊讶和新奇。现代社会的机器仍按照自己固有的规律，在东南这座临海凭风的都市里运转。

　　此时，在广州市区北部一座名为象岗的小山包半山腰上，伴随着推土机的轰鸣，几十名民工正在"劈里啪啦"地凿石刨土。尽管天空不时落下些水雾和汗水交织在一起，弄得周身黏糊糊地让人觉得不够爽快，但对做惯了辛苦活计的民工们来说，没有人抱怨苍天的不公和世事的不平，依旧有说有笑地从事着命运赋予自己的那份职责。

　　当原本海拔高度为49.71米的小山包被凿掉17米时，有民工突然发现自己的镐头下出现了一个不同寻常的变化，只见那风化得有些零碎的花岗岩石块不见了，代之而来的是一块又一块整齐排列的砂岩石板。

第一章 端倪初露

"唉！这是咋回事，怎有这么好的大石板埋在这里？"有人用镐头敲打着石板不解地向同伴问道。

同伴们似乎并未感到有什么稀奇，石板与石块对他们来说只是名称的不同而已，并没有什么本质的区别，被问的民工只是抬头随便应了句："管它什么石块石板，反正都是石头，又不是金子，你尽管挖就是了。"于是，民工们又甩开膀子"叮叮当当"地劈凿起来。

这样的情形大约过了半个时辰，最早觉得有些异常的民工感到眼下的石板似乎有些不太对劲，便找了把长尖的铁镐悄无声息地插入石板与石板之间的缝隙里撬动起来。随着石板不断地移动，那缝隙越来越大，不时有碎石泥土"稀里哗啦"地掉在缝隙之内。

"奇怪哩！"那撬动石板的民工自言自语地说着，停止撬动，弯腰俯身想看个究竟，无奈缝隙太小，地下黑乎乎的，像个洞穴，但什么也看不清，于是这个撬石的民工怀揣一种难以言状的心情，将身边的几个同伴喊过来，让他们找来几把铁锹插入缝隙中同时撬动，在低沉有力的"一、二、三、四"的号子声中，石板的缝隙迅速扩大开来。这样反复折腾了大约半个小时后，有人拔出铁锹，擦着脸上的汗水再次俯下身去看个究竟。恰在此时，一束亮丽的阳光穿过飘荡不定的云层照射下来，借着太阳的光亮，此人蓦地看到在这石板的下面竟然是一个硕大的洞穴。

"哎哟，快来看，这下面是一个洞哩！"俯身窥视的民工抬头惊喜地喊着同伴，众人扔下铁锹纷纷低下身来。

刚刚钻出云层的太阳又被乌云遮住，石板下那个洞穴黑乎乎一片，几个人什么也没有看清，只是感到这下面很像是一处人为的地下建筑。周围的民工看到这几个人神秘兮兮地俯身窥视、议论着什么，也好奇地提镐持锹靠拢过来，并弯腰俯身顺着缝隙向下观看。同此前的几个人一样，大家除看到一个黑乎乎的洞穴外，别的什么也没有发现。

仅仅看到一个黑咕隆咚的洞穴，自然不能满足众位民工的好奇心，于是有人展开想象的翅膀，开始声称这是20世纪70年代修的一个防空洞，其目的和用途是预防苏联发射到中国的原子弹在广州爆炸。这个解释使部分人信以为真，但也有人感到仅仅是一个防空洞还不够刺激，便以不同的见地言称此处是日军侵华时，在这个山包中秘密修建的一座军火库，下面匿藏着的必

009

明末清初的广州城（引自《羊城晚报》2009年8月9日）

这是一张烧瓷画中明末清初广州的景象：山清水秀，亭台楼阁，极尽舟楫之利；兼有城防坚固，城厚墙高，旧城区还另有古城墙和瓮城分隔。城内可见越秀山五层楼、六榕塔、光塔、西门口；城外可见西濠口、海皮（长堤）、珠江海珠炮台（海珠石）、象岗山……只是不清楚作者姓名，烧瓷画的英文名叫"China Castle Map"，即"中国城堡位置图"。据专家推断，这幅烧瓷画的产生有两种可能：一是外国人根据当年的照片，由画家画成后烧成瓷器。二是当年中国陶瓷艺人，描在出口贸易瓷器上的图画

是成捆的炸药和炸弹。这个横空出世的推论一经提出，许多胆小怕事的人立即退避开来，似乎地下那成捆的炸弹马上就要爆响，而爆响的结果必然是自己身首异处，血肉横飞。但这类胆小怕事的毕竟属于少数，更多的人则在好奇心的驱使下，极力主张将石板尽快揭开，洞穴中的一切将不辨自明。于是，几十个民工围绕一块石板，或用锹或动镐，用比此前任何时候都加倍的努力和热情再度"劈里啪啦"地凿撬起来。眼看石板的缝隙越来越大，洞穴中的一切即刻暴露于世，正在这个时候，一个人的突然到来，使这个行动未能进行下去，这个人就是广东省政府基建处的基建科长邓钦友。

作为基建科长的邓钦友，早在1980年年底，就受上级的指派，组建一干人马来到象岗山凿石平土，欲为省政府机关的工作人员建造四幢高层公寓楼。象岗的山势为南北长、东西窄，形如一头卧伏的巨象，故得名象岗。此山冈原与广州城外著名的越秀山相连，是越秀山最西边的一个小山冈。这个看似平凡的小山冈，同越秀山的母体一样，原来也是古树参天，野草丛生，鲜花遍地，流水潺潺，是一块难得的风水宝地。只是到了明代洪武十三年（1380年），统治者欲将宋

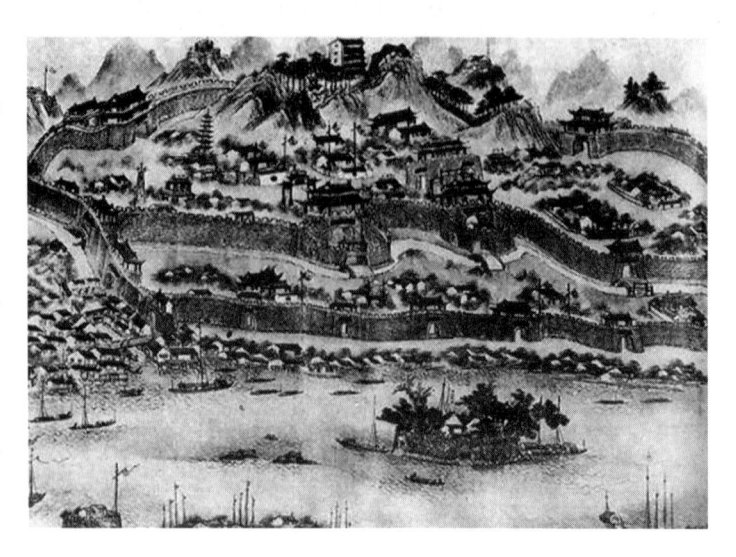

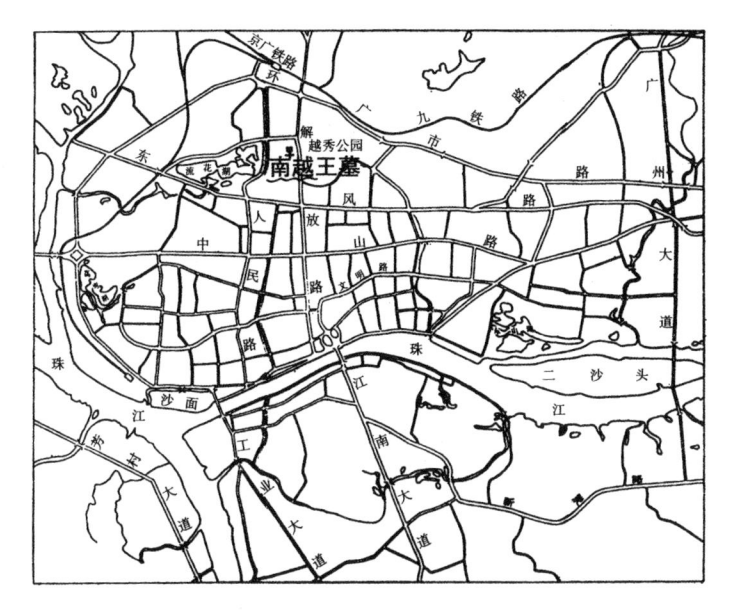

南越王墓位置示意图（引自《南越王墓发掘报告》）

代番禺的三城合一，开辟城北山麓，拓北城八百丈，凿象岗为北门，把城北小道拓展为宽阔的直街，以作为北面入城的主要通衢。象岗由此被拦腰截断，开始脱离越秀山母体而成为一座孤零零的小山包。清顺治十年（1653年），广州的统治者下令在象岗顶上修巩极炮台，与北面和东北面相邻的保极、永宁、耆定共四座炮台，连成拱卫广州北城的防线。由此，象岗的古树野草遭到了大规模的砍伐和铲除，景致渐衰。到了20世纪五六十年代，象岗被划为军事禁区，由解放军官兵凿挖了部分掩体。当70年代军事禁区被取消之后，许多部门占用山冈地势开始建楼盖房，此风一开，仅数年间，一幢幢楼堂馆所遍布于山冈左右。到1980年年底，广东省政府机关基建部门又看上了象岗山残余的最高峰的一个孤堆，决定凿平盖楼，作为基建科长的邓钦友才终于由一名普通的机关工作人员变成了注定要在中国考古舞台上留下一笔的幸运儿。

邓钦友等奔赴象岗的第一件事便是铲平清代建造的巩极炮台基地。也就在这个基地的铲除过程中，先后发现了几座西汉晚期、晋朝、明朝等不同时代的古墓葬。尽管这些墓葬较小且大多被盗，但广州市考古人员得到线索后，还是前往进行了详细的清理。作为负责象岗工地施工任务的邓钦友，在和考古人员的接触中，对古墓葬保护的重要性以及清理程序，逐渐由陌生到熟悉，并在脑海中打下了深深的烙印。正是凭着几年来从考古人员那里学到的一点识别和保护墓葬的常识，才有了他以下非凡的举动。

当进城办事的邓钦友返回象岗工地时，发现民工们围在一起正指指点点地议论着什么，禁不住走上前去看个究竟。尚未靠近人群，有嘴巴灵活的民工便殷勤地告诉他："邓科长，这里发现了一个大洞，快来看看这洞里到底有啥！"

"什么样的大洞？"邓钦友有些惊讶地问，急步挤进人群。这个时候几条身强力壮的汉子正在挥镐弄锹喊着"嗨呀""嘿呀"的号子用力撬砸着一块大石板。

邓钦友不动声色地围着摇晃的大石板转了两圈，蓦然感到了什么，急忙让大家住手，随之跨到近前俯身从石板的缝隙中向下窥视。由于此时裂缝的最宽处已被撬开达0.3米，洞穴内的形制基本可以辨清，散落在其中的器物也影影绰绰地显现出来。根据看到的情形，邓钦友初步推断，这个洞穴很可能是一座巨大的古墓，既然是古墓，就应当受到保护并迅速通知考古部门前来鉴别。想到此处，他起身对仍在跃跃欲试的大汉们说："下面很可能

墓葬所处地下位置图（引自《广州南越王墓》）

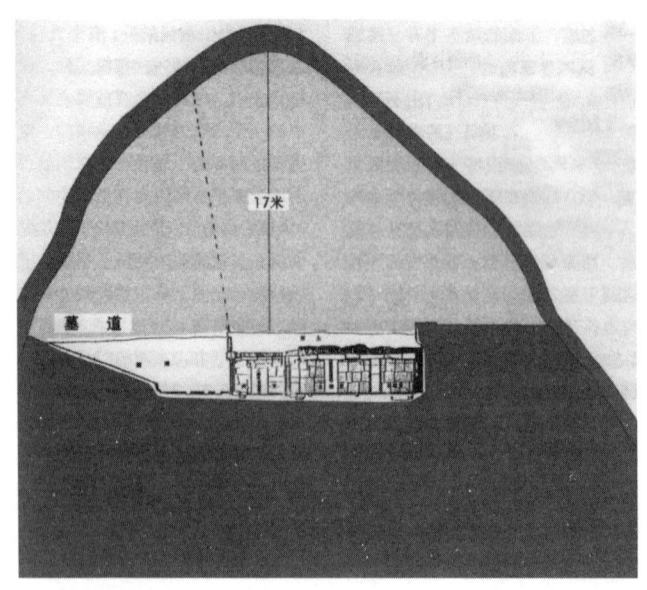

是一座巨大的古墓，大家不要再掘下去了，你们在这里守着，不要乱动，我去打个电话把情况报告一下，请文管会的人来看看再做打算。"说着，转身向山冈下面的广州中国大酒店走去。

地宫内，一扇倒塌的石门

邓钦友借助中国大酒店的电话，首先拨通了广东省政府办公厅值班室，值班室负责人得此消息，立即做了"严加看护，不要使之受到任何破坏，并速向广州市文物管理委员会报告，建议他们派人前去调查"的指示。根据这个指示，邓钦友拨通了市文管会考古队的电话，在报告了象岗发现的情况后，又转达了省政府办公厅值班室的指示。值班的考古人员黄淼章接到电话后，未做半点迟疑，立即同考古队员陈伟汉、冼锦祥等骑自行车赶到象岗施工工地。此时工地上的民工已停止了手中的工作，将洞穴围得水泄不通，邓钦友守在石板缝隙的旁边，正焦急地等待考古人员的到来。

黄淼章等人挤进人群，立即对现场进行勘查，发现这既不是"文化大革命"期间部队修筑的防空洞，也不是侵华日军构筑的秘密军火库，而是一座石室古墓。从整体看上去，这座古墓构筑在象岗腹心约二十米的深处，墓顶全部用大石板覆盖，石板的上部再用一层层灰土将墓坑夯实，

象岗地形图（引自《广州南越王墓》）

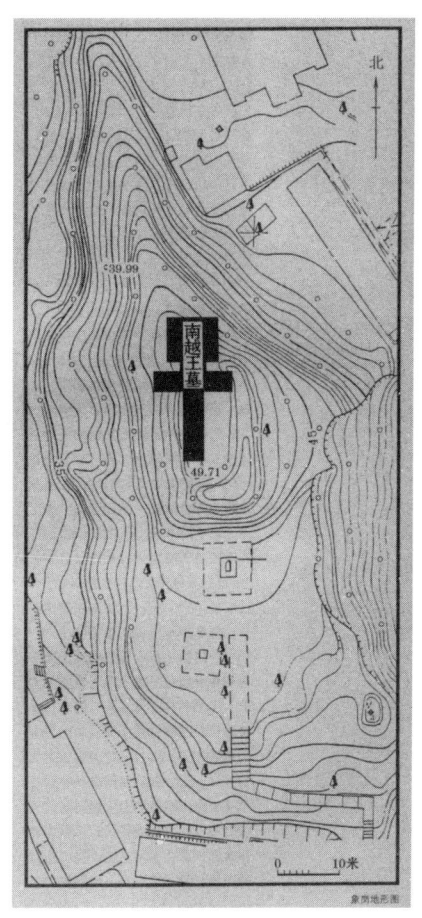

地宫内散乱的器物

以达到封闭的效果。在过去三十多年的考古调查和发掘中，凡广州郊区发现的石室墓都是明代之后建造的，就在此前不久，考古人员还在广州铁路局附近发掘了一座石室墓，经考证是明代一个叫韦眘的太监的墓葬。正是由于先前的经验，黄淼章等人在勘察后，做出了"此墓有可能属于明代"的结论。

外部的情形勘查完毕，黄淼章从怀里掏出装有两节电池的手电，透过手电射出的光，俯身从石板的缝隙向下观看。由于下面的墓穴过于庞大，加之外部光线的干扰，射到墓穴中的手电光显得极其微弱，如同萤火在黑夜中晃动。尽管如此，黄淼章还是窥到了墓穴前室的石壁、石门等较明显的建筑物。稍后，随着手电光的不断移动，黄淼章又在室内散乱的一堆杂物中看到了一件类似铜鼎一样的器物，从这件器物的外部造型看，当是汉代之前的葬品。看到此处，黄淼章站起身对同来的陈伟汉、冼锦祥激动地说："哎呀，里边大极了，以前没见过这样大的墓室，不得了啊！"

"看到什么东西没有？"陈伟汉问。

"看不太清楚，不过我看到一件很大的器物，好像是个大铜鼎，从外形看是汉代之前的，这个墓看来不是明代的，可能是汉代或者汉代之前的……"未等黄淼章说完，站在旁边的冼锦祥很有些不以为然地打断道："别胡扯了，你肯定是看花了眼，要不就是想南越王想疯了，你想想看，我们什么时候发现过汉代的石室墓？再说即使你看到的那件器

物外形是汉代的，也不能说明这个墓就是汉代的，明代有许多器物就是仿照汉唐制造的，我看这还是一座明代墓。"听了冼锦祥的话，黄淼章点点头，继而又摇摇头，略做沉思，说："不，我有一种感觉，这不像是明代的墓葬，不像。"说着将手电筒递给了陈伟汉："你们再看看。"陈伟汉和冼锦祥以及另外两名考古队员相继窥看了墓室后，也感到有些不同寻常，但对此墓到底属于汉代还是明代仍难以下确切的结论。黄淼章望着大家有些疑惑的脸说："我看这样吧，你们在这里等着，我打个电话叫老麦来看看再做结论吧。"说着转身向山下走去。

邓钦友（右一）给麦英豪（右二）等考古人员讲述发现古墓情况（引自《广州南越王墓》）

约二十分钟后，广州市文管会副主任、广州博物馆馆长、著名考古学家麦英豪来到了象岗山。这位新中国成立以来广州第一代考古工作者，曾率领考古队员几乎踏遍了广州地区所有的山山水水，调查、发掘了近千座墓葬，从而积累了丰富的考古经验和广博的学识，每当有较大的墓葬发现，必定由他亲自主持发掘。在广州地区现代田野考古的历程中，麦英豪始终起着举足轻重的作用。听到黄淼章的电话汇报后，他在惊喜的同时也存了些疑惑，在自己三十多年东奔西跑的考古生涯中，汉代的石室墓的确尚未见过，所见的石室墓均属于明代之后。如果这次黄淼章所看到的墓室中的大铜鼎确属汉代而不是明代的仿古器物，那么，这座墓的考古价值就非同寻常了。当然，这时的麦英豪尚没有想到他将要

015

面对的就是他和他的同伴苦苦探寻的那个千年隐秘的处所。或许，三十多年的奔波，已使他对那个千年隐秘的追寻热情渐渐冷却；或许，那久久积蓄在脑海中的幻想，在岁月的淘洗磨炼中已失去了当初的锋锐；或许，他不相信幸运之神会在这个极为平凡的日子向他招手并降临到自己的面前。此时的他断然不会想到几十年来只在梦中经常看到的南越王墓已显露端倪，他甚至连汉代这个词都不再去想。几十年的考古经验告诉他，对一个墓葬或一件器物的断定，绝不能先入为主，这样很容易误入歧途，他甚至喜欢从否定走向肯定，以逆向的思维态势和严谨科学的态度使自己对纷繁杂乱的事物或事件，做出更准确、更经得住历史检验的判断。他反对先入为主的工作和科研态度，当然更反对那不着边际的哗众取宠。为此，面对迎上来的几位年轻的考古人员，他第一句话问的是："是不是防空洞，这里在过去可修造过不少这类的东西！"当他听到大家几乎异口同声地说"不是，绝对不是，肯定是一座石室墓"时，便轻轻地点了点头，拨开围观的众人，走向石板的裂缝处。

"麦老师，你看这个墓是汉代的还是明代的？"冼锦祥走过来问道。

麦英豪在四周查看着，轻声说道："现在还说不准，待我看一看下面的情况。"说着从腰里掏出装有五节电池的大号手电筒，身子半趴在地上，借着手电的强光从缝隙中向下窥视。这个大号的手电筒是黄淼章打电话时特意请麦英豪带来的，由于光的亮度明显加强，墓室中的景物看上去比先前清晰了许多。随着手电筒光柱的不断移动，麦英豪先是看到了用石块砌垒的墓壁，然后看到了硕大的石制墓门，接下来看到了散落在墓室中的一堆凌乱不堪的器物。在这堆零乱的器物中，有一个大号铜鼎和几件陶器格外显眼。麦英豪将手电的光柱在这几件器物的上下左右反复晃动，并从形制、特色等多方面观察判断，终于在脑海中形成了一个较为正确的结论——这的确是两千多年前汉代的一座石室墓葬。尽管墓葬的主人是谁尚不知道，但仅从墓室的形制、规模以及随葬的器物来看，当是岭南考古史上一个前所未有的新发现，这次偶然的发现，将为岭南考古史增添新的极其光彩的一页。想到这里，麦英豪激动异常，心脏加快了跳动，一阵火辣辣的燥热传遍了整个身心。在激动与亢奋中，麦英豪想立即将自己看到的一切和判断告诉众位考古队员，与他们共同分享这喜悦。然而，当他即将关闭手电起身时，一个念头又让他不寒而栗。就他所看到的墓室现状，这座古墓很明显地分成了前后两部分，用两道大石门封闭隔开。借着较强的光线可以看出，第一道大石门有一扇已经倒塌，无规则地斜躺在墓室之中，这扇石门的倒塌，无疑是个不祥之兆。这个不祥之兆明显地提醒正沉浸在兴奋之中的麦英豪，此墓很可能被古代的盗墓贼光顾过。就以往的考古发掘经验来看，广州发现的古代砖室墓，凡规模稍大一点的，几乎都被盗墓贼盗掘一空，保存完好的寥若晨星，而面前这道石门的倒塌，难道意味着这座藏匿在象岗山下二十米深处的大墓也惨遭不测？想到这里，麦英豪如同冷水泼头，刚才还激动兴奋的心情顿时沉寂下来，他关闭手电，缓缓站起，转身对眼含期待的几名考古队员说："黄森章的判断没错，是一座汉代的墓，只怕是……"说到此处，他瞥了一眼围拢上来的民工，将欲说出的话又咽了回去。

停顿片刻，麦英豪转身来到邓钦友的身边，心怀感激之情地说："邓科长，你可是又做了一件大好事啊，这是一座很有价值的古墓，是个重大的考古发现，没有你及时报告，说不定要遭到破坏。我们需要马上组织力量发掘，如果这个墓是完好的，恐怕你们的楼在这里就盖不成了，你还是早一点向省政府打个招呼吧。我们回去研究一下，看如何发掘。"

邓钦友听罢麦英豪的话，顿感意外，遂焦急地说道："这，这怎么能行，我们在这里苦苦干了三年，费了多大的劲，好容易将这个山头刨凿平了，怎么又要不成了？"

麦英豪望着邓钦友那有些不知所措的神情，笑了笑说："这大概也是没有办法的事，国家的法规你不是不清楚，局部利益总是要服从大局的。再说，到底如何处理这发掘、保护古墓与盖楼之间的关系，恐怕还要省市领导们具体商量，你我说了都不算数，我只不过是先给你提个醒罢了。"

望着麦英豪爽朗豁达的神情，邓钦友颇为尴尬地说道："嗨，你看这事怎么搞得，这发现了个死人住的地方，活人就要搬家滚蛋，你说我们倒不倒霉？"

"这是因为死人不会走路，活人会走路，所以活人就得给死人让地方。你什么时候看到死人见了活人扭头就跑的？要真是那样的话，就是活见鬼了。"麦英豪的一番话，引得围观的民工都笑了起来。邓钦友沉思片刻，很有些无奈地对麦英豪说："那从现在开始，这个墓就算移交给你们了，要是出了什么事，我们就不负责任了。"

"好吧，"麦英豪答应着，又将目光转向围观的民工说，"不过，希望大家不要将这件事外传，在我们发掘清理之前，大家要注意保密，要是谁传出去，引来了盗墓贼，那后果就严重了，公安局找的恐怕也就不只是我了。"

此时的麦英豪深知广州人有一个共同的特点，那就是喜欢热闹，如果街上有人吵架或车与车相撞，很快就会围上一群人观看、凑趣，即使有人急着要去办某件事，也不惜耽误时间停下来看个明白，或问个清楚，否则便会觉得生活中缺了什么极为重要的东西。以前考古队曾在广州街道旁发掘过古墓，许多人围上来挤在一起，一定要看个究竟，致使交通堵塞，道路不通。倘有一件文物出土，围观的人群就是一阵骚动和叫喊，有的人觉得仅仅叫喊还不过瘾，便下到墓坑动手抚摸文物，严重干扰和影响了发掘进度，也加重了文物保护的负担。鉴于以前的教训，麦英豪怕此事传出去，影响面太大而引起市民的围观和意想不到的意外事故，特意提醒众人。

至此，民工队在这里已没有什么意义了，当民工们被邓钦友带出墓地转往工地的别处后，麦英豪决定留下两名考古队员在此看护，众人回考古队准备工具，待工地上的人全部收工散去后，于晚上10点钟再进行一次特别行动，那就是派人冒险从裂缝中钻入墓室侦探，首先弄清这座罕见的大墓是早已被盗，还是安然无恙。

夜幕中，一个身影钻出墓室

被雨雾浸染得有些惨淡的太阳终于从西方坠落下去，夜幕很快笼罩了大地，广州城内亮起了点点若明若暗的灯光。市考古队办公室内，麦英豪和几名考古队员正在为当晚的行动做充分的准备。根据白天观察到的情形，象岗古墓墓顶石板的缝隙最宽处只有三十多厘米，若从这样的宽度中钻入墓穴，要派一个大腹便便的胖子显然不切合实际，只有精瘦者尚可担当此任。麦英豪将目光对准身边的黄淼章："小黄，你看由谁下去合适？"

第一章 端倪初露

黄淼章咧了下嘴，抬手拍了拍自己的胸脯，说道："天将降大任于斯人，舍我其谁？"

麦英豪微笑着："看来你还算个能审时度势的明白人，主动请缨上阵了。不过，要是没有你这个苗条的身段，今晚的事还麻烦呢。咱说定了，夜探古墓的事就是你这个孙行者了。"

黄淼章

黄淼章年龄稍大，是考古队考古经验比较丰富的一位颇有前途的考古学家。他和陈伟汉、冼锦祥等人，号称麦英豪手下的"五虎上将"，而黄淼章位居"五虎上将"之首，说起来相当于三国时刘备手下的关云长的地位。当然，这是他们在长期的野外考古生涯中，每在闲聊胡侃时的一种自娱，没有哪一级政府发个红头文件予以认可，但就当时岭南的考古实力而言，黄淼章的确是出类拔萃的一员虎将。

今天晚上之所以麦英豪将这深入墓穴侦查的任务交给他，除了黄淼章本人的考古能力和经验外，还有一个不可回避的现实是，其他的考古队员都略显胖了些，要从三十厘米的缝隙中钻进钻出，很是困难，唯黄淼章的身体精瘦结实，对这副精瘦结实得出奇的身板，同伴们给了他一个"金刚钻"的美称。而麦英豪则将他比喻为《西游记》中的孙悟空，常以"齐天大圣孙行者"相称。意想不到的是，就是这个"孙行者"，今晚却赢得了一个独入地宫、大显身手的机会。

当进入地宫的人选确定之后，麦英豪和众人又商讨了具体操作方法，并准备了绳索、竹竿、手电筒等必需工具，眼看预定的时间已到，大家起身来到了夜色中神秘莫测的象岗山。

夜色沉沉，雾气茫茫，象岗山一片寂静。考古队员们围在墓坑边，相互看不到对方的脸，只听到各自有些急促的呼吸。不知是谁打着火机点燃了一支烟，暗淡的亮光将众人的面庞映得斑斑点点，显得有些歪曲变形。冼锦祥望着大家肃穆的神情，冷不丁地冒出一句："麦老师，我怎么觉得咱现在的样子跟古代的盗墓贼差不多！"

"别瞎说。"麦英豪不想让冼锦祥的调侃冲淡这庄严时刻的紧张气氛，转身对正在墓坑边做准备的黄淼章发问："准备好了吗？"

"准备好了。"黄淼章答。

"好，放竹竿，将手电打开，放竹竿。"麦英豪在黑夜里下达着命令。

几束手电的光柱射到墓穴上方石板的缝隙处，一根像茶杯粗细的竹竿顺着裂缝插入墓室。

麦英豪打开手电在黄淼章全身上下照了几遍，只见此时的黄淼章单衣单裤，袖口和裤腿都用丝绳捆扎起来，脚穿一双布帮胶底的解放鞋，肩挎一个五节电池的大号手电筒，腰部系一根长绳，样子看上去有些悲壮又有些滑稽。

"是不是现在就下？"黄淼章小声地问着。

"稍等一会儿，待我想想还有什么事要做。"麦英豪说着关掉了手电。

"竹竿已插到底了，我看可以下了。"陈伟汉握着竹竿的一端，转身对麦英豪催促起来。

"好！"麦英豪说着重新打开手电照了照墓顶石板的裂缝处，然后走上前去用手拍了拍黄淼章的肩膀，轻声叮嘱："小心点，下去后记好文物分布的大致情况，要注意保护墓内的迹象，尽量做到进退均踩同一个脚印，闻到不同气味或听到异响，迅速往上撤，如果来不及撤退，你就大喊几声，我们这边抓住绳子将你拽出来，听清了？"

"听清了。"黄淼章回答着，尽力使自己怦怦跳动的心平静下来，尔后向墓顶石板的裂缝走去。

几束手电的光柱对准石板裂缝又亮了起来，黄淼章站在裂缝前，双手抓住竹竿就要往下滑。

"等一等。"就在黄淼章的一只脚插入裂缝的刹那间，麦英豪突然喊了起来。

"用手电再照照看，这绳子还有没有问题？"麦英豪说着抓过黄淼章腰系的绳索,借着手电的光亮一点点察看起来。

在奔赴象岗之前,按照黄淼章等人的意见,进去的人只要顺着竹竿滑入墓室就可以了,没必要在腰间再系根绳子,有根绳子系在腰上,反而显得碍手碍脚,极不方便。但麦英豪却坚持系上绳索,他有他的考虑和心思。他觉得这世界上有许多事是出人意料的,什么事都可能不会发生,什么事也都可能发生,他这一生大半辈子都跟墓葬打交道,千百年来围绕墓葬发生的惊险而神奇的故事不可谓不多。国外的自不必说,仅是国内的,从《史记》《汉书》留下的真实史料看,秦始皇陵修建时,就预先"令匠作机弩箭矢"放于陵中,有盗墓者进入后,"近者辄射之"。如果司马迁记述不误,那么秦始皇陵墓中是有暗道机关的。至于这机弩箭矢到底是何模样,安放在什么秘密地点,是如何发射杀人,因秦始皇陵尚未打开,史书亦未详细记载,世人尚不知晓。但有一部叫《异灵记》的史书,却对墓中机弩箭矢以及射杀的情况,记载得较为详细。据这部史书说,唐咸通年间,有个叫李道的人出任陕西凤翔府士曹,曾亲自审问过一个盗墓贼,这盗墓贼供称:"为盗三十年,咸阳之北,岐山之东,陵城之外,古冢皆发。"有一次,这个盗墓贼在发掘一座古冢时,遇到了麻烦,墓中"石门刚启,箭出如雨,射杀数人。……投石其中,每投,箭辄出,投十余

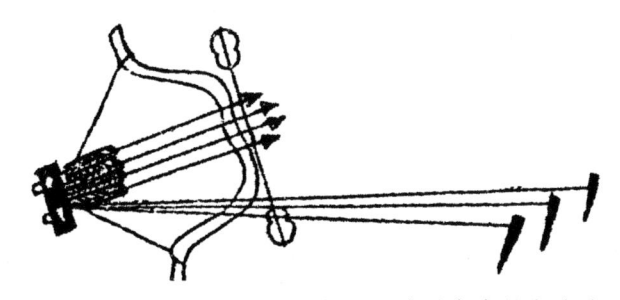

传说中秦始皇陵地宫弓箭布置图

传古代墓葬设计的连环翻板与密布铁钉图示(绘图:蔡博)

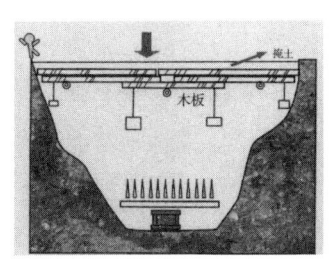

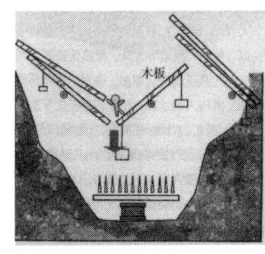

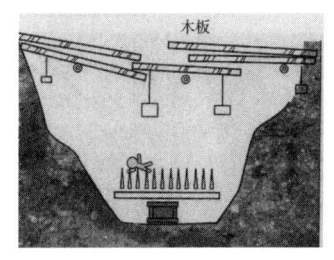

石,箭不复发,因列炬而入。至开第二重门,有木人数十,张目运剑,又伤数人。复进,南壁有大漆漆棺,悬以铁索,其下金玉珠玑堆积。众惧,未即掠之,棺两角忽飒飒风起,有沙迸扑人面,须臾风甚,沙出如注,遂没至膝,众惊恐走。比出,门已塞矣,后人复被沙埋死……"从这部史书的记载中可以看出,古人确有在墓冢中置刀剑、箭矢并发挥作用的,这个盗墓贼所述一切便是典型的例证。当然,古墓葬中发生的奇特惊险之事,不只是设置刀剑、箭矢,《汉书》就明确记载了汉元始五年,王莽派兵丁发掘傅太后冢,由于墓冢突然崩塌而"压杀数百人"。当发掘丁姬墓时,突然从棺椁中窜出大火,致"火出炎四五丈,吏卒以水沃灭乃得入"。像这种墓内向外喷火冒烟的奇事,不只古人遇到,自清以后,今人亦经常遇到,仅在长沙地区就发现喷火的古墓十几座。……鉴于这些形形色色的奇事险情,麦英豪不能不为之警觉,尤其像眼前这样一座在广州考古史上未曾见过的大墓,地宫里到底放置了什么器物,会不会出现奇事险情,他自然不敢妄下结论。为防万一,他坚持让黄淼章在腰中系上绳索,用他的话说,这叫"有备无患"。当然,麦英豪还知道,凡大型墓葬,如果墓主的尸身未腐或正在溃烂之时,经常会产生一种独特的尸毒,这种尸毒若和霉烂的陪葬品融合起来,就会形成一种有毒气体弥漫在地宫之中,如果这种有毒的气体尚未消散,进入墓室侦查的人很可能会因呼吸毒气而当场昏厥。如果昏厥,营救的最好办法自是借助绳索将此人拖出墓室之外。假如以上的不测险情都不会发生,就象岗大墓的深度而言,也不是轻易可让人钻进钻出的,若有根绳子系在腰中,进出有外面的人或放或提,也就方便了许多……正是出于这诸多方面的考虑,麦英豪才固执己见,坚持让黄淼章在腰中系上了一条坚固的绳索。

当麦英豪仔细将黄淼章腰中系的绳索最后一次检查完毕且未发现纰漏时,才放心地让他进入地宫。为了缓解黄淼章紧张的心情,麦英豪故意调侃道:"孙悟空曾因大闹天宫一举成名,现在大家都在看你这个大闹地宫的孙行者如何行动了。"

"那你们就等着瞧吧!"等待已久的黄淼章言罢,用手紧了紧上衣,两手扶竿,双脚跃起,轻灵快捷的身子忽悠一下便钻入地宫。进入地宫中的黄淼章,如同置身于一座冰窖,顿感一股凄冷的雾气向他袭来,原本那热汗涔涔的身子在阴湿、冰冷的空气刺激下,有一种麻酥酥、颤悠悠的难以言状的

第一章 端倪初露

感觉,随着这种感觉而来的,是一种心理上的紧张与恐惧。借着上面射下来的几束手电的光柱,黄淼章低下头,小心地选好一个见不到器物的地方,将双脚踏上,然后打开自己肩挎的长筒手电,在地宫中观察起来。只见这个墓穴全部用石块和石板建成,地宫的四壁完好,而墓顶的石板多数已经断裂,不少碎块落入地宫,那硕大的石板有许多已变形移位,随时都有断裂下塌的可能。黄淼章望着不禁头皮发麻,毛骨悚然。他知道,只要有一块石板崩塌下来,自己就有被砸成肉泥的危险。他没敢移动身子,只是强迫有些眩晕的大脑稍微冷静了一下,借助手电的光束,开始逐步观察。他发现,自己身处的地方,很像平时居家中的一个厅堂,在厅堂的前后都有一道石门封闭,左右似有两个规模相同的厢房。这个厅堂的顶部和四壁都有朱墨绘的卷云图案,尽管此时厅堂内升腾回荡着腐朽而阴湿的茫茫雾气,使手电的光亮大为减弱,一时难以看得仔细、分明,但从整体可以看出,这座古墓的地下冥宫原本建造得极其精致、壮观、富丽堂皇。如此规模宏大又属石室卷云图案的墓葬,在岭南地区可谓前所未见、闻所未闻。这时,黄淼章内心的紧张与恐惧渐渐消解,代之而来的是一种不可言状的兴奋与激动。他不再顾及墓顶巨石即将断裂处那如虎口般龇牙咧嘴的凶相和险情,将手电的光柱射向前方,一边观察着散置在地宫之内的铜鼎、陶器等陪葬器物,一边踽踽前行。当他小心翼翼地穿过一条过道,跨入厅堂的一个厢房时(后正式定名为东耳室),眼前的景物惊得他目瞪口呆。手电的光柱穿过飘忽缠绕的迷雾,照射在一堆色彩斑斓的珍宝之上,只见那硕大的铜壶、铜缸、铜提筒、铜钫和无数的玉饰凸现在一层辨不清质地的零碎器物之上,这些器物光芒四射,灿烂夺目。在这堆瑰丽珍宝的不远处,一排硕大整齐的铜质编钟泛着暗绿色的幽光,高贵圣洁而又气宇轩昂地静卧在那油漆彩绘的钟架之上,似在等待新的主人去叩击,再度发出沉寂千年、期盼千年、梦寻千年的强音神韵,以此唤起万千众生对早已逝去的久远的历史的追忆,展示古老的中华文明那超凡脱俗、出类拔萃的盖世雄风……眼前的一切,使黄淼章如同置身于一个神奇的梦幻之中,情感和理智都难以让他相信,这竟是一个没有受到任何外界干扰、完整地匿藏了两千多年的石室大墓,这座大墓连同墓中的一切,使黄淼章如痴如醉……

"哎,看到了什么,下面的情况怎么样?"从墓室上方传来的声音使黄森章从梦幻的状态中回过神来，他顿觉呼吸急促，心脏突突地跳动，脉管的血液加快了流动，周身不再冰凉，而是变得一阵火辣辣的灼热。他顾不上回答上面的问话，依旧用兴奋、惊愕甚至有些贪婪的眼睛死死盯着面前的珍宝一动不动。

"下面的情况怎么样，有什么随葬品吗？"墓室的上方又隐约传来麦英豪焦急的询问之声。

黄森章依然没有回答，极度的兴奋和惊喜之情使他无力他顾，探寻的欲望之火烧灼得他忘记了墓室顶部随时都有巨石落下的险情，一个更富诱惑力的隐秘之所驱使他转身步出东耳室，来到了墓室的后部。待找个空隙站定后，他伸出由于过分激动而有些颤抖的手，借着手电的光亮，想推开那道封闭着的石门，看一看那深藏不露的也许更为惊心动魄的隐秘世界。但是，这道石门紧紧地封闭着，向这位半夜造访的不速之客发出无言的抗拒。黄森章自知力不从心，只好将半边脸贴在石门上，用半眯起的眼睛借着手电的一丝亮光从门缝中向里窥视。仅是第一眼，黄森章就在打了个激灵的同时，脱口喊了一句："我的天！"

蹲在墓室之上的麦英豪等人，见黄森章久不回话，心中焦急不安，个个瞪圆了眼睛盯着墓室石板的裂缝处，紧紧拽住伸入墓室的那根绳索，屏息静气，警惕地听着下面的动静。当黄森章那一声"我的天"隐隐约约地传出墓室之外时，未等麦英豪发话，不知是谁抢先说了句："坏了，下面出事了！"几个人手中的绳索开始疾速拉动起来。

"不要拉，不要拉绳子！"墓室内突然传出黄森章焦急的呼喊。上面似乎没有听清，绳索仍在拉动。"不要拉，快放下，你们是怎么搞得？"黄森章趔趄着身子不住地叫喊着。麦英豪听到喊声，一边命令手下的人停止动作，一边冲墓室喊道："小黄，下面出了什么事？"

"没有什么事，这里面有许多文物，后室有石门，进不去。"黄森章回答。

"不要进了，里边危险，快上来吧，哎，取几件随葬品上来，注意，记住它们原来的位置，千万不要搞乱。快给我上来。"麦英豪再次冲墓室喊话，里面传出应答之声。

几分钟后，黄森章怀抱一件大玉璧、一个铜编钟、一个陶罐，来到了

第一章 端倪初露

墓室的裂缝之下。他仰起头，冲上面喊道："扔下三个包来，往上取文物。"

三个粗布包相继扔了下来，黄淼章分别将三件文物装入包中，解下腰上系的绳子将包拴住，喊了句："拉上去，拉上去。"

借着几束手电的光亮，三件文物很快被陆续提了上去。稍后，黄淼章顺着竹竿在同伴们连拖带拉下慢慢钻出了墓室。

"怎么样，里边的情况怎么样？"麦英豪急不可待地问着。

黄淼章抬手抹了一把脸上的汗水，望着麦英豪掩映在夜幕中的身影，气喘吁吁地说："这下算是捞着大鱼了。墓室很大，没有被盗，里边有数不清的奇珍异宝……"

"好，陈伟汉，你安排几个人在这里轮流看护，其余的人带上文物跟我到考古队办公室去。"麦英豪听完黄淼章的介绍，情绪激昂地说。

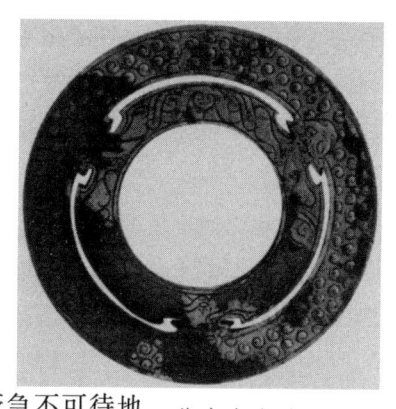

墓内出土的三龙重环玉璧。璧面的内部镂空一圈，当中浮雕三龙头相连，如内外套环形状

速向北京拍发电文

广州市考古队办公室内灯火通明，烟雾缭绕。十几个人围着从象岗古墓中取出的三件文物和黄淼章画的一张墓室草图反复察看。巨大的墓室、彩绘的壁画、成排的编钟、硕大的铜鼎、瑰丽的玉璧……古墓的形制和珍宝，无不使在场者瞠目结舌、惊愕不已。事实已清楚地向众人表明，如此巨大的墓葬和奇特珍贵的文物，在广州考古队成立三十多年来是首次发现，那成套的编钟说明墓主的身份非王即侯，而碧绿的大玉璧，又分明是瑞玉之首，绝非普通人家所有。这一切无不在向每一个考古队员暗示——一个匿藏两千多年的重要

025

人物很快就将走出阴暗幽深的地宫，登上历史重新搭制的舞台，再度向世人讲述那早已逝去的愉快或忧伤的往事了。

这个重要的神秘人物是谁，会不会就是让考古人员三十多年来魂牵梦萦的南越王赵佗？

由于过度的兴奋，众人睡意全无，眼看窗外透进了白色的亮光，大家依旧围绕着墓葬主人到底是谁的主题猜想、争论不休。也难怪，为寻找心中的那个陈年大梦，大家已苦苦等待了三十多年。现在，梦中的一切就像窗外泛起的白色亮光一样，即将把黑暗的大地照得分明，而大地上的一切也将在这亮光中渐渐显出它应有的本色。象岗大墓的发现，再度使考古队员们看到了希望的曙光——一个即将使那辉煌梦境成为现实的灿烂曙光。

第二天上午8时，麦英豪将象岗发现古墓以及古墓的形制、器物等大致情况，分别向广州市、广东省有关领导做了汇报。这个汇报引起了领导的高度重视。为了保证墓内文物的安全，省市领导立即决定封锁消息，加强保密，并指示广东省武警总队调拨一个中队的兵力，迅速开赴象岗实施对墓葬的保护和看守。与此同时，广州市文物管理委员会向国家文物局拍发了如下电文：

广州象岗发现一石室彩画大墓，墓葬完好，随葬品极为丰富，据初步推断，墓主很可能是南越王或南越王家族成员。

这份电文发出不久，广州方面就接到了国家文物局文物处处长黄景略的电话，其主要内容是：国家文物局领导对广州发现大墓的情况极为重视，但电文简短，内容不详，请广州文管会立即派专人前来北京当面做详细汇报。

广州方面接到电话后，根据市委的指示，市文化局副局长饶志忠和麦英豪立即驱车赶往白云机场，登上飞往北京的航班，拟向国家文物局详细汇报象岗古墓的重大发现，并按照相关法律规程，申请国家考古发掘执照，争取尽快对象岗古墓实施发掘，以揭开那期待已久的湮迹千年的隐秘所在。

第二章 进入地宫

越国之殇

麦英豪等人火速赴京汇报详情，国家文物局领导紧急磋商。考古巨擘夏鼐大师的意见，国务院总理的批示。各路专家云集象岗，拉开发掘的帷幕。长乐宫器的发现，地宫内木车移动之谜，豪华的宴乐场所，神秘的主人到底是谁？

🔖 国务院领导的批示

黄景略在侯马考古发掘工地，麦英豪也参加了侯马铸铜遗址的发掘

麦英豪

麦英豪、饶志忠走出北京机场，未敢有片刻的耽搁，便搭车直奔国家文物局文物处处长黄景略的办公室。

黄景略和麦英豪早在20世纪60年代初于侯马晋国铸铜遗址发掘时就已相识。那时，中国开始大规模地搞基本建设，许多古墓和遗址暴露出来，而配合建设做清理、抢救文物遗址的考古人员严重匮乏。为了彻底解决今天西北告急、明日东南告急的紧张局面，由国家文物局牵头，中科院考古所、北京大学考古系，三家联合在北大校园内共同举办考古专业培训班，学员由各地文物、考古部门选送，三个月为一期。给学员讲课的教师是中国最著名的考古界专家如夏鼐、苏秉琦、严文儒、梁思永、裴文中、杨钟健等人，学员结业后回原单位，奔赴发掘一线开展工作。早年就读于广州大学的麦英豪作为1953年第二期培训班学员由广州来到北京接受训练，在此期间认识了正在北京大学考古系读书的黄展岳，相同的专业、相同的志向与相同的目标，使他俩由相识渐渐成了要好的朋友。当麦英豪到田野实习时，黄展岳也因为毕业实习而同麦英豪分到了一个工地，于是，两人成了忘年交。而黄景略是黄展岳的同乡和先后同学，这样麦英豪就成为二黄共同的朋友。尽管后来三人在不同的工作岗位，但来往不断，相互在工作和生活中给予对方鼓励与支持。这次，

第二章 进入地宫

随着象岗古墓的发现，他们将再度相会和合作。

"嗨，这么快就来了？！"黄景略见麦英豪敲门进来，略做吃惊地打着招呼。

"有你这个大处长的指示，我怎敢怠慢。"麦英豪随意地回应着，转身就要同后进来的广州市文化局副局长饶志忠一起向黄景略做介绍。

黄景略一边热情地给两人倒水，一边说："你们那边的事我向局领导做了汇报，他们都很兴奋，也很重视，说等你们来后要听详细汇报，你俩先喝点水，我去看看领导们，定在什么时间汇报。"说着拉门走了出去。

过了一会儿，黄景略返回办公室对麦英豪说："走，到小会议室，局长到部里开会去了，由沈竹副局长和其他几位同志听取汇报，根据具体情况再做如何发掘的决定。"

麦英豪、饶志忠起身跟黄景略一同来到小会议室，国家文物局副局长、文物专家沈竹已在此等候了。几个人相互寒暄着尚未坐定，国家文物局顾问、文物保护专家谢辰生以及文物出版社社长高履芳相继走了进来。

待大家坐定，麦英豪将在象岗发现古墓的经过和墓内文物分布的情况详细讲了一遍，之后又将黄淼章画的一张墓室状况的草图递给沈竹过目。

沈竹看着草图，原本那兴奋、激动的面庞渐渐泛起惊喜之色，他突然抬起头，一双闪着亮光的眼睛盯着麦英豪："你们估计是南越王的墓葬？"

"若不是南越王赵佗的，也应属于后代哪个继位的王或其家族的墓葬，否则，没有这样巨大的规模。"麦英豪回答。

沈竹点点头："如果真是这样，那就非同小可了，从随葬器物和墓室的形状看得出，墓主人的身份的确很高，里边如果真的没有被盗，那它的价值就不亚于长沙马王堆软侯家族的墓葬。"沈竹说着，将草图递给身边的谢辰生："谢先生，你估计一下这个墓的主人会是谁？"

谢辰生接过草图看了看，极为谨慎地说："像这样巨大完整的汉代石室壁画墓，在岭南地区考古史上的确是前所未见的，从老麦刚才介绍的墓室内的器物推断，墓主人的身份非同一般，不过是不是南越王赵佗或赵佗家族的墓葬，现在还不好过早地下结论。要想知道真相，当然还需要考古发掘予以证明。我看老麦你们也不要着急，等发掘之后，墓主人自己会告诉你们的。"

"那我们现在怎么办，发不发掘？"等谢辰生说完，麦英豪仍有些着急地问。沈竹略做沉思，说："你们先将古墓保护好，别发生其他的意外。至于墓葬的情况，你向夏先生汇报一下，看他有什么意见，如果确实需要国家文物局出面支持和帮助，我们会尽最大努力去做……"

听完沈竹的话，麦英豪点点头："好吧，我们俩现在就去考古所找夏鼐先生。"说着望了一眼身边的饶志忠，两人喝了口茶水，说了几句闲话，告辞而去。

当麦英豪、饶志忠来到中国社会科学院考古研究所时，得知考古所所长、著名考古学家夏鼐先生正在参加全国人大会议，未在办公室。麦英豪便将情况向考古所其他几位负责人，如考古专家王仲殊、王廷芳、邬恩、徐苹芳等做了汇报。

"你说的情况很重要，可惜夏所长不在所里，不过我今天晚上一定要找到他，转告你们所说的情况，看夏先生有什么意见。明天上午你们再来一趟，我会将他的意见转达的。"听完汇报后，王仲殊颇为激动地对麦英豪说。

第二天上午，麦英豪和饶志忠再次来到考古所，同王仲殊、徐苹芳等负责人见面，王仲殊热情地对麦英豪说："昨天晚上我们在会议休息的地方找到了夏先生，他得知你们那里的情况后很兴奋，也很高兴。对于这个墓的价值，夏先生的评价是：这是一个重大发现，其价值不亚于马王堆和满城汉墓。对于发掘的事宜，先生要求一定要从中国考古事业的全局来考虑这个问题，各方面要通力协作，相互支持，一定要把这座汉墓的发掘事宜办好，做到不留或尽量少留遗憾。夏先生还指示我们考古所，要尽量运用现有的最高技术水平，尽最大努力投到这次工作中去。如果需要考古所派人参加发掘，就要同广州的同志一道把这件事情办好，人去了就要积极工作，负起相应的责任，而不是去做客，更不要把发掘看成是额外负担。如果考古所在人力上一时有困难，有些不太紧急的工作该停就停，要抽的人尽量抽出来，总之是一定要把这座墓葬发掘的事情办好。如果考古所派人与地方的同志联合组成发掘队，队长要由地方的同志担任，考古所的同志最多只能挂个副职。至于发掘后出土的文物，考古所一件不要。为了保证质量，早日出版发掘报告，所里可派人参加编写，但出版时考古所的名字要排在后头……现在正是阴雨连绵的季节，墓葬要尽快组织人力发掘，如果拖延的时间久了，对地下文物的保护不利。这个墓不同于一般的考古发现，恐怕需要中央领导亲自批准发掘才行，建议由考古所和文物局出面，请社科院和文化部联合打报告上报国务院，一旦国务院领导批准，马上实施发掘，万万不能耽搁……"

王仲殊转达完夏鼐的意见后，对麦英豪说："现在我们就着手和文物局联系，协商具体操作的事情，你们也考虑一下这边要给予什么样的支持与配合。"

"好吧。"麦英豪很是感动地答应着。

1983年6月20日，在文物局和考古所的共同努力下，一份上报国务院的报告拟就出来了，其内容为：

关于发掘广州象岗大型汉墓的请示报告

国务院：

据广州市文物管理委员会和文物普查办公室报告，今年6月9日，在广州市解放北路象岗的广东省城建局宿舍工地，发现一座西汉早期的大型石室墓。该墓位于象岗顶部，深约二十米，工地推土平掉17米，于挖墙基时穿透了墓顶。从缝隙观察，墓前室两壁及顶部有壁画痕迹，后部纵列三个棺室，随葬品数百件，其中有编钟、编磬、大型铜鼎、铜壶、成串的玉璧，以及漆器、陶器等。西汉初年的石室壁画墓，在岭南地区属首见，从墓葬形制、随葬品规格、历史文献记载推断，墓主人有可能是西汉初期南越王赵佗王室的主要成员。这一重大发现对我们的考古学、历史学研究有极高的学术价值，在国际上也将引起较大反响。

现在该墓已由当地基建部门协助搭棚避雨，并由公安部门围封保卫。由于墓顶已经挖破，必须立即进行抢救性发掘。建议由广东省及广州市人民政府组织发掘领导小组负责组织工作，由广州市文管会、中国社会科学院考古研究所和广东省博物馆的考古工作者组成考古队负责进行发掘。

为保证发掘工作顺利进行，广州象岗汉墓及考古发掘的新闻报道，拟于发掘工作告一段落后，由发掘领导小组统一发布，发掘时坚决谢绝参观、采访。由于这项发掘地近闹市，又处山顶，请广东省及广州市公安部门采取措施，加强安全保卫工作，以防止意外事故的发生。该墓发掘后如何进行保护，须根据具体情况另行研究。

以上意见如无不当，请予批准。

文化部
中国社会科学院
1983年6月20日

抄报：中宣部

抄致：广东省人民政府

发掘报告上报国务院之后，国家文物局、社科院考古所根据麦英豪的要求，开始做人力、物力上的援助准备。鉴于象岗古墓发现后有许多事情亟待处理，麦英豪、饶志忠决定先回广州，除向省、市领导汇报北京方面的情况外，也加紧人力、财力以及其他各项工作的筹备。麦英豪、饶志忠来到国家文物局，向沈竹、谢辰生等领导辞行。临别时，沈竹问麦英豪："这发掘队队长的人选你考虑了没有？"

"回去后，看市里怎么安排，一旦确定，我电话向您汇报。"麦英豪答。

沈竹转过身，对饶志忠说："饶局长，我们和考古所的意见，最好让老麦当这个队长，你回去后转达一下我们的意见。"

未等饶志忠说话，麦英豪一摆手："不行，还是让其他人来当吧，这个担子太重了，再说，当队长要负法律责任的。"

"我看这个重担非你挑不可，法律责任也要由你负。只要你当队长，发掘执照我们就批，你不当，就不批。"沈竹说着又转向饶志忠问："饶局长，你看怎么样？"

"我们当然也希望老麦来当这个队长，他要不当，谁还有资格主持这个工作。"饶志忠回答着，又对麦英豪说："老麦，你就不要推辞了，快向沈局长表个态，我们好赶飞机呢。"

"那就当吧。不过这个队长我当，你沈局长可要加倍地支持啊！"麦英豪微笑着说。

"不支持谁也要支持你啊，咱们今天就算一言为定。"沈竹诙谐地谈着，同麦英豪、饶志忠握手告别。

考古人员云集象岗

自象岗古墓的发掘请示报告报往国务院之后，国家文物局、社科院考古所一边加紧准备发掘前的工作，一边等待这份报告的批复。6月23日，国务院秘书长吴庆彤签署了"拟同意，请纪云同志批示"的意见。6月24日，国务院副总理田纪云做了"同意"的批示意见。

7月1日，国家文物局派出顾问谢辰生、文物处处长黄景略、年轻的考古学者李季，连同社科院考古所秦汉研究室考古专家黄展岳，携带国务院同意发掘的批示和由文化部批发的田野考古发掘执照，飞赴广州做实际勘察，同时就发掘人员的组成、所需经费以及技术设施等问题和广州方面做了最后论证与协商。为了便于各方面的协调和有利于工作的开展，中共广州市委指示成立发掘领导小组，这个小组的组成人员为：

组长：广州市人大常委会主任兼文物管理委员会主任欧初
组员：广州市政法委员会主任兼公安局局长宋恕忠
　　　广州市委宣传部部长黄菘华
　　　广州市委宣传部副部长华嘉
　　　广州市政府秘书长施振
　　　广州市文物管理委员会副主任黄流沙
　　　广州市文物管理委员会副主任麦英豪
　　　广东省文化厅文物处处长徐恒彬

发掘领导小组下设办公室，正副主任由施振和饶志忠分别担任，专门负责处理日常事务。

在这个领导小组之下，是由中央、省、市三方组成的"广州象岗汉墓发掘队"，由麦英豪任队长，社科院考古所秦汉考古专家黄展岳、广东省博物馆考古专家杨式挺任副队长。

为便于工作分工，发掘队分设发掘组、技术组、保管组、行政组四个小组。其中参加发掘组工作的有考古研究所的黄展岳、白荣金、杜玉生，国家文物局的李季，广东省博物馆的杨式挺、古运泉，广州市文物管理委员会的冼锦祥、黄淼章、陈伟汉、吕烈丹、黄杰玲、邱书怀、黄清源。参加技术组工作的有考古研究所的姜言忠、韩悦、王林，国家文物局文物保护科学技术研究所的陆寿麟、李化元，湖北省博物馆的后德俊，广州市文物馆的莫健超。先后参加保管组工作的有广州博物馆的叶超强、曾海胜、伍敏、钟映波、李卫华、冯兆娟。参加行政组和保卫工作的，主要有广州市文物管理委员会的黄流沙、邹艳玉、廖明泉和广州市文化局文物处的林纪康、苏桂芬、谭庆芝，广州博物馆的赵伟森、何国伟、张洁悦、侯左军等人。

当象岗汉墓发掘队人员名单最后敲定及发掘队主要负责人制订了发掘方案后，又制定了一份由三方签署的议定书，其内容如下：

广州象岗汉墓联合发掘议定书

根据国务院批复同意发掘广州象岗汉墓的指示，由广州市文管会、广东省博物馆和中国社会科学院考古研究所各选派若干工作人员组成象岗汉墓发掘队，详见《象岗汉墓发掘方案》。在筹备发掘过程中，发掘队三方一致认为，应在《发掘方案》规定的原则基础上，对有关具体事项加以进一步明确，为此商定本议定书，裨三方共同遵守。

一、发掘队由正副队长具体负责。发掘队的内部分工由队长与有关同志商定后作具体安排。发掘期间的后勤和保卫工作由广州市文管会负责。

二、象岗汉墓在岭南考古中有其重要意义，发掘后可能成立博物馆，因此，原始发掘资料应全部归"象岗汉墓博物馆"（暂名）所有。原始发掘资料包括发掘记录、绘图、照片以及出土器物。

三、原始发掘资料由发掘队工作人员共同使用。在编写报告完成后，作为发掘的全档案，应立即移交象岗汉墓博物馆收存。在象岗汉墓博物馆成立以前，可暂由广州市文管会代存。同时复制一份原始发掘资料（出土器物除外），交考古研究所保存。

四、拍摄彩色电影纪录片、黑白电影纪录片、墓内发掘照片、幻灯片四项由考古研究所负责，并承担所需费用，母片亦归考古研究所保存。

五、考古研究所负责洗印一套完整的彩色电影纪录片毛片、黑白纪录片毛片，加拍一套墓内发掘底片（即一个镜头至少拍两张底片）和印制一套完整的幻灯片，交象岗汉墓博物馆保存。这四项成本费由发掘经费内开支。

六、录像由广州市文管会负责，费用由发掘经费内开支。底片交象岗汉墓博物馆保存。

七、文化部、文物局及参加发掘的三方如需复制拷贝或录像，成本费由需要单位承担。

八、为了确保出土文物的安全，保证发掘工作的顺利进行，纪录片、墓室内发掘照片、幻灯片由考古研究所负责拍摄；录像由广州市文管会负责拍摄；其他任何单位或个人均不准进入墓室内拍摄。参加工作人员出于研究复原需要对特殊现象的拍照例外。

九、田野发掘工作结束后，发掘队应即着手整理资料，编写发掘报告。考古研究所应即着手编制电影纪录片。这两项工作拟分三个阶段进行：第一阶段，发布发掘消息。由发掘队起草文字稿，配合数张照片及简短彩色电视录像，经发掘领导小组审核，报文化部、文物局批准，转送国家新闻传播单位发布。第二阶段，在《考古》刊物上发表发掘简报，配合播放（十多分钟）彩色纪录新闻片。第三阶段，编写发掘专著，编辑大型纪录片。前两项由"象岗汉墓发掘队"署名发表，后一项由发掘三方的单位一起署名。在发掘期间，任何单位或个人（包括合作的三方单位和工作人员）均不得私自发布发掘消息，也不得向外单位或他人提供资料及照片。

十、本议定书由参加发掘的三方代表签署后实施。在实施过程中，如有一方提出补充或修改，可在征得发掘领导小组和文化部文物局意见后，由发掘三方协商解决。

广州市文管会代表黄流沙
广东省博物馆代表杨式挺
中国社会科学院考古研究所代表乌恩
1983年8月12日

8月22日，由三方组成的发掘队人员云集广州文化局招待所。在这支庞大的考古发掘队伍中，不仅有经验丰富、成就显赫的秦汉考古专家、文物修复保护专家、摄影师、录像师，还有保管员、电工、木工、司机、采购等二线、三线人员。同时，还从广州郊区雇来了十几名民工，以做发掘时的援助

象岗发掘工地现场

力量。

在经过短暂的休整后，第二天上午，各路人员云集象岗，开始了发掘前的勘察和准备工作。

此时的象岗古墓上方早已搭起了几个巨大的席棚，用来遮挡阳光的暴晒和风雨的袭击，在古墓的四周又搭起了几间大席棚和几幢活动板房，作为考古发掘人员临时休整的工棚和暂存文物的仓库。在活动板房的外围，拉起了一圈铁丝网，荷枪实弹的武警战士站在铁丝网外昼夜站岗值班，密切注视着四周的动静，随时防范可能出现的意外。

自从麦英豪赴京之后，广州市考古队便按照事先的部署，分成两组人马，一组由冼锦祥率领，在象岗古墓的外围进行考古钻探，观察有无其他墓葬和陪葬墓存在。他们在古墓四周几十米的区域内，画出一个个一米见方的网格，每格用考古探铲钻一个孔，以做观察。但整个区域钻遍之后，并未发现其他陪葬墓的迹象。由此推断，象岗古墓的主人的确是非凡人物，整座山头都被他一人独占了。

就在冼锦祥等人挥汗如雨、持铲钻探的同时，以黄淼章、陈伟汉为首的另一组考古人员，为迎接正式发掘，开始了对古墓墓道的清理。令黄淼章等人意想不到的是，一个长约十几米的斜坡墓道，竟掩埋着若干块巨石，小的重数百斤，大的重约两吨，巨石横七竖八毫无规则地穿插在一起，很明显，这些巨石的存在当是墓主或其后人精心设计的一个防盗措施。中国古代厚葬成风，特别是秦汉之后，厚葬之风更加隆盛。由于墓中葬入了许多金银财宝、奇珍异玩，盗墓

风潮也随之生发、猖獗起来，面对这种难以遏制的局面，历代厚葬者便想尽一切办法进行反盗墓。先秦墓葬大多采取了"棺椁数袭，积石积炭以环其外"的方法，甚至用铸铁浇灌。秦始皇更是"斩山凿石，下锢三泉，以铜为椁"。除这些反盗墓的方法和招数以外，许多帝王将相费尽心机在墓中设置机关、暗器，以射杀盗墓者，保住墓葬和墓主人的安宁。象岗古墓墓道中的巨石，虽不同于其他墓葬中的机关、暗器，但从整个墓穴建筑在山腹之中，凿山为陵，不起坟头，使地下宫殿与山体混为一体，并历两千多年未被世人发现这一点看，足见墓主当年是绞尽脑汁，颇费了一番心机的。

墓道里的塞石

由于墓道内巨石过于庞大、沉重，黄淼章等人只得将外部的土层稍做清理便停止了工作，当发掘队大队人马到来时，这些巨石依然静静地伏卧在墓道深处，忠诚地守护着墓穴的主人。

发掘队人员围着古墓观察了一遍后，发掘领导小组办公室主任饶志忠便召集大家到临时活动板房开现场会，研究发掘方案和具体操作步骤，并给每个人员配发了贴有照片的"象岗古墓发掘工地出入证"，同时规定，凡以后进出工地者，必须持证通过执勤武警的检查方可通行，否则将被拒之于铁丝网外而不得入内。

会议结束后，主要发掘人员开始按各自领受的任务进行现场观察、测量并做着安置器械和技术设备的准备工作，整个墓穴四周顿时出现了忙碌的身影。照明灯线是否够长？

储藏胶片的冰箱是否能制冷？如果发现漆木器应在哪里做应急性化学处理？万一出现塌方，出现人员受伤事故该怎样抢救？事先应该准备什么样的药品？诸如此类的种种问题，使每个人都在思考，每个人都放心不下，每个人都面呈神圣庄严之色设想着更加完美的方案，以等待那个谜底的早日揭开。

解开木车移动之谜

1983年8月25日，这是岭南乃至中国考古史特别值得注意的日子。这天上午发掘队全体成员和当地省市的领导云集象岗，满怀激动、兴奋的心情，等待墓葬正式考古发掘的剪彩仪式。这个剪彩仪式跟平时人们遇到或从电视画面上看到的相比有些不同，其特别之处在于，现场没有搭台设景，也没有新闻界的记者捧场，因为记者们压根儿就不知道这里即将发生的一切，就是知道也逾越不了大墓四周那荷枪实弹的武警战士的包围圈。早在发掘的准备阶段，发掘队就制定了一条规定，为确保发掘现场和文物的安全，对外界特别是新闻界要严格保密，等到发掘告一段落后再统一发布消息。象岗山古墓发掘现场正在进行的剪彩仪式的中心内容是所有到场的人围着一台大型的机械起重机，墓道中的一块巨石已被起重机的长臂牢牢攥住。此时，由于发掘队队长麦英豪身体意外受伤在医院治疗，发掘工作暂由黄展岳和杨式挺负责。副队长黄展岳紧盯着腕上的手表，当时针指向上午9点时，冲众人喊了一声：

开始起吊

第二章 进入地宫

"各位注意，象岗古墓的考古发掘，现在正式开始！"

随着黄展岳话音落地，伸着长臂的起重机轰鸣着"哗"地一下将墓道中的巨石抱起举到了天空，四周众人纷纷击掌庆贺。在机器的轰鸣和众人的掌声中，发掘队摄影师韩悦、姜言忠用各自的机器拍下了这个有纪念意义的镜头。由此，中国考古史上又一次伟大的发掘正式拉开了帷幕。

当起重机将墓道中的巨石一块块吊走后，按照考古发掘程序，发掘人员沿着墓道中轴拉了一道直线，把整个墓道分为东西两半分别清理。待中间残留的填土被一筐筐清理干净后，经测量发现，这是一条长度为0.46米、宽2.5米、距地表深度为3.22米的长方形斜坡墓道，在靠近墓室门口4.12米的地方，斜坡开始转为一个平底的竖坑。就在这个竖坑中，考古人员发现了棺椁及两个殉葬人的灰痕，这种于墓室之外就藏棺椁殉人的汉墓，在广州乃至岭南属首次发现。尤其引起发掘人员注意的是，墓道中还发现了铜器、陶器等殉葬品，并发现了刻有"长乐宫器"的四字戳印。长乐宫原是西汉时期都城长安著名的宫殿建筑，位于汉长安城内东南部，与西边的未央宫东西并列，故又称东宫。自汉高祖刘邦驾崩、汉惠帝移住未央宫后，长乐宫便成为太后之宫，其遗址至今尚有部分保存下来，而且经考古人员的努力，宫垣已基本探出，整座宫殿占地面积约为六平方公里，约占整个长安城总面积的1/6。"长乐宫器"戳印的出土，无疑向发掘人员昭示，这是一个极其振奋人心的信号，墓室的主人很可能就是一度僭号"南越武帝"的赵佗家族某一位王。但究竟属于哪一代王，是否就是赵佗本人？发掘人员为此又开始

考古人员正在墓道中清理外藏椁中的随葬器物

考古人员欲从墓道进入前室

了新一轮猜想和议论。

当然,仅凭猜想和议论是无法最终确定墓中那位酣睡了两千多年的主人真正身份的。古人云:"不入虎穴,焉得虎子。"显而易见,今天的考古人员要是不入墓穴,就难以看到那位千寻万盼不出来的墓主的真实容颜。

在这个长达十余米的墓道尽头,是两扇东倒西歪的石门。看来当初为墓主下葬的群臣、民夫,在撤退时显得有些匆忙和慌乱,当关闭墓门后,便胡乱向墓道中填乱石和泥土,石门在这些巨石碎土的严重挤压和冲撞中,门轴断裂,使已经关闭的两扇硕大的门板再度分离开来,并使中间敞开了一道足可容人进出的缺口。可以想见,假如在这个墓葬封闭的两千多年来,有盗墓贼发现了此墓并从墓道中穿凿而进的话,一定是事半功倍,非常容易的。然而这座已经敞开墓门的巨型大墓,历两千余年未被发现和盗掘,实在是墓主的幸运和盗墓者的遗憾。不过,当今天的发掘人员发现时,要想进入墓穴却不那么从容了。因为这个墓葬已无数次被现代化推土机的履带隆隆碾过,致使石门的顶石和前室及左耳室的顶盖石被压断,形成了摇摇欲坠之势。倘若有人进出,说不定哪块断裂的巨石会突然落下,降灾难于现世,移大祸于人身,造成不堪设想的恶果。

鉴于以上的险情,发掘队黄展岳、杨式挺等人经过研究,决定暂缓进入墓室,将人员全部召集到工地搭起的席棚内现场讨论,制订一个周密的发掘方案,既保证进出人员的安全,也不能使室内的文物有半点损伤。

第二章 进入地宫

　　当发掘人员陆续走出墓道，聚集到大席棚准备讨论时，却面面相觑，一时都不知说什么，更没有什么计策可供讨论。因为墓中的具体情况不明，只知己不知彼，若无的放矢，凭一知半解或胡猜乱想地坐而论道，其结果不但难以切中要害，还有可能使考察误入歧途，造成无法挽回的损失。很明显，要想制订一个周密可行的发掘方案，一个重要的前提就是需要尽快弄清墓室中的具体情况。

　　在大家深知不可能每个人都冒险钻进墓室做详细考察而又迫切需要知道内部境况的两难情形下，从社科院考古研究所来的两位摄影师姜言忠和韩悦献出了一条计策。即先由他们对墓室的景物分别拍照和录像，其余人员可间接地从照片和录像中看到墓室的情况，然后根据看到的情况再制订出相应的发掘方案。姜、韩两人的计策立即得到大家的认可并开始付诸实施。

　　姜言忠走出工棚，打开自己从北京专门带来的几个箱子，从里边取出了一件件"秘密武器"，这些"武器"有长有短、有圆有方、有直杆也有长线，外人看了觉得眼花缭乱。其实，这是姜言忠在长期的考古发掘拍摄实践中，土法上马，自己设计制作的"遥控照相机"。这种机器原先是吊在气球上俯瞰拍摄较大的遗址发掘现场时专用的，如今面对眼前的墓室，经验丰富并精于摄影之道的姜言忠，当然知道不能同往昔一样再用气球升空的方法拍摄了，而是改用"悬丝飞灯法"的拍摄方案，以解决在墓中拍摄照片的难题。这个方法最早创立于20世纪60年代河北满城汉墓发掘拍摄工作中。由于满城汉墓墓室空间较大，用一般的摄影技术无法拍摄全景，富有创造精神的姜言忠，在冥思苦想之后，终于想出了一个"悬丝飞灯法"，圆满完成了任务。这个方法简单地说就是：先在墓室内的中上部纵穿一条细钢丝，在钢丝上挂一个大号的碘钨灯，碘钨灯上有细丝，可以人力拉动。当摄影机在墓室内适当的位置架好后，碘钨灯打开，摄影机的光圈定在B门开始拍照。当摄影师感到前方的景致已拍好后，让专门操作碘钨灯的工作人员随着摄影机在飞舞旋转的同时，渐渐后退，并一直退到室外为止。这样整个墓室的景致便全部留在了摄影机的胶片中。这次，姜言忠以同样的方法对墓室进行拍摄，果然达到了预期的效果，照片冲洗出来后，墓中的形貌几乎全面地显现出来。姜言忠"悬丝飞灯法"成功地拍摄，既为此次具体发掘计划的制订铺就了道路，也为后来的研究者提供了极其重要的原始资料。

当姜言忠拍摄完成之后，专门负责拍摄影视的韩悦利用自己的优势，献出了一个更加便捷和大胆的办法。根据事先的布置，他和助手吴继东身扛摄影机，谨慎小心地沿着门板的开裂处侧身钻进墓室，选定一个既于文物无损，又使自身安全的立足处，按外面黄展岳等人的指挥，不断变换摄影机的角度来拍摄墓前室和东、西两耳室的规模、形制、现状以及诸多随葬品。随着摄影机磁带的转动，墓室中的一切立即出现在外面一个早已安放好的监视器的荧屏之上，而在外部围观的众人可通过荧屏映出的彩色画面，详细观察墓室内的状况……当韩悦身扛摄影机大汗淋漓地走出墓室时，墓室内的一切也就清楚明白了。

从姜言忠和韩悦分别拍摄的照片和画面可以看出，墓葬前室的顶部由一整块巨大的石板覆盖，这块盖石被凿山盖楼的推土机那沉重的履带碾断后，又遭到了民工铁锹镐头的撬砸，致使完整的盖石断裂成四块，并上下错位达十厘米，最宽的裂隙达三十多厘米。当初考古队员黄淼章下地宫探查时，正是从这条裂隙钻入的。现在，各种迹象表明，这块断裂的顶盖石已险象环生，随时都有塌陷的可能，如进入墓室发掘，首先要做的就是要拆掉顶盖石，排除险情。而要拆掉顶盖石又不致砸坏下面的文物，最好的办法是采取支顶的措施，只有将顶部全部承托起来，才能安全稳妥地将断石拆移，并为下一步清理东、西两耳室腾出一个活动的空间。这个发掘计划制订之后，受伤住院治疗的麦英豪也拖着尚未痊愈的身体来到了发掘工地。在他的主持下，由自己的弟子、精明干练的考古队员冼锦祥和古运泉两人率先行动，冼、古两人得到

吊出顶盖石

第二章 进入地宫

指示，立即行动起来。他们冒险进入室内，草测了已露在积土沉渣外部的铜鼎、陶瓿等几件器物的位置，并将器物暂时取出，然后在室内地面铺一层塑料薄膜做垫，以防文物遗迹混乱或损伤。塑料薄膜铺好后，在其他人员的协助下，通过石门断裂的缝隙，考古队员慢慢把几十个塞满木屑的麻包运进墓室，垒叠成一个方形的支柱，用以承托起顶盖石的断裂部位。

当这一切都准备妥当后，发掘人员小心地将顶盖石上厚约0.9米的夯土层掘去，使盖石全部暴露，尔后动用吊车，先把墓门之上那块断裂为二的门额石吊离，接下去起吊两扇石门，最后，吊车的长臂伸向顶盖石，用足气力抓、提、转、放，使四块巨石先后脱离了庇护两千余年的墓室。由于发掘人员事先在顶盖石下垫有麻包以防止碎石迸溅，断裂为四的顶盖石吊离后，墓中的文物安然无恙。

接下去要做的，就是撤出堆叠的麻包，以便从事墓室文物与遗痕的清理。

当发掘人员陆续进入这个被揭了顶盖的石制墓室时，感觉最醒目和扎眼的就是四壁满布的云纹图案。这种分别用红、黑两种颜料绘制的装饰性图案，生动鲜活，清新亮丽，笔触如行云流水，潇洒自如，那彩绘的大小不同的云朵看上去如被飓风卷起，狂飙裹挟，形成了一种奔腾、飘逸、凌空飞旋的浩瀚气势。

同古代无数杰出的建筑大师和艺术家虽然创造了灿烂的文明，却没有为后世留下自己的名字一样，发掘队员同样没有在墓室中找到这位丹青高手的名字，只是在门槛后部的顶门石上发现了一方用卵石做成的墨砚，墨砚之上放置着一小块砚石，砚石的表面尚沾有黑中泛红

考古人员在清理出土的玉璧

043

的颜料，经现场鉴别，这种颜料和绘在墙上的卷云图案的颜色相同。由此可见，这方卵石墨砚就是绘制墓室图案的工具之 。按正常的制度和规律，顶门石之上是不会存放这种器物的，这种颇有些反常的器物遗存，是否是当年那位画师在画完石壁上的图案后，由于一种意外的原因匆匆忙忙地走出墓室，仓促间遗留在这根顶门石上的？或者还有其他的原因？由于缺乏更充足的论证，发掘人员只好作为一种猜想暂时将这个问题存留了下来，以待日后研究。因为此时他们的重要任务是尽快清理墓室中其他的文物。

　　清理工作按原定方案有条不紊地进行。就出土的器物看，整个前室的随葬物布置比较简单，除清理出的大铜鼎、玉佩饰、玉璧和石砚等较明显的文物外，发掘人员又在墓室的东侧发现了殉葬人的棺具遗痕，殉者的骨架、棺具早已腐烂如泥，仅见一片板灰残痕。在这片板灰痕的南北两头，分别有一把铁刮刀和环首铁刀，两者相距1.2米。在两把铁刀之间，排列着一组玉佩饰，尽管穿结的织带早已腐朽无痕，但那散落的玉璧、玉环、玉璜和一件镏金的铜环等器物，由北而南形成一条明显的直线。从出土的位置看，这串组玉佩饰应是覆盖在殉葬者身上的。就在这组玉佩饰的一个大玉璧旁，发现了一方铜质印章，印为方形，龟纽，阴刻篆文"景巷令印"四字，长宽均为2.4厘米，重27.97克。考古人员据此推断，这方印就是殉葬者本人生前所佩戴的实物。据后来研究，印章上的"景"字为"永"字同音通假，"景巷令"即"永巷令"，汉代设永巷令这一官职，以宫中的宦者充任，专门掌管皇后、太子的家事。由此可推断墓中的这位殉葬者，生前当是南越国王室的"景（永）巷令"。墓主死后以"景（永）巷令"与漆木车模型同殉了。因为，在墓室内靠西边的地方，还发现了一具木车模型的残痕，车的铜铁构件散落到前室后部几处，几乎占了墓室5/6的面积。本来不算太大的木制模型车，其散落的部件竟占据了如此之大

"景巷令印"铜印

"景苍令印"铜印正面

第二章 进入地宫

的空间，这个明显违背常规的纷乱布局，引起了考古人员的注意。显然，这具木制模型车在入葬之后曾经大面积地移动过，这个异常现象使问题变得有些复杂起来。大家知道，墓中的随葬品应是在关闭墓门之前就全部放入其中了，也就是说放殉葬品在前，关闭墓门在后。既然墓门已闭，盗墓贼又始终未进入这匿藏了两千多年的墓室之内，这具木制车又何以会大范围地移动呢？是木车自身的原因，还是与人为的外

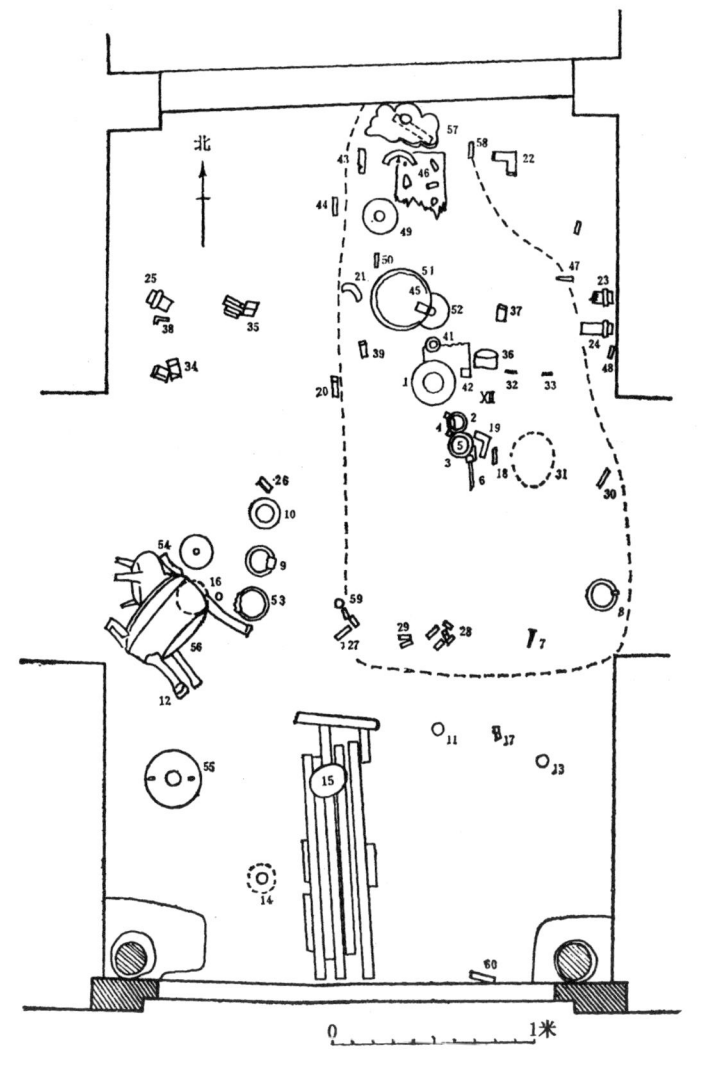

前室器物分布平面图 1、49、52.玉璧 2、3.玉环 4、5.玉璜 6.铁环首刀 7.铁钉 8、9、10.铜门环 11、12.铜衡末饰 13、14.小铜环 15、16.石砚 17、18、27—33、45—48、50、58、60.铅盖弓帽 19—22、26.铜曲尺形舆饰 24、25.铜䡇 34—37.铁铜 38、59.门环铁销钉 40.铁刮刀 41.铜环 42."景巷令印" 43、44、57.铜伞柄箍 51.铜镜 53.陶盒 54.陶鼎 55.陶瓿 56.铜鼎

力操作有关？司马迁的《史记》在描述秦始皇陵墓时，曾有"以水银为百川江河大海，机相灌输。上具天文，下具地理……大事毕，已藏，闭中羡，下外羡门，尽闭工匠藏者，无复出者"。稍后的《汉书》也相差不多地这样记载："石椁为游棺，人膏为灯烛，水银为江海，黄金为凫雁……"从以上记载中可以看出这样两个事实：一是秦始皇的陵墓中，有一些器物在关闭墓门的很长一段时间内还能够运动；二是许多工匠被活着关闭于陵墓的外室之中。如果广州象岗山古墓也像秦始皇陵一样做如此安排，或许这辆木制的模型在安葬后本身可以移动，即使不能移动，那被活着关闭于墓室之中的工匠或不同身份的殉葬人，不可能立即死去，在弥留之际，极度的恐惧和求生的欲望会使他们在漆黑的墓室中呼天抢地、捶胸顿足、四散奔逃……在这短暂的大混乱中，由于人群的冲撞和踢踏，墓室中器物的移动也是极有可能的。

但是，让发掘人员无法理解的是，象岗山古墓的规模和形制，显然无法跟千古一帝秦始皇那旷古绝伦的浩大地宫相匹敌，不可能安置封闭墓门后仍能移动和奔跑的木车模型，而从散落在墓室中的简单的铜铁构件看，木车模型在安置后自己移动的可能性微乎其微，唯一可能造成这种局面的当是墓室中的那个殉葬人，不过从地上遗留的木板灰痕看，这个殉葬人不是活着被葬入墓室，当是在事先死亡之后，由棺具盛装安置于墓室之中的。若让一个死人去推动木车，除了善于幻想和制造迷信故事的人之外，每一个具有科学头脑的人都是不会相信的。

既然这具木车自己不会移动，而人为的可能性又被排除，那么这木车显然移动过的事实又做何解释？难道这阴间的世界真的有鬼魂在活动？

经过一番仔细的观察，考古人员终于发现了木车移动的秘密。原来，这个墓室中曾多次渗入地下水，尽管每次积聚的深浅程度不同，但从四周的石壁上仍能隐约分辨出这个现象残存的遗痕。而从散落的铜铁车饰构件来看，虽然所占范围很大，但一些主要构件如害、铜、舆饰等都位于同一条线上，且木车的衡木饰在前（南），伞盖饰倒落在后（北），这均与木车的各部位置相符。由此可以推断，这具漆木车的模型在被积水浮起后，曾往后（北）漂移过，待年久日深木车腐朽后，那些铜铁构件就随之四散掉落了。

一个令发掘队员们困惑的木车移动之谜由此得以解开。

大音有声

当地宫前室的文物全部清理之后，发掘人员将清理的重点转向了东耳室。

东耳室位于前室东侧，与西耳室相对称，呈东西向长方形。前面有过道和前室相通。从外形看，这个耳室是用掏洞法建造而成，经初步测量，室内长5.24米、宽1.75米、高1.83米。整个室内未发现彩绘，东壁为象岗山原有的岩石，没有另砌石壁，其他三面则为人工石砌而成。室顶用三块大石板铺盖，石板的厚度为20—25厘米，朝内（下）的一面修琢平整，朝外（上）的一面则较粗糙，在石盖板的上方，是象岗山原有的岩石覆盖。发掘前，顶盖石中间的一块巨石断裂掉落，斜插在室内当中处，并将部分随葬器物压坏或压碎。由于石板过于庞大，根本无法从过道中运出，但如果不将这块石板运出，清理工作则很难进行。要运出巨石，看来最可行的办法是凿穿墓室顶部象岗的原岩，从上面利用吊车将石板吊离。于是，围绕着原岩需开凿多大面积，是将三块石板全部吊离，还是单独吊出那块已断裂的石板的问题，考古人员之间的意见发生了分歧。北京来的考古学家白荣金的意见是，既然室顶的原岩不可避免地要凿穿，不如干脆来他个大揭盖，也就是说将室顶原岩全部揭开，把三块石盖板全部吊离，这样东耳室将变得通畅明亮，对发掘人员入室清理十分方便。白荣金的想法一提出，发掘队长、考古学家麦英豪就提

南越王墓地下宫室平面示意图

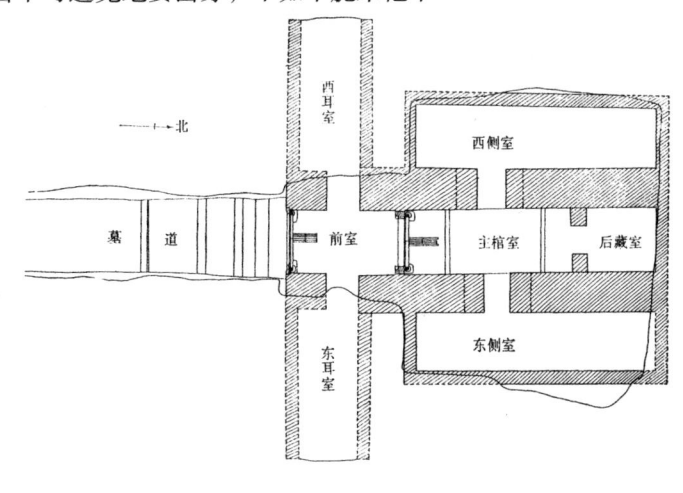

出相反的看法。麦英豪的意见是，如果要大揭盖，并将三块盖石板全部吊离，无疑会对室内的随葬器物产生很大的威胁，只要稍有不慎或某个地方出了差错，室内的文物将受到人为的损坏，其后果不堪设想。同时，像这样在岭南首次发现的未遭盗掘的南越王家族的大墓，如果发掘清理完毕，势必要在原址建立博物馆，这个墓葬的形制作为重要的部分，理所当然地要尽可能地保持原貌，如果人为地将原建筑拆除并重建，将削弱遗址性博物馆的价值和地位。鉴于此情，麦英豪在反对白荣金意见的同时，提出了原岩的穿凿洞不宜过大，只吊出那块断石，其余两块盖顶石不再吊离的意见，这个意见得到了发掘队多数人员的认可并很快付诸实施。

白荣金（右）与李季在发掘现场

东耳室形状与随葬器物出土情况

按照分工和操作步骤，发掘人员先在室内顶盖石的断裂部位用麻袋、木桩等搭成一层防护网，然后用钢钎等工具开始"叮叮当当"地穿凿室顶部的原岩。很快，一个东、西、南、北各长两米并直通室内的方形洞口开凿成功，发掘人员借来了吊车，小心翼翼地将断裂的顶盖石从室内吊离了出去。

接下来的工作就是由外而内地逐步清理。

大家首先在过道拐角和前室进入过道口处发现了两个大小相同的铜环，从出土的情况看，两个铜环锈迹斑斑，每个铜环的一侧都和一个铁鼻扣在一起。据现场初步考证，这应是东耳室过道两扇木门上的门环。不过木门早已腐朽,难以看出原有的形制,只有从铜环铁鼻上残存的木痕推知,原木门的厚度为4.5厘米。

从整体看上去,东耳室应是放置宴乐用具的处所,内中的铜器、铁器、陶器、玉石器、金银器、漆木器、象牙骨器、动物遗骸等器物琳琅满目,一眼望过去,让人感到眼花缭乱,热血沸腾,心情为之大振。而让发掘人员最为激动和兴奋的,当是室内那耀眼生辉、光彩照人的铜乐器和铜容器。

顾名思义,铜器是用铜或铜合金制成的器物,从世界各地的考古发掘证明,人类最早接触的铜是天然形成的红铜,这种铜被采集后多用于做一些小件的工具和装饰品,使用范围还极其有限。从近代考古发掘的断代推论,世界上最早使用铜的地区在小亚细亚一带,然后是埃及等相邻的区域。考古人员在美索不达米亚地区发现了公元前8000年的天然铜饰物,而世界上最早的冶铜技术大约出现在公元前4000年左右的土耳其、伊朗境内,稍后的埃及也吸收了这种技术并应用于生活之中。在埃及的西奈半岛上,就曾发现了熔炼铜矿石的高炉遗迹。而作为同埃及文明相匹敌的中国,远在新石器时代就开始使用小件铜器,夏代已能制作形制比较复杂的青铜容器,商周时期则出现了青铜器繁荣的局面,从而使青铜的冶炼技术达到了历史上第一个高峰。1939年,考古人员在河南安阳武关村出土了重875公斤的商代后母戊鼎,曾使东半球的考古界为之震惊。当历史的步伐迈到东周时期,青铜器的制作出现了新的工艺,如镏金、错金银、镶嵌和针刻等,从而形成了新的艺术风格。到春秋、秦汉时期,青铜器在继承东周铜器风格的同时,在器类、造型和纹饰等方面又有新的变化,其艺术性更加完美。

正如多数人已知的那样,人类使用铜的历史比铁要早,这除了铜比铁易于加工制造的原因外,更重要的是容易找到可直接使用的自然铜。当然,铜的缺陷也是显而易见的,其最大的不足便是冶炼过程中极易产生气孔。当这个缺陷被广泛认知后,人们便尝试着用掺入其他金属的方法来改变铜的性质。经过各种试验发现,在各种铜的合金中,以加入锡这种金属的青铜最为优秀。实验表明,当在铜里加入少量的锡时,铜合金就会带上黄颜色;当加入锡的量增大时,铜合金就会变成红色;继续增大锡的含量,铜合金又会变成白色;如果锡的含量增加到25%以上,又会渐渐地从白色转变为蓝色;尽管随着锡的含量不同,铜合金的颜色就随之发生变化,但有一个共同的特

黄淼章在为编钟的出土设计办法 　　出土的铜钮钟形状 　　出土的铜甬钟形状

甬钟各部位示意图

点是，用锡和铜制造出的青铜具有坚硬不生锈的性质。1974年在陕西秦始皇陵兵马俑坑出土的铜剑，虽历两千多年水的侵蚀却光亮如新、寒气逼人，便是极好的例证。再如1980年在湖北随县①擂鼓墩曾侯乙墓出土的一套战国时代的大型编钟，此编钟浸泡在水中不知多少个日夜，但出土时仍完好如初、光彩亮丽，曾引起了整个世界的震撼。

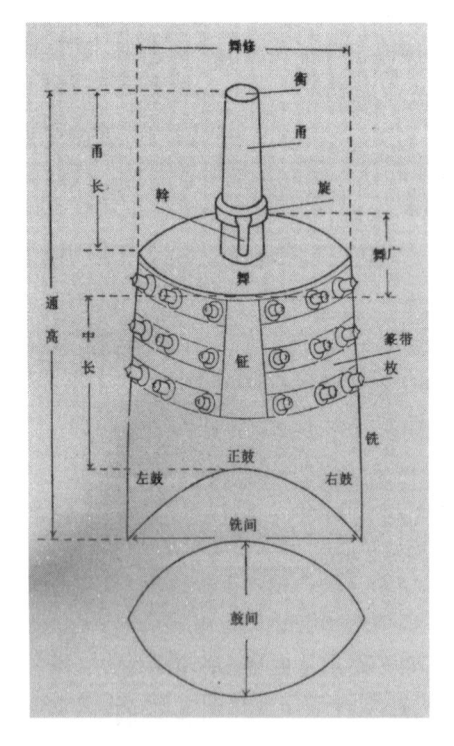

经初步观察和鉴定，象岗山古墓东耳室存放的铜器皆为铸件，造型优美，有些铜器上有繁缛精美的纹饰，有的通体镏金，特别是两套铜编钟，虽历两千多年的岁月侵蚀，但依然散发着独特的魅力和逼人的光辉。

两套编钟分为钮钟和甬钟两种，钮钟为一整套共14件，从小到大依次排列在北墙壁的下方，并整齐地悬挂于木制横梁上。尽管木制横梁早已腐朽，但残留的木片和漆皮依然保持着当初入葬时的情形。从外形上看，依次排列的14件钮钟形制相同，这套钮钟通体泛着青绿色的幽光，方环状钮，口部做弧形，钟体横断面呈椭圆形，每件钮钟均保存完好。与14件钮钟相连的一套5件的甬钟，同样是从小到大，依次摆放在耳室东侧的地面上，只是未见横梁木架。每件甬钟形制相同，外表都有丝绢包裹的痕迹，表明入葬前曾人为地包装过。甬部与钟体同模铸出，甬为圆筒形，实心，上小下大，甬身较长，上有两道旋，底处饰一圆箍，宽展如座。斡作蹲兽状，位于舞的边缘处，呈弯钩形。钟体横断面呈椭圆形，两侧边略呈弧形。钲部、鼓部无纹饰，在鼓部的内壁四角加铸凸起一小长方块，以备调音时锉磨减薄之用。在清理时，考古人员对两套编钟轻轻叩击，钟体发出了庄重、清新、典雅的声音，可见这两套青铜铸就的编钟，虽经两千多年的掩埋，仍风采依旧，声韵不减当年。

陶响鱼。内部装有粗制沙砾，摇之沙沙作响，可能是乐舞时击拍用的"砂镲"

　　钟，作为中国最古老的金属体鸣乐器之一，传说早在黄帝时代就已经出现了，不过这个时候金属的冶炼技术尚未发明，钟体只能采取陶制。在考古兴起之前，人们只是从《吕氏春秋》《礼记》《山海经》等古文献上读到传说中的钟，但很少有人见到实物，甚至有不少人怀疑传说的可信性。直到20世纪50年代，陕西省的考古学家在长安县客省庄龙山文化遗址中发现了一枚陶钟，才使人们不再怀疑那古老的传说。

盒形陶响器。内部装有粗制沙砾，摇之沙沙作响，功能与陶响鱼相同

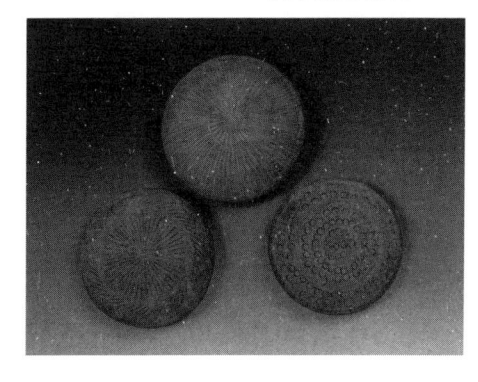

　　至于铜制钟最早出现于何时，考古学界尚有争论，不过从已出土的实物看，远在公元前16世纪至公元前11世纪的商代，就已出现了不同形制和种类的钟，目前，已有大量的商代青铜钟被发现。到周代，钟在古乐器的"八音"分类中已被明确定为金之属。可以说，钟的历史发展沿袭到周代时，已出现了

以青铜为主体的第一个高峰。也就在这个时候,青铜质地的编钟由零散开始走向组合的、庞大的、整体的道路,伴之而来的音乐文化、金属冶炼以及铸造工艺也开始大踏步向前迈进。西周时期,编钟一般呈六件组合或八件组合;到春秋中晚期,编钟已出现了由13件、14件组合甚至几十件组合的情形。下葬于战国初期的曾侯乙墓,竟有64件青铜编钟分三层悬挂于一个钟架上,形成了一个庞大、壮观、辉煌的编钟阵容。如此规模的阵容,说明了古代人类自商周之后音乐思维的逐渐完善和飞跃。

自战国至西汉时期,钟的形制、规模更具多样化和地方特色,特别是中国的西南地区,对于编钟的制造,可谓是五彩纷呈,争奇斗艳。象岗山古墓发现的这套编钟,后来经专家鉴定,为南越国自铸的一套具有岭南地方特色的乐器,是中国古代编钟史上的一朵艳丽的奇葩。

编钟之所以在中国器乐史上占有如此重要的位置,受到历代统治者的厚爱,除这种乐器本身可演奏旋律,并且音色中带有金属的明亮、纯厚、穿透力强、余音缭绕,给人以高雅、庄严、神圣、辉煌之感外,更重要的还在于它一开始就作为一种权力、威严与财富的象征。《乐记·魏文侯篇》中曾将这种象征意义做了诠释,文中说:"钟声铿,铿以立

二八侍宿,射递代些。九侯淑女,多迅众些。(引自屈原《招魂》,清·门应兆作)

号，号以立横，横以立武，君子听钟声则思武臣。"这段话的大意是说，钟的声音铿锵有力，铿锵有力的钟声能够表达君王的号令，在这种号令中就产生了军队宏伟强悍的气势和勇气。有了这种气势与勇气，一切征战厮杀都会取得成功。故当君主一听到钟声响起时，就想起了军队的勇武与武将们的功绩。在春秋战国时期的《管子·五行》中，对钟的作用和象征意义则诠释得更加明了，在这部著作中，曾有"昔黄帝以其缓急，作立五声，以政五钟……"等句。这段话的大意是说：昔日的黄帝根据眼前政事的缓急轻重确立了五种声音，以这五种声音来校正判别不同的五种大钟之声。同时，根据确立的五种声音，为五种大钟订立了名称……如果这五种声音调和了，就可以确立五行和五官。五行确立了，就可以校正天时。五官确立了，可以校正人的体位。只要人和天都在五种大钟的声音中调正了，则天下也就相安无事、太平和谐了。由此可见，钟声的偏正，在古代人们的思想中，对于"天时、地利、人和"是何等的重要。关于此种重要性，司马迁在《史记·乐书》中也有所描述："夫古者天子诸侯听钟磬未尝离于庭……所以养行义而防淫佚也。"这或许就是历代统治者为什么喜好钟的最初原因。正是由于这个原因，钟这种乐器，在表面上看来已成为古代统治者治国兴邦的精神依托。而作为礼乐中群器之首的钟，凡一切与它相关的音乐与社会现象，都将为他们的政治服务。因此，在统治者看来，只有治国安邦的钟鼓乐舞在一个国家得以充分发展，才能扼制住淫邪放纵和不祥的音调。

当然，这种外表的象征意义只不过是历代统治者的一厢情愿和自欺欺人罢了。同象岗山古墓发现的编钟一样，这种用青铜铸就的乐器，在钟的主人面前曾无数次地被敲响，它的声音在粉饰着封建帝王将相骄奢淫逸、糜烂堕落的生活的同时，也粉饰着统治者虚伪而丑恶的面目。同中国历代帝王将相、达官显贵一样，他们只知在那辉煌灿烂、铿锵作响的黄钟大吕面前做着一个又一个美梦，却无法知道正当他们浸淫在那浑浑噩噩的美梦之中时，那成排成组的编钟渐渐演变成一组丧钟，并最后一次为它的主人鸣响。象岗山古墓的编钟想来也是以其凄婉悲壮的音调，奏响了最后的一曲苍凉挽歌，而它的主人也正是在这挽歌声中走进了这座黑暗的墓穴。

宴乐场所神秘的主人

在青铜编钟的旁侧，由耳室的前部往后排列着两套共18件石制编磬。石磬的排列顺序由小到大，依次平放在地面上。考古人员通过粗略的观察发现，石磬通体呈曲尺形，两面光素，股边短而宽，鼓边长而窄，股鼓相接处上部成角状，下边呈弧线形，顶部各有一圆孔，以作悬挂之用。不过在石磬的上下左右，考古人员并未发现可供悬挂的木架或木架的痕迹。看来石磬入葬之初就没有打算要悬挂而是摆放在地面上的。除此之外，考古人员还发现，这两套石磬不但未见丝织物包裹的痕迹，且石质较差，大多都呈灰白色。可能由于墓中长期浸水以及墓底酸性土的侵蚀，石磬整体上保存状况相当差，尤其是贴于地面的那一面，腐蚀极其严重，甚至有的地方已成粉末状。

当考古人员依次清理石磬、铜编钟时，发现在青铜钮钟和甬钟之间，还放置着铜瑟枘、铜琴轸等乐器，这两种乐器皆已腐朽，根据古代一瑟四枘的编制可以推断，墓室内还有髹漆木瑟两件。铜琴轸的琴木早已朽毁，仅存37个铜构件分散在三处，其中一处有7个轸并列，另一处有24个轸堆放在一起，又一处有6个轸散乱不堪，已看不出当初的顺序。考古人员对照此前在湖北随县擂鼓墩曾侯乙墓出土的五弦琴、十弦琴和长沙马王堆3号墓出土的七弦琴来分析判断，得出了如下结论：那一处有7轸并列的遗物，应是一件七弦琴。至于其他30个轸，至少应有十弦琴3件或五弦琴6件。遗憾的是，由于这两种乐器的漆木胎早已朽毁，对于此

悬挂于木制横梁上的青铜钮钟（编钟）与石磬出土情形

第二章 进入地宫

种乐器入葬时的形状以及数量也只能做一个大体的估计了。

在东耳室所有的青铜器物中，形体最大也最为显眼的，当是室内后半部中间位置的一套铜提筒，从形制上看，这套提筒是古代岭南人用来盛酒的器物。提筒分三件，按大小顺序套在一起。三件提筒均保存完好，只是缺少顶盖，出土后经考古人员分析，可能上面分别有木盖，由于年久日深，木盖腐烂无痕了。

瑟柄琴铜构件

相套在一起的三件铜提筒，外部的一件最为硕大，通体像人们平时见到的圆桶，只是头部比圆桶还要大，外有形纹图案，通高50厘米，口径46.5厘米，筒壁口部厚0.2厘米，底部圈足部分厚达0.35厘米。大提筒内部的两个小提筒，其形状基本与外部的大提筒相同，只是形纹图案更显得别具特色。只见这组图案有饰羽人船四只，形象大同小异。四船首尾相连，船身修长呈弧形，两端高翘像鹚首鹚尾。首尾各竖两根祭祀用的羽旌，船头两羽旌下各有一只水鸟。中后部有一船台，台下置一鼎形物。中前部竖一长竿，竿上饰羽纛，细腰，下着羽毛状短裙，跣足。其中一人高立于船台之上，左手前伸持弓，右手执箭，似属主持祭祀的首领形象。船台前三人，头一人亦左手持弓，右手执箭；第二人坐鼓形座上，左手执短棒击鼓，右手执一物；第三人左手执一裸体俘虏，右手持短剑，好像正在杀人。船尾一人掌橹，每只羽人之船饰以水鸟、海龟、海鱼等水生动物。从主要人物

铜提筒

055

船形铜提筒主纹线描图

活动看,似是两股不同的势力在相互攻伐,得胜的一方杀俘虏以祭河(海)神。岭南临海,山林密布,除生活在这里的各种部落相互攻伐外,海盗时常出没丛林大海,形成了岭南一大隐患。这个提筒以及图案的发现,为研究岭南冶金史和当时的社会制度提供了极其珍贵的史料。

据考古人员研究,象岗山古墓出土的这类铜提筒,是一种极具地域特色的器物,考古发掘证明,这类铜提筒仅发现于中国的云南、两广和邻近的越南北部地区,在象岗山古墓发掘之前,以上所列的中国西南部三省区共发现23件,越南共发现三十多件。从器物的造型和纹饰上看,两广和越南出土的基本相同,但从时间上推断,越南开始使用铜提筒的时间可能更早,延续的时间也较长。两广出土的铜提筒则大多集中出现在南越国时期,并且都是提筒发展中的早期形式。

硕大的铜提筒被黄淼章等考古人员抬出地宫

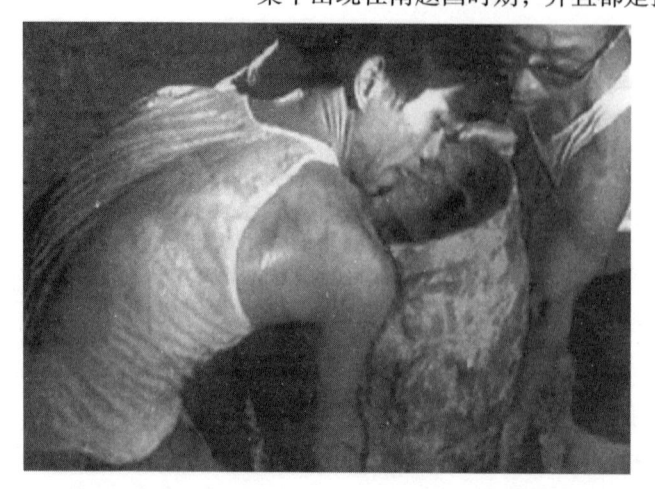

由此历史渊源便可基本断定,这类铜提筒的起源地应在越南,两广铜提筒是受到越南的影响而发展起来的。据考古学家麦英豪先生考证,南越国的统治势力已达今越南北部地区,两广铜提筒中的一部分可能是通过贸易手段输入进

056

来，也可能是越南某些部落首领用以盛放贡品进献到南越王宫的。

除提筒这种专门用来盛酒的器物以外，在东耳室的后半部还出土了铜壶、铜钫等同样是用来盛酒水的器物。在铜钫之下，有两套共12颗长方形的棋子，一套为水晶做成，另一套为青玉做成，每套6颗，经考古人员分析，这就是古代被称为"六博"棋戏的棋子。"六博"棋戏在汉代十分流行，且经常用于宴会中做戏，可惜现在关于这种棋戏的弈法已经失传了。

鎏金铜壶

从整个东耳室出土的大多数器物看，很明显，那盛酒的容器、伴奏助兴的钟、磬、琴、瑟和用于娱乐的"六博"，都标志着这是一个盛大豪华的宴乐场所，也折射出这个场所的主人所具有的高贵的身份。尤其在钟、磬旁边那个早已腐烂成灰的殉葬人，很可能就是墓主人带进来的一名"乐师"，当主人进入另一个世界后，也依然让这位"乐师"一同进入这幽暗的墓穴为自己的享乐奢华服务。看来这位墓主人确是气派非凡、霸气十足，具有唯我独尊、视天下人如草芥的派头。

铜钫（盛酒器）

那么，墓主人到底是谁？难道真的是人们千百年来苦苦探寻的南越王赵佗？如果不是赵佗，谁会有这番气派？

当考古人员在东耳室清理到最后一种器物时，蒙在墓主人脸上那块神秘的黑色面纱终于揭开了一角。

考古人员最后清理的是存放于东耳室后壁的一套青铜句鑃，这套句鑃共由八件组成，在岭南地区属首次发现。此器出土时多数大小相套，器形基本相同，主要特点是器体硕重，胎壁较厚，柄、身合体铸出，且柄做扁方形实柱体，上宽下窄，舞面平整做橄榄状。从外形上看，器体上大下小，口呈弧形，一面光而无文，另一面则阴刻篆文"文帝九年乐府工造"，其文分为两行，其下每件又分别阴刻"第一"至"第八"的编码。号为"第一"的句鑃最大，通高64厘米，

句鑃

057

全套句鑃

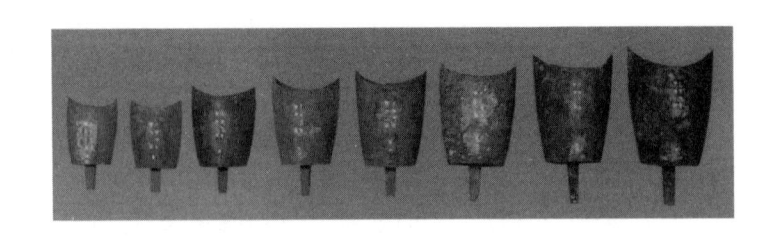

重40公斤，以下依次递减，到号为"第八"的句鑃时，通高只有36.8厘米，重10.75公斤。句鑃，作为吴越的一种乐器，在象岗古墓发掘前，于安徽、江苏、浙江、湖北等地均有出土，个别铭刻中还有自名"句鑃"的字样。此次在象岗山古墓发现的刻铭"文帝九年"的句鑃，当是南越国乐府所铸。根据史料记载，只有南越国第二代王曾自称"文帝"，这个"文帝九年"应是西汉武帝元光六年（公元前129年），而这个时候南越第一代王赵佗早已死去，在位的则是第二代王赵胡。如果史书中记载的南越第三代王赵婴齐的墓确实被孙权大军盗掘，那么此墓属于赵胡或赵胡时代其他家族主要成员的可能性极大，因为在赵婴齐之后继位的第四、第五代王，正逢刀光剑影的动荡乱势，不可能从容不迫地建造如此规模浩大的墓穴，只有赵胡或他同时代的高级贵族才有可能做出这种罕世之举。难道这墓中的主人真的是司马迁在《史记》中记载的南越国第二代王赵胡吗？

注释：

①因本书写作时间较早，部分行政区划如今已发生改变，为尊重作者原意，书中部分地名以作者写作时的行政区划为准。——编者注

第三章 南征百越

越国之殇

战国烽烟渐息，秦始皇问鼎中原。南强北劲，匈奴和百越两大势力对秦王朝再度构成威胁。在精心策划之后，50万秦军兵发岭南，百越之地刀光剑影。血战过后，秦始皇下令开凿灵渠，强大的秦军再次伐越，百越之地终于落入强秦的掌控之中……

越国之殇

❀ 血战岭南

秦始皇像

公元前221年，曾在战国末期叱咤风云的齐、楚、燕、韩、赵、魏等关东六国，在秦国军队为期15年的征讨中全部灭亡。中原大地上持续几百年的割据混乱局面宣告结束，中国第一个统一的封建专制中央集权的国家——秦帝国形成了。到此，北至今日的长城，南到长江南岸，东至东海、黄海，西到巴蜀，尽入秦帝国的版图。秦帝国的缔造者——秦始皇所建立的辉煌伟业，正如他自己所夸耀的那样："德逾三皇，功盖五帝。"为了使这个王朝江山永固并传之于子孙万代，极具雄才大略又阴险狡诈的秦始皇采取了以下种种措施：

一、把六国的王族和富豪都迁到秦都咸阳居住，便于就近监视；二、把全国分为三十六郡，郡以下设县，郡、县的长官都由朝廷委派。这样，统治全国官民的大权便牢牢掌握在皇帝一个人的手中；三、没收六国的兵器，运到咸阳销熔，铸成十二个大铜人，以防止六国士民造反；四、令全国焚烧诸子百家的书籍（竹简），只保留算术、农艺、工艺等几种杂书。士人要想学习文化，可就近拜官吏为师，学习法律等几种不涉及政治的书籍。

秦始皇三十一年（公元前216年），秦王朝颁布"使黔首自实田"的法令。所谓黔首，即编入农、工、商户的三种平民。这道法令就是命农民、半工半农、半商半农的人民自行圈定所耕的土地，并向当地县衙呈报，嗣后便直接向政府缴纳租税。这种做法从根本上阻塞了六国所有的旧贵族，包括"士"这个阶层依靠农民租税为生的道路，逼迫他们只能

第三章　南征百越

乖乖地遵从秦朝的法令，或者拜吏为师学文，或者被征入军队服役习武。

以上种种防范措施和治国之策的实行，使国内形势暂时平静下来，但这种平静并未标志着这位"千古一帝"秦始皇建立的秦王朝从此安然无事。因为刚刚诞生的秦帝国还面临着两大强劲之敌的威胁，他们分别是北方的匈奴和岭南地区的百越。

匈奴是中国古代北方一个游牧民族，据说这个民族曾是夏王朝的后裔，战国时称为匈奴或胡。他们既无城郭，也无宫室，专以游牧为生。其生活习俗是食肉衣皮，随水草迁徙，注重骑马射猎，崇尚强武。大约在战国晚期，匈奴开始进入阶级社会，并产生了一位领袖，叫头曼单于。这个时候的匈奴贵族，大肆掳掠，常趁他国边境空虚无备之时，南下掠夺牲畜人口，给周边国家造成极大的危害。当时中原北部的燕、赵、秦三国，曾分别在边境筑造长城以作防守，同时还经常派数十万大军警戒反击，但收效不大。因为匈奴兵进攻与撤退的速度很快，大多数匈奴劲骑从他们集结地出发，只需一天一夜就可以到达关中地区，在速度上远胜于中原骑兵，而中原步兵更是望尘莫及。倘匈奴占领区域遇上天旱等不虞之年，为了生存就会出动大队人马南下中原进行掠夺。

就在中原诸侯国之间狼烟四起，相互攻伐，强秦逐渐蚕食关东六国的十几年间，匈奴人由弱到强，由强到大，形成了一股强大的攻击力量。也就在这个时期，头曼单于曾亲率几十万人众，多次南侵，并一举攻占了河套地区。他们不仅破坏当地经济，还将大批男女掳去充当奴隶。在这种情形下，秦始皇不得不派出大将蒙恬率军30万北伐匈奴，夺取河南地，并在黄河以东、阴山以南地区设置34个县，后再置九原郡，同时在黄河一段地区依河筑塞，利用地形地势，连接战国时秦、赵、燕三国的旧长城，筑起一条西起临洮、东至辽东的万里长城，以抵御匈奴的攻击，保护北方的农业区域。

越族是中国境内一个少数民族。据史书记载，越族的祖先可能是华夏族。《史记·越王勾践世家》中曾有"越王勾践，其先禹之苗裔，而夏后帝少康之庶子也，封于会稽，以奉守禹之祀"的记载。春秋战国之际，著名的越王勾践打败吴王夫差后，曾"致贡于周，周元王使人赐勾践胙，命为伯"。从此句可见，勾践自认与周的关系是"君臣"的关系。战国早期，楚悼王用吴起曾一度"南平百越"，而到了战国晚期，楚威王打败越王无

位于浙江绍兴印山的越王陵，1998年4月完成抢救性发掘，据研究可能为越王勾践之父允常之墓

疆后，越族开始"服朝于楚"，成为楚国的一部分。到公元前223年，秦国军队灭楚后，于第二年由大将王翦率军继续南进，夺取了越地一部分，建立了会稽郡。当秦王朝建立后，越人主要分布在今广东、广西、云南、福建一带。由于越人没有形成国家，只有部落或部落联盟，且族类甚多，故中原人习惯上把他们统称为百越。将百越中居住在今广东、广西一带的越族称为南越和西瓯，福建一带的称闽越。南越以番禺（今广州）为活动中心，西瓯以广西贵县为活动中心。由于两广地区位于南岭山脉之南，又称岭南。越人的主要特点是断发文身，错臂左衽，部落之间好相攻击，多为穴居，从事渔业和简单的农业生产，整体处于尚未开化的野蛮状态。

就越人和匈奴比较而言，越族对中原的威胁要小一些，其主要原因是，越族多习水战，不喜陆战，加之居住地区与中原之间又有大庾、骑田、都庞、萌渚、越城等险峻的五岭阻隔，即使对中原用兵也没有匈奴那样便捷和迅速，所以在短时间内不会对中原造成太大的威胁。另外，岭南越族虽然人数众多，但农业经济不发达，多数尚处于刀耕火种的原始状态，没有充足的物质条件作为用兵和大规模战争的补给。而且越人分为众多部落，分居于中国南部纵横几千里的山岭丛林之中，缺乏统一的领导，在军事上没有形成一个核心力量，部落之间又不断地相互征伐，近似一盘散沙，难以形成强劲的一致对外的政治、军事同盟。这一切都决定了其威胁力要远远小于北方的匈奴。

尽管越人因上述地理环境、经济、生活方式等局限，在政治、军事上对中原的威胁远小于匈奴，但他们毕竟是一个具有共同宗教信仰的庞大群体，且历史悠久，在长期的相互攻伐和对外战争中积累了丰富的经验，并渐渐形成了勇猛无畏的作战传统。在春秋、战国之际，越人曾多次与中原诸国交战，使中原诸国吃了不少苦头。这样一个人口众多的民族，势必对刚刚建立的秦王朝具有相当大的威胁力。这种威胁力，对雄心勃勃、意气风发的铁血人物秦始皇以及整个秦帝国而言都是无法视而不见的，要想保持帝国的强大和牢固，就必须对外来的威胁力量进行打击。

于是，秦帝国对岭南越人的征伐也就不可避免地发生了。

关于这场战争的经过，史书《淮南子·人间训》曾做了这样的描述：

秦皇挟录图，见其传曰："亡秦者，胡也。"因发卒五十万，使蒙公、杨翁子将，筑修城，西属流沙，北击辽水，东结朝鲜，中国内郡挽车而饷之。又……使尉屠睢发卒五十万为五军：一军塞镡城之领，一军守九嶷之塞，一军处番禺之都，一军守南野之界，一军结余干之水。三年不解甲

《淮南子》书影

弛弩。使监禄无以转饷，又以卒凿渠而通粮道，以与越人战。杀西呕君译吁宋，而越人皆入丛薄中，与禽兽处，莫肯为秦虏。相置桀骏以为将，而夜攻秦人，大破之，杀尉屠睢，伏尸流血数十万，乃发谪戍以备之。

　　从以上寥寥数语中，可以看出战争的惨烈程度以及秦军攻伐的艰难。这场战争最终于公元前214年结束，著名的史书《史记》《汉书》都曾做了明确的记载。但这场战争开始于何年何月，不只是成书较早的《淮南子·人间训》没有记载，即使以后成书的《史记》《汉书》也未做补充说明。于是，继《史记》《汉书》之后的中外学者围绕秦平岭南到底始于何时的问题，展开了无休止的论争，并渐渐形成了四种不同的说法。

　　第一种说法认为，这场战争开始于秦王嬴政二十五年（公元前222年）。持这种说法的代表人物是清代史学家仇池石，他在其编著的《羊城古钞》一书中认为："始皇二十五年，遣王翦南征百粤，略定陆梁地，以为南海、桂林、象郡。"即仇池石认为秦统一岭南的战争是从公元前222年开始，于此年结束并设岭南三郡的。

　　第二种说法认为开始于秦始皇二十六年（公元前221年），持此种说法的主要代表人物是明代人郭棐和法国人鄂卢梭，其中郭棐明确地把秦设南海等三郡的时间定于公元前221年。鄂卢梭则根据《淮南子·人间训》中有关秦派出50万大军的说法，认为："似乎《淮南子》所言之役，应在公元前221年。"

　　第三种说法认为开始于秦始皇二十八年（公元前219年），广东学者余天炽即持此说。

　　第四种说法认为开始于秦始皇二十九年（公元前218年），越南史学家陶维英即持此说。他在其所著的《越南古代史》一书中，明确表示"秦朝发兵应在公元前218年"。

　　以上四种说法，时间跨度从公元前222年到公元前218年，虽然各有各的论据和理由，但又有不尽完善和欠推理的成分。按照史学家、考古学家张荣芳、黄森章的推断和论证，以上四种说法，前三种离历史史实较远，只有越南史学家陶维英提出的第四种，也就是公元前218年一说比较符合史实，其主要理由是：据《淮南子·人间训》所说的秦军"三年不解甲弛弩"这段

第三章 南征百越

记载，联想到平定岭南为公元前214年这一明确记载，那么由公元前214年上推三年则为公元前217年。就在这一年，《史记·秦始皇本纪》明确记为"无事"，故此，秦发动战争之年就只能是公元前218年了。

当然，这个推断和结论也有不少学者提出质疑和相反的意见，有的学者仍固执地认为秦平岭南的战争最迟不超过秦始皇二十八年（公元前219年）。主要理由是，这一年，秦始皇曾东巡并在琅邪台的刻石中列举其疆域有"南尽北户"，这个"北户"即"北向户"，秦时泛指五岭以南地区。如果此时秦军没有开赴岭南，秦始皇为何要把岭南当作秦朝的版图而论定？从《史记》记载看，这次秦始皇的东巡，足迹曾到达了衡山，这个衡山离五岭山脉不远，应与岭南战争有关。以上观点遭到了历史学家何清谷等人的反对。尽管《史记·秦始皇本纪》中有公元前221年"东至海暨朝鲜，西至临洮、羌中，南至北向户，北据河为塞，并阴山至辽东"的记载，于是便有人认为这是官方文告，并根据"南至北向户"这一提法断定此年秦军已到岭南。何先生认为以上记述不像政府文告，而是司马迁概括的秦王朝后期的疆域，如文中"北据河为塞"，显然是公元前214年蒙恬北逐匈奴后秦的北疆，因而不能据此确定秦进军岭南的时间。

不管以上的推断和论证谁是谁非，秦始皇在荡平六国并建立起强大的秦王朝后不久，

秦王朝发兵岭南

从秦始皇陵兵马俑坑中的陶俑可知秦王朝军队阵容

065

即派出大军攻伐岭南则是事实。在这场战争中，秦军的总指挥官屠睢指挥五路大军，分别从五个方向扑向岭南。从文献记载看，五路大军中的一、二路是用来对付越族中的一支——西瓯族的。第一路塞镡城之岭。据专家考证，这里说的镡城之岭就是如今的越城岭，蜿蜒于广西东北部和湖南边境，向南沿湘桂走廊可达西瓯族地区。第二路守九嶷之塞。九嶷山在今湖南宁远县南，由此向西南，越都庞岭进入广西，再沿贺江而南亦可与西瓯人接触。从历史记载来看，"塞"和"守"并非进攻之意，可能由于西瓯族人的强悍与分散，秦军不敢贸然行动，只好暂时采取防守战略，当众多的秦军在南越战场上大显身手时，这两路大军才以进攻的姿态沿上述两条路线向西瓯人的聚集区推进。与第一、第二路军不同的是，第三、第四路秦军好像一开始就以进攻的姿态出现在南越战场上，尤其是"处番禺之都"的秦军。在老将任嚣的指挥下，他们以赣江上游作为前进基地，越过梅岭后，便在横浦暂时驻扎下来，伐木造船，然后到今天的曲江、英德、清远，逐站筑城以确保队伍能稳步前进，最后抵达海边的番禺。

　　任嚣所率领的这支部队是几路大军中最为神速的一支，到达番禺后，任嚣便选择适当的地方，建立起一座小城，后来人们便称它为任嚣城，这座城是秦南海郡的郡城——番禺城，也就是最早的广州城。第四路军守南野，这里所说的南野是指今天江西境内的赣江上游，具体位置当在今南康市southern大庾岭北部一带。这个地区在军事上占有十分重要的位置，它不仅是闽越人与岭南越族相互联系的岭口要冲，而且还与闽越北部的会稽郡紧紧相连，一旦驻军把守，对进攻闽越族十分有利。驻守在此处的秦军，实际上是接济南下番禺的后续部队。第五路秦军"结余干之水"。余干，今江西北部的余干县，余干之水指自鄱阳湖流出的余干水系，而余干水系是闽越人到达江淮的通道，此地虽距岭南较远，但地理位置亦相当重要。史学家顾祖禹认为："越人欲为变，必先由余干界中，积食粮，乃入，伐材治船，盖其地当闽越襟领也。且北距大江，西隔重湘，兵争出入，常为孔道。"故此，只要秦军占领了此地，在军事战略上就完全打破了闽越人北入江淮的可能性。

　　但由于闽越之地"僻处海隅，褊浅迫隘"，既无城郭，也无村落，不仅没有什么险要之处可资凭依，甚至连人行的道路也没有，只有偶尔在河谷盆地里碰到越人聚居的山洞和稀疏的人烟，因而形成了"用以争雄天下，则申兵糗粮，不足供也；用以固守一隅，则山川间阻，不足恃也"的惨淡局面。这个局面在秦军先进的战术、精良的武器、密集的兵力的强大攻击下，更加支离破碎，残缺不全。以闽越王无诸所匆匆组织起来的越人反抗力量很快被击溃，秦军顺利地占领了闽越之地。同年，秦王朝在闽越之地设置了闽中郡。

秦军虽以凌厉之势攻占了南越大部分地区，但是尚未开发的岭南地势复杂，地广人稀，有限的秦军在此难于立足，常常遭到越人的暗中攻击。特别是第一和第二路军，在进攻西瓯人的过程中，遇到了顽强的抵抗，以屠睢为首的一些秦军将领，在攻占西瓯族的过程中，被短暂的胜利冲昏了头脑，变得狂妄自大、目空一切，在这种思维方式的指导下，采取了一系列错误的政策。他们在占领地区，对被击溃的西瓯人不采取安抚政策，而是急于施行中原"暴秦"的那一套残酷无情的法令，对被征服的越人采取了重压和歧视的态度。尤其让西瓯人难以容忍的是，秦军主帅屠睢在进入象郡之后，特意派人将西瓯族的首领译吁宋召到帐前，强行命他依照秦朝对蛮族的事例贡献当地土特产。面对屠睢的非礼，译吁宋拒不答应，狂傲的屠睢一怒之下命刀斧手将译吁宋推出帐外砍下了头颅。这一事件使西瓯人举族震惊，他们宁愿"皆入丛薄中，与禽兽处"，也"莫肯为秦虏"，形成了一股誓与秦军拼死一搏的悲壮力量。西瓯人自觉而积极地组织起来，推举本族能攻善战的杰俊为将领，发挥他们善于爬山越岭和驾船荡舟的长处，利用当地山青林密、河谷纵横的地形，不断发动对秦军的袭击，使秦军在占领区无法安宁，疲惫不堪。在极度的屈辱与悲愤中组织起来的西瓯族人，还不断地袭击秦军的粮道，致使秦军粮食匮乏。与此同时，强悍的西瓯族人还集中力量不断对秦军发起进攻，秦军出现了"屯守空地，旷日持久，士卒劳倦，越乃出击之，秦兵大破"的悲惨局面。最后连不可一世的秦军主帅屠睢也在乱军中被杀死，其首级被西瓯族人取去祭神。

秦军主帅屠睢的被杀以及大量将士的伤亡，使整个南征的秦军受到了重创，占据桂林、象郡等地的秦军日夜凭城固守，身上的盔甲都不敢卸下。而此时秦军的粮草和军事装备在接济上又出现了空前的危机，这就使已进入岭南地区的部队陷入了极为不妙的境地。在这种格局下，秦军不得不调整作战计划，暂停对西瓯族人的攻伐，由战略进攻转为战略防御，整个岭南战事进入了秦越对峙的阶段。

当然,这种秦越对峙的局面是暂时的,就秦始皇的性格和秦王朝的实力,绝不可能允许秦越长期对峙下去,既然战刀已经出鞘,就很难不见血而还。为了解决秦军的粮草、装备等供给问题,尽快完成对岭南地区的全面征服,雄才大略的秦始皇下令开凿灵渠。于是,一项因战争的需要而开凿的浩大水利工程在南中国拉开了帷幕。

史禄与灵渠的开凿

秦始皇下达命令后,由史禄组织、指挥十万军工执行这一任务。史禄,名禄,官职为秦监御史,故此史料中称他为史禄或监禄,至于他姓什么、生卒年代和籍贯都无法考确,后世研究者只知道他大致是秦始皇同时代的人,他的名字之所以还能流传于后世,是与他主持宏伟的灵渠开凿工程紧密相关。灵渠的开凿应当是史禄一生中所做的最具影响力的大事。

历史上最早记载史禄名字和开凿灵渠之事的,要数司马迁和刘安等人,但是他们的记载都十分简略。司马迁在《史记·平津侯主父列传》中写道:"又使尉(佗)屠睢将楼船之士南攻百越,使监禄凿渠运粮,深入越……"刘安召集百家游士编撰的《淮南子·人间训》中只是说:"秦王使监禄转饷,又以卒凿渠而通粮道,以与越人战。"而东汉班固所著的《汉书·严助传》中也仅仅提到:"监禄者,秦监御史也,秦始皇时,尝使尉睢击越,又使监禄凿渠通道。"没有补充什么新的内容。在上述史书中,史禄只是作为一个次要人物被附带提及,《史记》和《汉书》中不但没有史禄的传,就连《史记·河渠书》和《汉书·沟洫志》中竟然也不曾收入史禄领导开凿灵渠的任何事迹,这显然与他的官职卑微有关,于今读来,不能不使人扼腕叹息。东汉以后,历代虽有不少文献谈及史禄开凿灵渠之事,但大都相互抄转,失之于略而不详,或千篇一律,没有什么新的内容。直到宋代,才有人对此事做了补充性的描述。如范成大在所著《桂海虞衡录》中记载:"湘水源于海阳山,在此下融江。融江为洋河下流,本南流。兴安地势最高,二水远不相谋。禄始作此渠，派湘之流而注之融，使北水南合，北舟逾岭。"元代脱脱等所修《宋史·河渠志第七》东南诸水下云："广西水灵渠源即漓水，在桂林兴安县之北，经县郭西南。其初乃秦史禄所凿，以下兵于南粤者。"欧大任《百越先贤志》卷一云："史禄其先越人，赘婿咸阳，禄任秦以史监郡。"看来，关于史禄的人生经历，后人所知的也不外乎这些了。

流淌千年不竭的灵渠

灵渠，史书中作"滐渠"或"灵渠"，据说因漓江又称灵河而得名。因灵渠沟通了湘江和漓江之水，又名"湘漓运河"，其穿越广西东北部兴安县境内，后人又称"兴安运河"。秦始皇为何在大军受挫后，不惜动用十万军工开凿运河，这当然是由中原与岭南的自然条件所决定的。

从历史记载看，秦时中原与岭南沟通有水、陆两路，但这两路对人行特别是运输都极其不便。就陆路而言，虽然不像唐代诗人李白所形容的"蜀道难，难于上青天"，但也是道路崎岖，险隘重重，人行尚可逾越险阻，一旦用于大规模的运输，则变得极其艰难和复杂，其难度绝不亚于蜀道之难。除陆路外，可通行的水路只有以下两条：其一是取道江西的赣江，运载物资到达大庾岭，然后以人力搬运逾岭，之后再通过浈水流域输向岭南地区；其二是取道湖南的湘水，到达五岭之下，以人力将物资搬运逾岭，然后再通过漓水流域输向岭南。

由以上水、陆两路的自然条件可以看出，要向岭南运输大量的战备物资是何等烦琐与艰难。在秦军征伐岭南之

069

渠边的石兽

初，由于秦王朝有一定的战争准备，物资的运输与前方将士的需求矛盾尚不突出。当战争进行到一定阶段，特别是遭到越人强有力的反击之后，前方军队的急需和后援物资运输缓慢的矛盾就变得尖锐和显著起来。要解决这个矛盾，就势必要增强后勤补给力量；而要增强后勤补给力量，仅仅靠增加人力是不够的，必须开辟一条较为畅通的路线方能达到彻底征服岭南的目的。在这样一种思想的指导下，开凿灵渠就成了当务之急了。

由于历史资料的缺乏，后人无法知道秦王朝为什么要选在兴安一带开凿灵渠，但可以想象的是，关于开辟中原通向岭南这条新通道的选址问题，秦始皇本人和他手下的众多臣僚们，一定是经过反复论证和再三斟酌才最后选定在兴安的。就其自然条件而言，运河开凿之前，在兴安县城附近，湘江有一小支流，发源于兴安城西南的柘园附近，叫双女井溪；漓江有一小支流，发源于兴安城北面的山谷，叫始安水。由始安水至双女井溪汇入湘江处，相距不足1.5公里，不仅距离很近，而且两水的水位相差也不太大。两水之间只隔着一系列小土岭，即太史庙山、始安岭和排楼岭。这些土岭南北走向，宽度仅300—500米，相对高度20—30米。这样的自然条件就为开凿灵渠，引湘入漓创造了相对方便的条件。

纵贯湖南全省的湘江，发源于广西灵川县境内的海洋山，其山水流经兴安的湘江故道（也称海洋河），流入湘江北去；而美丽的漓江，发源于五岭之一的越城岭的苗儿山，其山水南流入珠江。两江异源分流，一流向北，一流向南，

第三章　南征百越

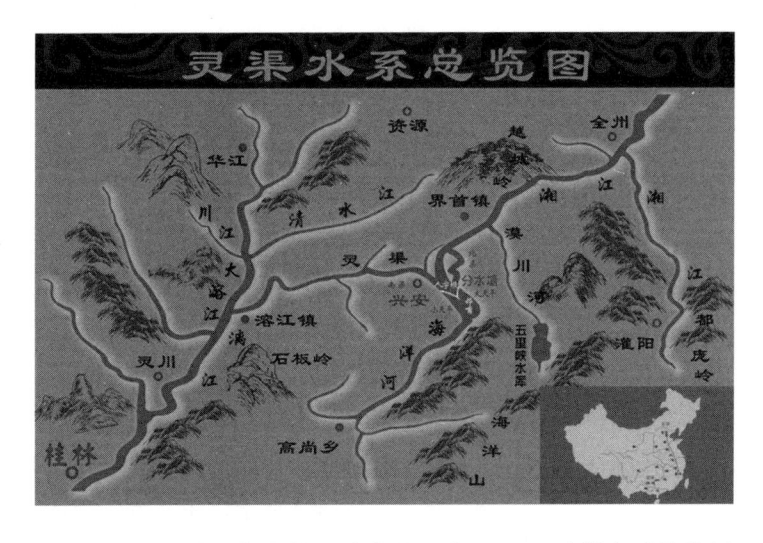

相离而去。后人为"相离"两字加上三点水偏旁，以示湘漓两水背道而驰。当时，开凿灵渠的工程人员对兴安县附近的地形和水文情况做了详细考察后，选择了兴安县城东南两公里的分水塘（又称溪潭）作为筑坝分水的地点。就当时来说，这个选择有两个有利条件：第一，海洋河从源地流出，沿途流经砂页岩地段，河谷比较开阔，河床比降较大，至分水村附近，因海洋河垂直切穿鳌头岭和龙王庙山而进入平原，水流变缓，对筑堤断流极为有利。第二，这里处于湘江上游，水位较高，筑坝拦水之后，可把水位提高六米左右，使越过分水岭的渠道开凿工程大为节省。在分水塘附近筑坝分水、引湘入漓。后来的事实证明，这个选择是正确的，充分显示了古代工程人员丰富的经验和高度的智慧。

灵渠水系总览图

兴安灵渠工程分为南北两渠，全长34公里，沟通了湘江和漓江两大水系，整个工程包括铧嘴、大小天平、南北渠道、泄水天平、陡门、水函、堰坝、虹桥等水工设施，它们互相联系和依存，构成完整的水利工程体系。兴安城东的灵渠分水塘，称为大小天平，

灵渠·铧嘴及天平（邮票）

071

它起着断流河水，减缓流速，抬高水位，将河水分导入南北渠道的作用，如遇洪水又可向故道泄流。大小天平呈人字形，北段称大天平，长度为340米，南段为120米。湘江上源的海洋河水，环绕一座几十米长的石坛，坛上古树繁茂，花草绿

灵渠湘漓分流处

红相映，靠坛边有小巧的凉亭，亭里有块碑，碑上刻有"湘漓分派"四个字。原来这块大石坛，就叫分水铧嘴，它把两江汇流滚来的洪水劈分两股，一股向北入北堤，一股向南入秦堤，按"三分漓水七分湘"的比例分流着。至于大小天平大坝结构，由二层大坝组建，一层为大青石块铺成，一层为鱼鳞石组成，犹如两条坚固的防线。

运河的南渠全长三十余公里，人工开凿部分约占五公里多，是南渠首经兴安城区的那一部分，后人称为秦堤。此堤穿越鱼公山、城台岭、太史庙山等处，然后接始安水、灵河等天然河道。

北渠从分水塘开始，绕了几个大弯汇流入湘江故道，北渠的直线距离只有两公里，但绕弯后拉长一倍，约四公里。最突出的是北渠开始不远的陡弯处，有观音阁小丘，河水在这个小岛形成了一个大弯然后北去，到打鱼陡又绕一个弯。一弯一曲前进，这是为了减低河水流速的冲击力而设计的渠道，流水迂缓，利于航行，可见古代灵渠的设计者们考虑十分周密。

灵渠·陡门（邮票）

南北渠道的一个重要工程设施，便是陡门，或称斗门。这道门户起船闸作用，能自由起闭提高水位，利于船舶通航。陡门设置地点多是选择渠道较狭地方，容易控制水流。陡门的距离，依地形需要而定，一般在四五百米之间，也

有相距一两公里。陡门用大块方石砌成半圆形,半径1.5—2米,渠道两岸各一,形成拦腰约束流水的石堤形状,突出在渠道中间,两堤距离为五米余,这就形成陡门。陡门下有石板垫底,两岸半圆形石堤上凿有凹口,作为塞陡时架陡杠用。陡门附近竖有石柱,称将军桩,上面多刻陡名。在其中一将军桩不远处,有一座圆形墓冢,人们称为"三将军墓"。关于将军墓的名称,当地有这样的传说:当初,秦始皇派人来修灵渠时,曾经历过多次失败,不是湘江水涨、灵渠水干,就是灵渠水多、湘江水少。这样,第一个修渠的负责人被杀头了。

至今奔腾不息的灵渠流水

接着派来了第二个负责人。第二人左试右试,从上游把十根木头放下来,到分水的地方,流入湘江的是七根,流入灵渠的是三根,他就在三七分开的地方,修上铧嘴。

分水分成了,可是洪水一来,过多的水涌进灵渠,冲毁堤岸,造成水灾。这样,第二个人又被杀头了。

于是,又派来了第三个负责人。这第三个人经过考查,发现灵渠堤岸太低,但要加高又不稳固,问题是如何既能经常维持灵渠的一定水位,保证通航,又不会涨洪。后来就在铧嘴尾部通向南北的江岸,砌了两道不高不矮的人字坝,叫作大小天平,平时可以拦水,洪水来时又可滚水泄流。这样,分水、通航、防洪等问题都解决了。

第三个人获得成功之后,觉得自己的成功都是在前人经验教训的基础上搞出来的,功劳不应统归自己。前两人为修渠积累了经验,反而被加罪问斩,自己活下来没有意思,于是就自刎而死了。人们把这三个人合葬在一起,觉得他们如此英烈，便称他们为"三将军"。

传说总与实际发生的故事有较大的差距，应该是不足为信的。但从这个传说中可以看出这样的隐喻，那就是工程技术的复杂和艰难、条件的严峻，秦王朝官吏们的残暴和十万军工为此付出的悲苦与牺牲，同时还透出天下苍生对这场秦越战争的抵触和不满。就当时的中原地区而言，人民久经战乱并饱受战乱之苦，当秦王朝统一天下后，无论是政府还是天下百姓，都期待一个休养生息的环境，在这种人心所向的情况下，作为秦王朝应当把统治政策的中心迅速转移到生产上来，以尽快恢复和发展因战乱而遭到重大损失的经济力量，治愈战争创伤，走富国强民之路。但此时的秦始皇却置此于不顾，不惜劳民伤财，一意孤行地要征服岭南地区。这场战争给人民带来了无穷的灾难，汉族人有许多在这次战争中，被弄得家破人亡，出现了"当是时，秦祸北构于胡，南挂于越……行十余年，丁男被甲，丁女转输，苦不聊生，自经于道树，死者相望"的悲惨景观。而且秦越战争中有几十万士卒亡故他乡。至于像《搜神记》中所记"被差征发，落陷南国……三年还家"的长安人王道平的神话传说，那还是极其幸运的。在这场战争中，越族人也同样付出了惨重代价。以上传说中那第三个工程负责人在成功之后不是邀功请赏，而是以悲壮的自刎方式告别成功和荣耀，便是对这场战争持抵触和不满情绪的印证。

当然，整个灵渠开凿过程留下来的传说，不全是抵触、不满和悲壮，也有一些浪漫和理想主义的成分掺杂其中，关于那块"飞来石"的传说便是极好的例证。据说灵渠附近并无石山，却偏偏在拐弯处的堤边"飞来了"一块巨石。巨石周围刻有后人赞美灵渠的诗文和修渠事务的记载，其中一段专门讲述了"飞来石"故事：当灵渠修到此地时，工程被迫停顿，因为白天砌好的堤坝，到夜晚就被大水冲垮。多次反复后，人们就在夜晚去察看，这一察看方才得知，堤坝并不是被水冲垮的，分明是一只猪婆龙在作祟，是它用长嘴暗中拱开了堤坝。于是，人们同猪婆龙展开了斗争。后来，这件事被峨眉山上的仙人发现了，他对人们的顽强战斗精神甚是赞扬，便设法帮助修渠的人们。在一个电闪雷鸣的夜里，天空忽然飞来一块巨石，正好砸在猪婆龙的脊背上，使它再也不能逞凶作恶。后来，这大堤坝也就顺利地建成了。

这段颇具浪漫和理想主义的故事，明显地淡化了军工们劳作中的悲苦和哀怨，增添了一股昂扬向上的意欲征服自然、建功立业的英雄主义色彩和乐观的精神风貌。或许，正是凭着这样的精神意志，兴安运河才得以最终成功地打通。

尽管史料没有提及工程的艰难以及施工的技术处理等细节，但后人可以想象的是，灵渠的开凿一定是吸收和借鉴了著名的水利工程都江堰和郑国渠的经验和技术手段兴建而成的。早在秦国灭西周国后的昭襄王五十一年（公元前256年），在四川就由李冰主持了都江堰工程的兴建。这项工程有鱼嘴、飞沙堰和宝瓶口三个主要部分紧密相连，形成工程的总体，其中鱼嘴的作用是把岷江分为内外两江，外江为主流，内江水流则通过宝瓶口流向成都平原，起一种分水作用。都江堰的鱼嘴与灵渠的铧嘴，是同一类型的水利建筑物，都起着分水作用。都江堰建成与灵渠的开凿，相距只有35年，基本上属于同一个时代，而同时代兴修的水利工程之间不能排除技术交流的可能性。尽管历代对铧嘴是否修建于秦代素有争论，但多数学者、专家还是认为铧嘴建成于秦代的可能性较大，就当时的情形而言，要建南北渠道是不能没有分水工程设施的，除此别无他途。

郑国渠开凿于秦始皇元年（公元前246年），干渠东西长"三百余里"，横穿几条天然河流。干渠横穿河流的技术措施，缺乏文献记录资料。据现代水利史专家研究得出的结论认为：在古代技术条件下，建闸（即斗门）控制，实属不易，从文字记载和考古上都尚未发现在秦代有这样大型的灌溉闸门。在郑国渠修建25年后新建的灵渠，是否已懂得修建闸门的技术，因资料缺乏无从判断。如不用闸门提高水位，则常年运输将成问题，一种可能是尽量利用流量充沛的季节运输；另一种可能是使用一种原始方法提高水位，两者必居其一。

史禄负责领导开凿的灵渠是世界上第一条船闸式人工航道运河，是我国水利科学史上的重大成就之一，它同都江

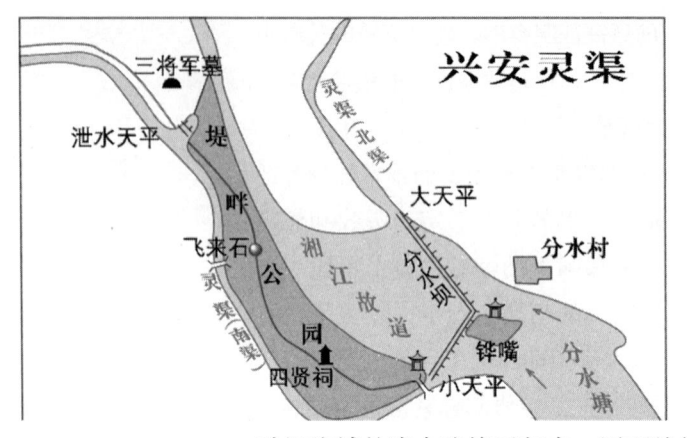

兴安灵渠图

堰、郑国渠一起被后人并称为秦国三大水利工程，并在中国古代水利史上写下了光辉的一页。

灵渠沟通了湘漓两条河流，湘水汇入漓水，使原本属于长江流域的湘水与属于珠江流域的漓水连接了起来，因而从长江流域出发的船只，可以通过漓江逾五岭而直接到达岭南地区，即使载重万斤的大船也可以顺利通过，这就为被困于岭南的秦军粮饷的补给带来了新的转机。由于秦王朝的粮饷源源不断地输入，为秦军快速、彻底地征服岭南地区创造了条件。当然，灵渠的作用不仅限于秦始皇时代对岭南的用兵，随着时间的推移，它的作用和意义变得越发宏大和深远。自秦之后的历代，随着灵渠的不断修筑，对于促进岭南与中原地区的经济、文化交流，对生产力的发展和巩固中国的统一，发挥了巨大的作用。而作为岭南同中原水陆交通运输大动脉的灵渠，直到明清时代，仍然是南北水陆交通的最重要的通道。按照明代旅行家徐霞客亲眼见到的情形，灵渠内依然是"运航鳞次"，船只往来不绝。到清代，灵渠被称为"三楚两粤之咽喉……长沙、衡、永数郡盛产谷米，连樯衔尾，浮苍梧（梧州）直下羊城（广州）"。岭南地区大量的特产和器物也通过灵渠下湘江、越洞庭、溯汉水，输送到长江流域和中原各地，灵渠促进了岭南和中原地区的经济文化繁荣与民族的融合。灵渠在作为水陆交通的同时，还浇灌着两岸的万亩农田，为当地农业的发展发挥了巨大作用。

从传统的观点与角度看，秦王朝开凿灵渠的目的主要是兵发岭南并征服这块土地上的越人，以稳固秦王朝的统治和满足秦始皇对于财富的贪婪和私欲。而史禄领导开凿灵渠动用了十万军工，也有其耗费人力物力、劳民伤财的一面。但是客观地从历史角度来看，灵渠毕竟起到了巨大的积极作用，史禄作为秦代开发南方的重要人物之一，其历史功绩是不应被抹杀的。虽然在古代正史中没有他的传记，但是灵渠工程本身就是历史的见证，那用巨石垒砌而成的坚固大堤，就是开凿灵渠的十万军工以及史禄本人的不倒的纪念碑群。就史禄在历史上的地位而言，正如宋人周去非在他的《岭外代答》一书中所言："尝观禄之遗迹，窃叹始皇之残忍。其余威能罔水行舟，万世之下乃赖之，岂惟始皇，禄亦人杰矣。"

岭南"通衢"

当兴安灵渠经过三年的开凿、修筑大功告成后，秦军的粮饷和军用物资开始得以大批地运往岭南。秦始皇感到征服岭南的时机已经到来，便于三十三年（公元前214年）毅然决定由任嚣、赵佗两位将领率楼船之士，再次发动了对百越的进攻。

这次进攻，与三年前不同的是，秦王朝和秦军将领吸取屠睢在征战中的教训，在战略上采取了"发诸尝逋亡人、赘婿、贾人"随大军行进，每当秦军占领一地便将部分移民留驻此处。这不仅使秦军有了较稳定的后方根据地，同时也使秦军在人力的消耗中有所补充，而大批的商贾在岭南的经营，也为军队粮饷的补给创造了条件。在这种优势条件下，秦军凭着丰厚的粮草和精良的武装设备，在百越战场上开始了大规模的征伐。大军所到之处，兵锋凌厉，势如破竹，未费多大力气就击溃了西瓯族人的反抗力量，占领了今广西等地的西瓯地区。随后任嚣、赵佗又挥戈南下，乘胜进击，一举击溃了雒越族，占领了今越南中部、北部的雒越地区。至此，秦王朝于公元前218年发动的征服岭南的战争，在经历了四五年波诡云谲的刀光剑影和血雨腥风之后，终于在公元前214年，以秦军彻底征服岭南越族的胜利而宣告结束。

秦军占领岭南后，秦始皇很快在该地区设立了桂林、象郡、南海三郡，把岭南正式纳入秦王朝的版图。为了巩固其占领区，防止越人反抗力量死

位于兴安的秦城遗址现已发现四处，分别为马家渡至大营村的"城墙埂子"、七里圩村南大溶江边的"王城"、道济与太和堡之间两道土城以及在灵渠出口处与大溶江汇合处的水街。此为水街一角

灰复燃，加强对越人的控制，秦王朝采取了军事管制性的戍守政策，并"置东南一尉，西北一侯"，以加强对该地区的统治和防守。

所谓"东南一尉"，就是在岭南三郡"置南海尉以典之"，由掌兵的南海尉专断一方，加强其军事应变能力。南海尉住南海郡治番禺。秦王朝任命的南海尉就是继屠睢之后率兵击越的指挥官任嚣。为避免分散南海尉的权力，秦王朝决定三郡一律不设郡守，只设监御史主管一郡事务。所谓"西北一侯"，即在岭南西北方的交通孔道上建筑城堡，驻扎重兵，以防西瓯人向北流窜。这里的侯不是史书中常载的万户侯或千户侯，而是古代探望敌情的哨所，此乃驻兵监视之意。在过去的战争征讨中，关于西瓯人之难以征服，秦始皇和秦朝军队是有所领教的。为了防止其残存的军事势力卷土重来，采取了这一防范措施。据后人考证，这个"侯"的遗存就是今广西兴安县西南四十华里的秦越遗址。清谢启昆编《广西通志·胜迹一》时曾说："秦城在（兴安）县四十里，旁有秦王庙，秦始皇筑以限越。"直到今天，虽然秦王庙早已不存，而秦城古城垣和古战壕的遗迹仍历历在目，有"大营"和"小营"之分，据专家考证确属当年秦军驻扎的故垒。此处位于越城岭和庞岭之间的水道，其地势平坦，四周高山连绵，大溶江傍依而过，北靠天险严关，扼守此地，即可控制岭南西部的咽喉。此外，沿五岭南北还设有很多戍守据点，各郡县治所及水陆关隘也驻有大量戍卒。这一切措施，目的是巩固秦始皇对岭南的占领，加强对该地区的统治，并防止越人逾岭北犯。

秦始皇除实行戍守政策外，对尚处于相对闭塞、落后的岭南地区，还采取了几项具有开发作用的措施：

一、建立郡县制。秦始皇三十三年，在岭南设南海郡、桂林郡、象郡。南海郡治所番禺，即今广州市，辖境大体相当今广东的大部，东到今福建南端的云霄，西到广东四会县（今广东四会市）东。其下置县有：番禺县、龙川县（今广东龙川县）、揭阳县（今广东揭阳市）、博罗县（今广东博罗县）、浈阳县（今广东英德市）、含洭县（浈阳县之南）。桂林郡治所布山，在今广西贵县境，辖境大体相当今广西都阳山以东，越城岭以南，包括今广西桂林市、柳州市、梧州市和广东肇庆市、茂名市一带。下置县除布山县外，还有四会县（今广东四会市）。象郡治所临尘，辖境包括今广西百色地区、南宁市、凭祥市，广东的湛江市一带，南到越南北部的海防市和高平省。除县之外，在土著民族聚居的地区设道，利用其首领即"臣邦君长"对民族地区进行统治。在有些地区还维持其旧的部落组织，所谓"且以其故俗治"。秦推行的郡县制是一种严格的中央与地方的隶属关系，这是在岭南建立封建政治秩序的开始。从此，岭南纳入中央政权统一管辖之下，成为秦王朝版图的组成部分。以后历代封建王朝，都沿用秦的郡县制模式统治岭南。在统一政权下，通过岭南地区的各级官吏和民族首领，推行中原王朝的政令，加强了与内地的交往，不同程度地促进了岭南越族地区社会制度的变革和生产的发展。

二、有组织地大量向岭南移民。这是秦一贯奉行的移民实边政策。最初令军队留戍岭南，落户定居。由于北方人初去水土不服，死亡率很高，征兵不易，因而改用"谪戍"的办法从内地强迫移民。"谪戍"就是对"有罪者"实行充军、流放，其对象是有罪官吏、逃亡者、赘婿、商人、曾有"市籍"的、父母曾有"市籍"的、祖父母曾有"市籍"的，称之"七科谪"。从史料记载看，秦王朝有组织地向岭南移民共有四次，第一次是秦始皇三十三年，"发诸尝逋亡人、赘婿、贾人，略取陆梁地（指岭南）"。这次是随军谪发，配合军事占领，在三郡安置这些移民，这是人数最多的一次。第二次是秦始皇三十四年，"适（谪）治狱吏不直者，筑长城及南越地"。秦时官吏判案不符合法律规定叫"不直"。这次把南越地与筑长城并提，可知是强迫有罪官吏在岭南从事筑路、筑城等建筑工程。第三次是秦始皇三十五年，"益发谪戍边"。这句记载虽未明言去处，但不外北边和南边,南边当指岭南。第四次是赵佗上书请求从内地遣送"亡夫家者青年女子三万人,以为士卒衣补,秦皇帝可其万五千人"。这一万五千名青年女子,当然都成为一万五千名戍卒的配偶,他们构成华夏人落籍岭南的一万五千户人家。这也是后来的汉高祖刘邦在诏令中所说:"前时秦徙中县民之南方三郡,使与百粤杂处。"以上史料表明,秦代迁往岭南的华夏之民数量不少,他们中既有一定文化知识的犯罪官吏,又有善于进行物品交换的商人,更多的是掌握了中原先进生产技能的农民和手工业者。他们给岭南带来了文化和生产技术,增加了大量劳动力,为岭南的开发增添了新的活力。

三、开新道,凿灵渠。秦统一以前,从中原到岭南没有人工开凿的道路,人们沿着五岭山脉南北分流的河道往来。这些地方山高岭峻,鸟道微通,不能行车,成为阻塞南北的天然障碍。随着秦向岭南进军,差遣大量戍卒、罪人等修筑沟通岭南的道路,秦始皇三十四年发配有罪官吏在岭南从事的苦役,主要是筑路,所筑的陆路就是岭南"新道"。秦末农民大起义时,任嚣嘱赵佗"兴兵绝新道",企图阻止起义军进入岭南。赵佗"即移檄告横浦、阳山、湟溪关曰:'盗兵且至,急绝道聚兵自守。'"可见秦末岭南"新道"已成为非常重要的交通要道。

在水路交通方面的建设,主要是开凿灵渠。如前所述,这项工程从向岭南用兵开始,至秦始皇三十三年通航,使长江上的船只可以经湘江,过灵渠,入漓江、桂江南下,取西江东行而抵达番禺,或溯浔江西行而抵布山、临尘,使水道纵横的岭南无所不通。

水陆道路对于国家的重要,犹如血管对于人体的重要一样,是维系国家整体的动脉,通则舒畅,阻则淤滞。开新道和凿灵渠,不仅是当时军事上的一项重大战略性措施,而且对于加强岭南与内地的联系,打破岭南的闭塞局面,促进岭南的开发,都起了极其重要的作用。从此,岭南的历史进入了一个新的划时代的阶段。

第四章 珍宝灿烂

越国之殇

面对堆满地宫的灿烂珍宝，发掘人员一筹莫展。考古学家白荣金献出奇计，悬空发掘得以实施。墓穴深处，一件件奇珍异宝相继出土，让世人领略久远的岭南文明，同时也为解开墓主之谜提供了新的重要线索……

悬空发掘与虎节面世

前室形状与随葬器物分布情况

当东耳室的器物清理到一半时，对西耳室的发掘也紧锣密鼓地行动起来。这个室的清理工作主要由白荣金、陈伟汉、李季三人负责。

顾名思义，西耳室位于前室西侧，这是由前室竖穴西部向里边横掏出的一个长方形洞穴，洞穴内又用石头人工砌筑成一个平面长方形的墓室，与洞穴原岩形成了互为表里的相属关系。耳室的东端为一短过道，与前室相通。经测量，过道长1.14米、宽0.96米、高1.14米。在过道与前室相连的地面上，考古人员发现了一对坠落的铜门环。从这对铜门环的坠落可知，在过道口与前室连通的地方，原来安设着两扇封闭的木板门，由于年久日深，木门已腐朽不存，只有这两个门环残留了下来，以证当初木门的存在。根据门环的钉上所残留的朽木痕迹推知，木板门的厚度约为2.5厘米。与此同时，根据录像资料显示和站在过道口初步观察的情况，考古人员注意到，室内的四块顶盖大石板各有一道贯穿性断裂，并有较严重的错位，最多处达10多厘米，看上去险情严重。面对此情，考古人员经过分析，认为这个耳室是以掏洞的方式建造而成的，其顶部不存在重大压力问题，而在顶盖石的周围已没有多余的空隙可供石板再产生移位的可能，因此可以断定，顶盖石不会自然下塌，险情可予以解除。但过道顶的断石块却断裂严重，随时都会有崩塌的危险，必须采取防范加固措施。于是，考古人员找来木柱和木板，很快将过道顶断裂的石块支护起来。

当一切险情不再存在时，考古人员开始考虑如何进行清理了。大家惊奇地发现，西耳室不但比东耳室随葬品数量

第四章 珍宝灿烂

多,而且品类也较多。只见室内堆满了铜器、铁器、金银器、玉器、陶器、漆器和木器等难以数清的器物,各种器物层层叠叠地堆压在一起,几乎塞满了所有的空间,一眼望去,大有眼花缭乱、目不暇接之感。

惊喜过后,伴随而来的是一阵忧愁,因为室内的器物太多太乱,考古人员根本无立足之地,如何进入室中清理?看来这是一个不算太小的难题。当然,如果室内存放的不是沉睡千载的珍贵文物,而是一堆普通器物,只要先将散落在过道中的一部分取出来,再逐步向室内推进,以步步为营的方式就可以全部提取了。这种步步为营向前推进的方式,势必要影响整个室内拍照时的完整性,同时容易弄乱墓内互相关联的器物,这无疑犯了考古学的大忌。就考古学的意义而言,它不仅仅是将发现的文物取出来以供人们观赏,更重要的是通过这些器物以及与这些器物相关联的一切物质,科学地揭示古代的历史文化,准确地恢复历史文化景观和破译古代信息,进而从中抽译出历史演进的规律和能够对现代人类产生鼓舞和激励的优秀的古代精神。

考古人员在感到棘手的同时,不得不停下来商讨对策。

队员们根据自己的学识、经验与思维方式,分别提出了不同的清理方法,很快这些方法因各自存在的这样或那样的不足而被一一否定。最后,来自北京的白荣金提出了一个"悬空发掘"的方案,引起大家的极大兴趣。

在象岗古墓的考古发掘队员中,白荣金可称得上是一员战功赫赫的宿将。他自1956年参加考古工作,至今已参加发掘墓葬和遗址近百处,尤其在著名的满城汉墓和马王堆汉墓的发掘中,白荣金发挥了巨大作用。尽管如此,白荣金为人处事却极其谦虚,每遇到棘手难办的问题,他总是在耐心听完其他

白荣金趴在西耳室搭起的平台上,探查随葬器物

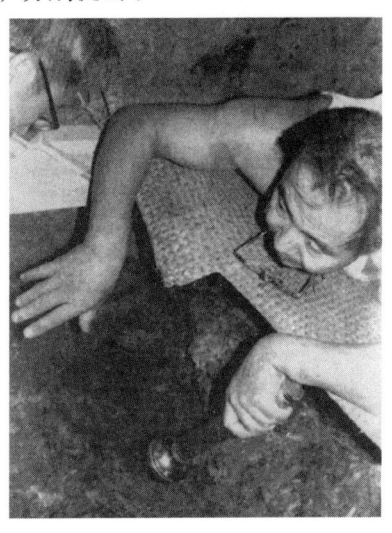

左起：白荣金、陈伟汉在墓室中研究提取器物方案

人的意见后，以一个成熟学者应有的风度、学识和耐心，经过反复琢磨，才提出自己的见解。这次他提出的"悬空发掘"方案是：首先在前室把几个木屑麻包堆叠成一个高约0.5米的小堆，其上放一把长竹梯，犹如一架跷跷板。这个跷跷板的大头在前室，上面坐上数人做重压，小的一端伸进耳室，考古队员可沿着这把竹梯慢慢"爬"进室内做分层清理……白荣金的这个方案很快得到大家的认可并付诸实施。

木屑麻包堆起来了，竹梯架上去了，考古人员陈伟汉、李季等三人依次坐上了竹梯伸入前室的一端，考古宿将白荣金身穿裤衩、背心，小心翼翼地沿着竹梯的外端"爬"进了西耳室。进入室内的白荣金在深入室内约1.5米的南北两面石墙的墙根下随着竹梯的左旋右转，终于找到了一处可先取起遗物的地方。经过照相、绘图后，白荣金慢慢将遗物取出，从而清理出两个落脚点，随后在这两个点上用外面考古人员递进来的砖块叠起了两个短柱，在这两个短柱的上方再架一根厚木枋，将竹梯的一端搭上去。这样，整个室内便有了一个"丌"型的支架。由于西耳室的总长度在四米以上，这1.5米的支架自然不能达到全部清理的地方，于是，根据预先设计的增补方案，在这第一个支架搭成的基础上，以同样的方法继续向里延伸。当第二个、第三个支架全部搭成并接近于西耳室的内墙后，再在这三个高度相同的支架上纵向平铺两条厚木板作为"滑轨"，最后在"滑轨"上用三四块略短于室内横宽的木板打横平铺，搭起一个高出室内地面约0.6米的低空操作平台。当这一切全部完成后，发掘人员拉进工作灯和电风扇，便可坐着或趴在平台上俯身进行清理作业了。因为平台上只有几块平铺木板，考古人员还可以随着清理进程的需要随时移动位置。看来，白荣金想出

第四章 珍宝灿烂

的确实是一个既简易又安全的办法。

　　既然考古队已决定由白荣金、陈伟汉、李季三人负责西耳室的清理工作，这三人理所当然地要负起责来，并率先进入室内开展工作。尽管白荣金设计的"悬空发掘台"看上去有些新鲜和浪漫，而一旦进入实际工作，却无法让人浪漫起来。这时岭南地区已进入酷暑季节，广州的气温已达到摄氏三十六七度，虽然象岗山古墓深入地下20多米，气温略低于地表，但由于墓穴相对狭小，不能通风，令人感到闷热异常。又由于这座古墓明显具有高度的文物价值和学术价值，考古队在发掘清理前就做了严格的规定：每清理一件重要文物之前或发现重要迹象，都要不惜代价由专门负责摄影和录像的姜言忠、韩悦分别拍出一套黑白负片（便于将来编写发掘报告时制版）、一套彩色负片、一套彩色反转片（幻灯片）、一套彩色电影片和一套彩色录像片。如此一来，在这个不算太大的墓穴中，白荣金等几位考古人员趴在操作台上测量、清理，姜言忠、韩悦等摄影、录像人员也紧随其后，一刻不离地进行着取景、测光、调光、拍摄等工

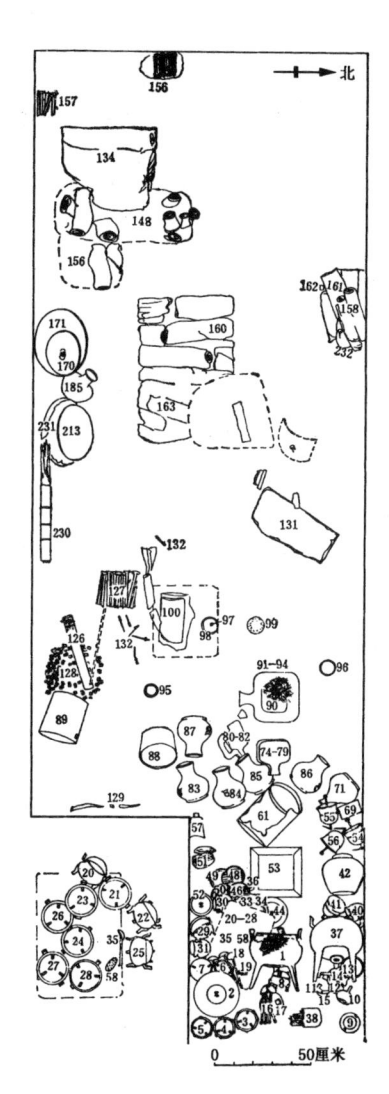

西耳室器物分布平面图(上层)
1、3、4、6、8、20—29、37.铜鼎 2.陶瓿 5、7、30、31.铜鍪 9—15.陶鼎 16、18、35、36.铜勺 19、156.铜镞 32(在33内).漆耳杯 33、34、91—94.铜锅 38.箭囊 40、41、54—56.铜铃形器 42、44.陶瓿 46、48—52.陶双耳罐 53.铜烤炉 57.铜铎 58、99.陶扁圆形器 61.铜提筒 69.石枕 71、83—87.铜壶 74—82、90.铜匜 88、89.陶提筒 95、96.漆器铜扣 97.玛瑙印章 98.铜环 100、134、148、158—161、163.丝织器 126、230.铜伞柄箍 127、132、157.铜盖弓帽 128.陶网坠 129.铁锥 131.残漆盒 162、232.封泥 170、171、213、231.铜镜 185.陶瓿壶

085

作，使本来潮湿、闷热的墓穴更加气闷难耐。尤其是那功率高达一万多瓦的摄影专用灯光一打开，整个室内温度立即上升到摄氏四十度以上，若时间稍长，不但考古人员感觉皮肉炙痛、眼花缭乱、痛苦难熬，就连墙壁也"嗞嗞

社科院考古所的摄像师韩悦在地宫中肩扛摄影机拍摄

啦啦"地直冒白气，似乎在向众人诉说着自己的痛苦。就在这次发掘成功几年之后，负责发掘此室的主力队员李季在回忆这段往事时，满怀复杂的感情说："谁要是觉得考古这个工作很浪漫，就该在这里待上几天，准确地说是掘几天或趴几天，因为工作面远低于蹲跪面，干一会儿就感到大脑充血，恨不能一头栽下去……"从这段回忆中可以看出，当时发掘境况何其艰难。尽管如此，考古人员还是在这个深邃、阴森的墓穴之中，一丝不苟地从事着严谨而科学的发掘。

李季（左）与考古人员在现场清理

根据观察到的情况判断，整个西耳室地面原来铺有一层木板，木板已大量朽毁，仅余少量残木。木板之上，层层堆叠着铜器、陶器、漆器、木器、丝织物等多类随葬品，这些器物种类繁多，互相叠压。最初发掘时，经测量得知门道处随葬品堆积高度最高约40厘米，墓室内随葬器物一般堆积高度为25—32厘米，最低为10厘米左右。由于西耳室曾多次进水，随葬器物彼此之间交错叠压，零乱不堪；

第四章 珍宝灿烂

又由于墓室内环境潮湿,地面为弱酸性土壤,故器物锈蚀、腐烂严重,有的已全部氧化,只有少数器物保存尚好。面对此情,考古人员只好对器物大致分为三层来逐步清理。

在器物的最上层,表面覆有一层浮土,经分析,这些浮土是从室顶顶盖石板的裂隙中掉落的,浮土下隐约地透出一层丝织物和漆器的残痕。门道处,在一堆陶器的上方散落着三个大号铜鼎,其中一个滚落到室地面上。考古人员从这三个铜鼎入手,于过道处分层向前推进。在这三个大号铜鼎的旁边,又发现了一组九个小号的铜鼎,这组铜鼎原用丝绢包裹,与一组铜勺共置于一个竹笥内,只是竹笥早已腐烂,小铜鼎便四散开来,同那三个大号的铜鼎几乎混于一起,难辨层次和秩序了。

在出土的鼎中,有一件器形高大,整体形状与其他的鼎有很大的不同,这种形体的特殊立即引起了考古人员的兴趣。经测量,此鼎通耳高42厘米、口径31.5厘米、腹径35厘米、腹深17.5厘米。其形状为:敛口,深圆腹,圜底,长方形附耳,高蹄足,子口缺盖,腹上有一圈凸棱,蹄足上部为高浮雕羊首形,衬以卷云地纹,蹄足为13棱柱体。鼎的表面留有丝绢、竹笥残片,看来同那组小铜鼎一样,事先用丝绢包好,然后放在竹笥内入葬的。后经考古人员研究,这件形体特别的高足鼎是整个墓葬出土的铜鼎、铁鼎、陶鼎中唯一的一件楚式铜鼎,此鼎应是战国时期的楚鼎,由楚地辗转

西耳室随葬器物,右侧中为大号铜鼎

流入南越国。同大多数青铜器一样，鼎开始作为贵族阶级的一种食器，后来逐渐演化成贵族阶级祭祀、宴会或婚丧礼仪的礼器，并成为"明尊卑，别上下"，即区分权力等级的一种标志。从典籍记载来看，大约自商代开始，对于鼎的使用已有了严格的制度，它体现了王室与其他社会阶层等级差别的森严和不可超越性。从考古发掘看，当时中小型墓葬大多用一个或两个鼎陪葬，而王室陵墓用鼎则大大地超出了此数。如已发掘的河南安阳商代殷墟妇好墓，共出土大方鼎两个、扁足方鼎两个、大小不同的圆鼎32个和许多鼎的残片。这个现象说明当时用鼎制度的等级差别。当历史进入周代，用鼎制度的等级差别就更为明显，这个时期已有了天子用九鼎、诸侯用七鼎、卿大夫用五鼎、士用三鼎或一鼎的严格制度，因为有了天子用九鼎的制度，所以鼎的身价和地位也就明显不同于其他器物，九鼎成了象征最高政治权力的国宝。为了强调鼎的神圣与威严，这种列鼎制度又被后人假托于圣人，以致杜撰出九鼎随权力的更替而因袭的说法，有禹收九牧之金、铸九鼎以像九州、成汤迁九鼎于商邑、周武王迁之于洛邑，以致到了战国时多有诸侯称霸问鼎的故事。九鼎成了正宗的不可缺少的传国宝，得天下者必先得九鼎以服群雄。到东周崩溃、秦始皇统一六国后，由于连年的战乱，使原存于世的九鼎下落不明，有人说九鼎入于秦，有的说鼎已沉没于彭城附近的泗水之中。当"千古一帝"的秦始皇初登大位后，他为没有得到镇国之宝——九鼎感到心中不安，于是便借出巡的机会绕道彭城，斋戒祷词，派出千人进入彭城郊外的泗水中打捞传说中的九鼎，但始终未能得到，只得悻悻而归。到汉武帝时代，有人在山西汾阳发现了铜鼎，拍马溜须的臣僚便以此大作文

西耳室出土的青铜匜

第四章 珍宝灿烂

章，将此事与太昊、黄帝、禹等先祖铸鼎的传说联系起来，竭力劝说汉武帝"请尊宝鼎""见于祖祢，藏于帝廷"。汉武帝也误认为自己得到了真正的镇国之宝，不但将鼎迎于帝廷，还将年号也改为元鼎元年，以示对这次天赐神鼎的纪念。

象岗山古墓西耳室共出土铜鼎17件，在后来的发掘中，又出土了19件，算在一起此墓共出土铜鼎36件，一个古墓竟有36件铜鼎随葬，可见墓主人对鼎是何等崇拜。

继铜鼎、铜勺发现后，考古人员又相继发现了铜鉴、铜镞、铜烤炉、铜锅、铜匜、铜镜等青铜器物。为了便于研究，考古人员把西耳室一、二、三层出土的青铜器物统归于一类，分别对制造技术、防腐性能等进行比较和鉴别。后经研究发现，这个室出土的青铜器，除个别器物的形体和东耳室出土的青铜器类似外，

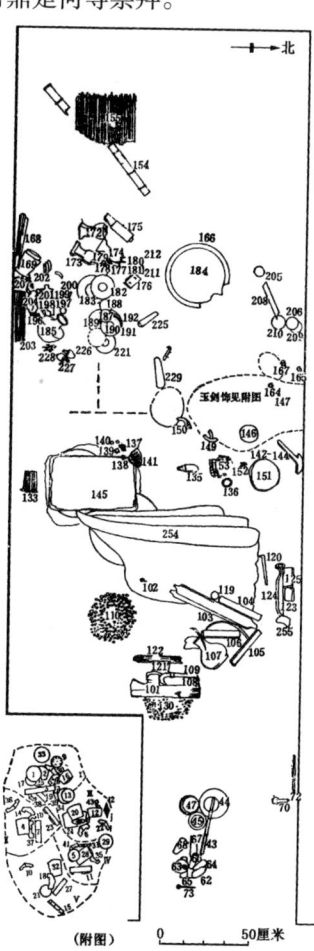

西耳室器物分布平面图(中层)
43.铁钎 45、151.漆盒 47.陶双耳罐 62、64—68.石斧 63.研石 70.铜姜礤 72.铁镰 73.铜锥 101、203.箭杆 102.金带钩 103.铜剑 104—106.磨剑石 107.陶壶 108.铁斧 109.铁刮刀 110、207.铅弹丸 119.圆铜片 120.铜管形构件 121.铁工具(一组) 122、155.箭 123、124.铁环首刀 125.铁刮刨 130.墨丸 133.铜盖弓帽 135.滑石猪 136.漆杯金座 137.玉舞人 138.玻璃珠 139.石印 140.木骰子 141.象牙算筹 142—144.铜勺 145.漆木箱 146、205、206、209、210.陶扁圆形器 147.玉剑饰 149、150.玉璜 152.铜印花版 153.皮甲 154、175.铜伞柄箍 164、165、167.铜节约 166.封泥 168、169.铜杵臼 173—174.铜熏炉 176—181、211.玻璃牌饰 182、183.玉璧 184.铜盆 186.铜柿蒂形饰 187、188.铜阳燧 189.铜浅钵形器 190—192、21.玻璃璧 196—198.铜轵钥 199、200、226、227.铜瑟柲 201、202.银锭 204.铜虎节 208.铁削 212.五色药石 225、229.铜当卢 228.铜轸 254.象牙 255.砺石

西耳室出土的错金铜文虎节

大部分则是东耳室未发现的，尤其是在西耳室中部南墙根下出土的一件铜虎节，乃是整个岭南地区唯一的一件重宝。

这件铜虎节出土时，通体裹有丝绢，与银片、镏金瑟柄等器物堆放在一起。从外形看，全器铸成一只蹲踞状老虎，器长19厘米、最高11.6厘米、最厚1.2厘米，其状为口大张，露齿，弓腰，尾上卷成"8"字形，姿态生动威猛。虎节正面有错金铭文"王命二车徒"字样，另镶有27片弯叶形金箔作虎斑纹，背面无文字，但上贴33片金箔。虎眼、虎耳均以细金片勾勒，头部金箔多达十片。整个器形虽为一扁平铜板制成，但其头与足的各转折位置及脸部皱纹等均用粗线条勾勒，层次分明，纹路清晰，尤其是虎的毛斑铸出弯叶形浅凹槽，上贴金箔片，致使虎的周身斑斓生辉，威势大增，在增添了立体感的同时，又透出一股风生树撼的生气和灵性。

关于"节"最早始于何时，史学界尚无定论。在《周礼·掌节》中，有"凡邦国之使节，山国用虎节，土国用人节，泽国用龙节"的记载。而在《小行人》中，对节的制作原料做了这样的解释："天下之六节，山国用虎节，土国用人节，泽国用龙节，皆以金为之。道路用旌节，门关用符节，都鄙用管节，皆以竹为之。"这个记载渐被后来的考古发掘所认定。1946年9月，有农民在长沙市东郊挖掘出了一件铜龙节。据当时的挖掘者说，这件铜龙节出土于一个小型的土坑墓中，墓室宽1.2米左右，同出的有素面铜镜和双耳陶壶等。铜龙节出于墓室腰部，出土后辗转于古董商人及恶霸之手，新中国成立后此铜龙节收归湖南省博物馆保存。

长沙东郊发现的铜龙节为长条形，头端较大，尾端小，一端铸有龙头，其余为长方形，正面刻有铭文"王命命传赁"五字，反面有"一桮饮之"四字，正反两面共九字，其中正面的"命"字为重文，通长21厘米、头端宽3厘米、尾端宽1.9厘米，铭文留有明显的刀凿痕迹，应为镌刻无疑。根据《小行人》"泽国用龙节，皆以金为之"的记载，此节即是以金（古人称铜为金）为之，应属泽国用的龙节。

与长沙出土龙节在字体、时代基本相同的，还有安徽寿县出土的"鄂君启金节"。1957年4月，安徽寿县八公山乡农民李义文、徐世均在九里乡九里圩修复堤坎的工程中，于城东门二里许的丘家花园取土时，发现了"鄂君启金节"四件，与金节同时出土的还有小铁锤、小金块和一块陶片等。经文物部门派人到出土现场勘察，得知当地农民在修复堤坎取土时，掘出了一个墓葬的一角，随葬器物由此显露于世。

那次发现的鄂君启金节，为青铜制成，其形体极像现代文具中的竹制"臂搁"，中间有个竹节，将器面分为两段，呈上长下短之势。四件金节中，有三件长短宽厚相同，器面竹节的位置上下相等，可以拼合成一个大半圆的竹筒。而另一件稍长，虽然宽度、厚度相同，但与其他三件器面的竹节位置不一致，器的弧度也略有差异，不能拼合于其他三件。两种不同的金节，器面上均镂刻八条绘纹直线，以为错金的直格。错金铭文，字形耀目，笔画娴熟劲秀。相同的三件，铭文每件计9行，每行16字，又重文4字，合文2字，共150字；形体特殊的一件，铭文计9行，每行18字，又重文2字，合文1字，共165字，有"大司马昭阳败晋师于襄陵之歲，夏床之月，乙亥之日，王尻于茂郢之游宫……""王命命集尹恧糉、裁尹逆……"等句。此铭文后经文史大家郭沫若先生考证，其中的"集尹、裁尹"应为官名。有学者根据郭沫若先生的考证依次类推，认为湖南长沙出土的上有铭文"王命命传赁"金节中的"传赁"也应为官名。至于长沙金节铭文中"一棓饮之"的"棓"字，郭沫若先生在考证后"疑是背负的东西，犹今言揹子"。后有学者根据郭沫若

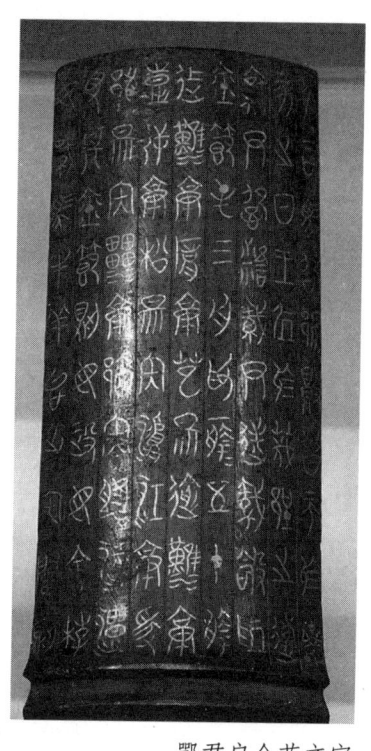

鄂君启金节文字

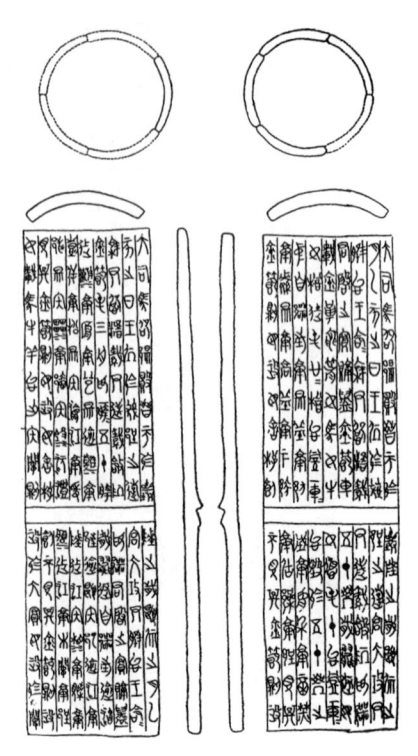

鄂君启金节文字线描图

先生的推断，将长沙金节铭文中"一桮饮之"四字连起来分析，认为"桮"是盛东西的器具，"一桮饮之"意即王命专门负责使命者，所到之处都要给以食宿等招待。由此可见金节应是当时的一种特别通行证。

象岗山古墓西耳室出土的虎节，其字体与长沙出土的龙节以及安徽寿县出土的鄂君启金节相同，时代也大体相当。关于鄂君启金节的铸造时代，郭沫若先生考证应"在屈原任楚怀王左徒的时期"，有的学者将这个年代定为楚怀王六年，即公元前323年。

似无疑问的是，无论是寿县的鄂君启金节、长沙的龙节，还是象岗山古墓出土的虎节均为战国楚器，而这些金节属于何王所有则难以定论。特别值得注意的是，在全国各地所有出土的节中，通体以错金铸造法制成的，仅象岗山古墓出土的一件。至于这件虎节从何而来，据考古学家麦英豪根据《史记·南越列传》记载的武王赵佗"攻长沙边邑"推断，此虎节极有可能是赵佗攻占了楚国旧地时所获，赵佗死后，虎节传给子孙后代并成为象岗山古墓的随葬品。当然，除这个推断外，亦不能排除战国时代楚国的势力已逾越岭南的可能性，但要使这个可能性成为事实，还需要有更多的出土文物加以证明。

造型独特的铠甲

在西耳室前部南侧的地面上，考古人员在众多散乱的器物中，发现了一件保存较完整的铁铠甲，这副铠甲的发现使

第四章 珍宝灿烂

考古人员神情一振，特别是社科院考古所来的白荣金更是惊喜异常。因为自1968年满城汉墓发现一副完整的铠甲后，在十余年的考古发掘中，很难有这类器物出土，尤其在岭南地区，铁铠甲的发现更是前所未有的考古盛事。它让今天的人类透过滚滚的历史尘烟，再次窥视到两千年前作为防护兵器的铠甲的真实面貌。

铠甲在兵器学史上属于防护兵器的范畴，它的用途自然是战争中的防卫。

中国古籍《韩非子·难一》中，记述了一个广为流传的"矛盾故事"。它向人们揭示出，进行战争不仅要有进攻性兵器，还要有防护性兵器，这样才能既消灭敌人，又保存自己。进攻与防护两类兵器的发展相辅相成，一般前者居先，并促进后者相应发展，但后者进步了，又反过来进一步促进前者的发展。防护兵器正是与进攻兵器在相互不断促进中，发展成了一个较完整的系列。在这个系列中，主要以甲胄、盾、马具装三类为主。

其实，早在铜铁兵器出现之前的原始社会末期，人类已经知道利用藤条、木片、兽皮等原料，经过简单加工，制作出早期的防护装具，并开始用于保护人体最重要的头、胸、背等部位了。当历史进入到青铜时代，随着作战方式的变化，制造技术的进步，以及锋利的进攻性青铜兵器的演进，防护装具也随之得到了大踏步的革新和发展。除皮革甲胄外，还出现了青铜铸造的甲胄，这些甲胄的出现，大大增强了对青铜兵器如戈、矛、剑、镞等攻击的防护性能。

历史上的铠甲，又名"介"或"函"，其形类似衣服，用以防护人体的重要部位。据考古资料证明，在青铜兵器盛行的商代，防护装具仍以皮甲为主，青铜甲处于萌生时期。到西周时期，青铜甲开始大量出现。如近年在陕西陇县发现的西周青铜甲饰，多呈圆泡形，正面弧凸，周沿留有窄边，背面中空，有"十"字形或"一"字形纽。出土时，这些铜泡背面每每粘有皮革残存，周边还有漆痕，这说明西周时代是在经过髹漆的皮甲上面再嵌附铜甲饰的。再如新中国成立前在浚县辛村的西周墓里也曾出土大、中、小各类"甲泡"105枚，从出土铜泡在墓葬中的位置分析，有的铜泡是缀于甲衣上的，但也有的铜泡是缀于人小腿部位的长靴上。从形制上看，西周的圆泡形铜甲饰不同于陕西固城出土的透顶或尖顶商代铜甲。数量较多的商周青铜甲

西汉骑兵马俑

陕西杨家湾出土汉代武士俑，未持盾牌者皆穿铠甲

饰的出土，反映当时的铠甲在军队中的广泛使用。

至于西周时期的青铜甲，在考古发掘中仅在山东胶县西周车马坑出土过一件铜胸甲，这具胸甲宽37厘米，高38厘米，由左、中、右三片合成，铜甲周围有0.8—1.2厘米的扁平边缘，缘上分布小的穿孔12个。从整体上看，这件铜胸甲呈狰狞兽面状，左右两片对称，构成怪兽外凸的大眼和向下弯曲的嘴部，瞳孔处开有圆孔。中片是一个巨大的兽鼻形，并开有两个圆鼻孔，鼻孔两侧向下弯出獠牙各一枚，中片与左右甲片相连的边缘部位各开有小圆穿孔。考古人员在发现铜胸甲的同时，还发现了直径11厘米的铜背甲。背甲圆泡形，中心凸出，中间有直径0.8厘米的穿孔，铜泡外缘扁平，缘边也有小穿孔。根据铜胸甲、背甲的形状及宽边缘上的小穿孔来看，这铜胸甲和铜背甲也是钉缀在皮甲上的附属物，以起到护胸和护背的防御作用。

关于铁铠甲在中国的出现时间，从文献和考古发掘得知，至少在战国时已出现了。《吕氏春秋·贵卒》中，有中山国力士"衣铁甲，操铁杖以战"的记述；《战国策·韩一》中，有韩卒"甲盾鞮鍪铁幕""无不毕具"的话。这里所说的"铁幕"即"以铁为臂胫之衣"。1965年，在河北易县燕下都遗址44号墓中出土了战国后期的铁胄，这件铁胄高26厘米，由89片7排铁甲片编

第四章 珍宝灿烂

缀而成。几乎与此同时，发掘者还在该遗址21号墓清理出216片铁甲片，长6—7.8厘米、宽5.3—6.9厘米。根据出土情况分析，铁甲和铁胄两类甲片各有不同，这说明从那时起防护装具即开始进入一个新阶段。到了汉代，随着钢铁技术的发展，铁甲胄逐渐取代皮甲成为主要装备。如1965年，陕西咸阳市杨家湾出土陶俑两千五百多件，其中40%的俑身披有模拟实用铠甲。这些陶俑的出土，对西汉前期铠甲制提供了形象性资料。1959年，内蒙古呼和浩特市二十家子汉城遗址发现一领汉武帝时期铁铠，以及西汉中后期零散甲片三百余片。1968年，河北满城汉墓发掘出一领刘胜葬仪用铠甲。这件铠甲经复原，为甲身、甲袖组成的鱼鳞甲，全甲由2859片组成，重16.85公斤，属西汉中期的产物。1975—1977年，在西安市大刘寨西汉武库遗址，出土了较多铁铠甲片，这些甲片大致分为三型：大型长宽为11厘米×2厘米；中型5厘米×2厘米左右，四角呈圆弧形；小型2厘米×1.5厘米。甲片都有成对的边孔，用以编缀。该武库自汉初一直使用到西汉末年。

陕西杨家湾出土的汉代陶俑线描图（引自《中国古代兵器》，刘占成等编写，陕西人民出版社1995年出版，下引线描图同）

关于汉代铁铠甲的成型技术，从出土的实物来看，当是上承皮甲传统工艺的，一般来说，与皮甲编组方法相同。但个别情况也有不同，如刘胜墓鱼鳞甲，其固定编缀，横排以中心一片为基准，向左右展开，后一片前缘压在前片后缘上，边孔对齐以穿绳；纵编时，上排压下排，邻排相错，隔排相对。活动编缀，与皮甲方法相差不多，纵向连接时编绳留有一定长度，便于甲片上下推移。

关于甲的编制，按甲片特征可分为两类：第一类为扎甲。如杨家湾陶俑所示，系由三排至五排长方形甲片制成。

其中三排甲的扎甲特别长，至少为20—30厘米，防护部位仅限于胸背，故此种甲还比较原始；四五排甲是在前一种基础上发展而成，防护部位扩大，身甲下延至腰下，肩上加有披膊，其腰下和披肩均为活动编缀。第二类为鱼鳞甲。主要由中小型甲片编成，精工制作，防护能力更强。这类甲在杨家湾汉墓中仅出一例，说明此种甲可能只有将领才有。刘胜墓所出，比杨家湾的更精细，是这种甲的代表。以上甲制反映出西汉时期甲片由大型向中小型变化，由扎甲向精密鱼鳞甲过渡，由仅仅保护上体进而扩大到保护其他部位的发展趋势。

随着战争的需要和进攻性钢铁兵器的发展，对铠甲的质量要求越来越高，且从着装角度要求，不仅要坚固合体，还要整齐划一，这些要求对铠甲的改进无疑会起到促进作用。正因为如此，西汉时期铠甲生产技术逐渐达到了成熟阶段。从出土的同类甲片看，无论形状、尺寸、穿孔部位都比较一致。生产一领铠甲，所用甲片大小相差不大，这表明铠甲生产已向规格化、标准化发展。

东汉时，铠甲又有了新的发展。就防护部位而言，除西汉已有的身甲、披膊外，护头的兜鍪、护颈的盆领、护腿的腿裙等都已出现，进一步强化了防护效能。制甲材料，也由西汉的块炼铁发展到东汉的百炼钢。东汉陈琳在《武库赋》一文中说："铠则东胡阙巩，百炼精刚"，就是铠为百炼钢制品的生动写照。

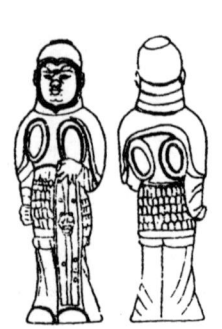

魏晋南北朝时，甲制进一步发展，种类也随之增多。诸葛亮曾有《作钢铠教》流传后世，文中有"敕作部皆作五

西晋武士俑（左）、北朝武士俑（中）与北齐武士俑（右）

第四章 珍宝灿烂

折钢铠、十折矛，以给之"的句子，这说明当时以炒钢为原料制甲比较普遍。而甲的种类，从曹植《上先帝赐臣铠表》中可知，当时有黑光铠、明光铠、两当铠、环锁铠、马铠五种。据研究者分析，黑光铠可能是本色铁铠，即汉代所谓"玄甲"，其他几种属新式铠。这后四种虽然在当时还不普遍，但自此始，逐渐成为两晋南北朝流行的主要装备。

唐代，甲的种类已达到了十三种，据《唐六典》记载："一曰明光甲，二曰光要甲，三曰细鳞甲，四曰山文甲，五曰乌锤甲，六曰白布甲，七曰皂绢甲，八曰布背甲，九曰步兵甲，十曰皮甲，十有一曰木甲，十有二曰锁子甲，十有三曰马甲。"可见甲的种类和形式已蔚为壮观了。

宋代甲胄图
1、5.头鍪顿项
2、8.身甲　3、
4、6.披膊　7.胸甲

到宋代，在继承唐代甲胄的基础上继续发展，形成较完整的系列。《武经总要》载仁宗时期的五种甲制，每种包括头鍪、顿项、披膊、身甲、腿裙、鹘尾六部分。以步人甲为例，头鍪为覆钵状，上插长缨，下缀顿项；身甲和甲裙，由十二排甲片缀成，胸背甲从肩上系连，腰腹甲从背后系连；甲身上缀披膊，两片披膊在背后连成一体，用带系结颈下，膝裙下面接两片吊腿。从文献记载中还可得知，当时甲分长短三等，以人的身材大小给之。政和三年（公元1113年），姚古上奏更定军器，规定此前每甲二副拆作三副，说明北宋晚期甲制已出现了轻型化趋势。但到南宋时，面对重装骑

097

明代头盔、围脑（左）与明代铠甲（右）
1.钢丝连环甲
2.唐猊铠

兵的女真族军队，又恢复推行重甲制。如张俊造甲，"凡鍪甲一副，率重四十有九斤"，军器所造甲，"全装四十五至五十斤止"，可见当时推行的是全装重甲。

乾道三年（公元1167年），王琪进三色甲，有枪手甲、弓箭手甲和弩手甲，表明当时已由北宋步骑两种甲制发展成四种，正如《宋史·兵十一》所言："甲之武，有四等。"

明代甲胄种类较之宋代又有增多，且形制完备。仅头盔，见于《明会典》的就有二十七种之多，其中钢铁盔占多数。至于明代的甲，名目就更加繁多了，如红漆齐腰甲、水磨齐腰甲、水磨柳叶钢甲、水银摩挲长身甲、鱼鳞叶明甲、匙头叶明甲等。从甲的长度来说，有长短两类。从甲的构成来说，上身有胸背甲、腰圈、臂缚、腕甲等；长甲下身还有甲裙、甲裤和甲靴，可见防护部位比过去又有所扩大。其中将领所用铁甲，甲片多呈"山"字形或鱼鳞形；士兵铁甲，多为钢丝编缀的连环锁子甲，既轻巧又坚固。此外，明代还有棉甲、绢甲、藤甲，前两种以棉布或丝绸为甲面，在上面钉缀甲片；后一种以藤浸晒后编成，主要在南方使用。

清代甲胄，与明代有所不同。《清会典》中载头盔十三种，甲制七种，均以铁制为主，其次者，胄有铜、皮、棉，甲有棉、绢。清亲王贵族均着铁甲，以绸缎为表里，中敷铁叶，外部钉以金或银或铜的钉子。一般军官和士兵，均着棉甲，以绸表布里，中敷棉，外布白铜钉。自清中叶以后，由于火器的广泛使用，甲胄被迫退出战争舞台，成为一种演习校阅的装饰性装备。

第四章 珍宝灿烂

　　从历史发展的进程可知，象岗山古墓西耳室发现的这副铠甲，自然属于汉代的器物。至于此甲的甲制属于什么形体，由于铠甲的四周黏附许多残乱零碎的漆皮和丝织物，使铠甲模糊不清，一时尚无法做出准确判断。不过从现场稍做清理得知，此件铁铠甲整体纵向卷曲呈筒状，南北向，领口朝南，底缘向北，甲体自右后身侧边起始向外卷绕两周半，放置向上的一面为铠甲之前身右侧。从周围残存的器物遗痕判断，这副铠甲入葬时是外裹草席置于墓中的，如此珍贵的器物用一张草席包裹就匆匆掩埋于地下，不知当时主持殡葬的人是出于怎样的考虑。由于当初包扎不善，加之长期受墓中阴暗潮湿等不利环境影响，铠甲的甲片锈蚀得极为严重，有些编连部位松动断裂，致使局部甲片散乱开来。面对此情，白荣金根据满城汉墓出土铁铠甲的经验，提出了用两块薄铁板自两侧插入，然后将铠甲整体托出的提取方法。这个方案得到考古队领导以及众多队员的认可，铁铠甲很快被整体取出了墓室。

　　值得一提的是，就在此墓发掘完成半年之后的1984年春，经多方商定，决定将在西耳室发现的这副铁铠甲装箱运至北京，由考古所技术室和广州市文物管理委员会派人共同进行清理复原。参加人员由早在十几年前因修复满城汉墓出土的铁铠甲而一举成名的白荣金挂帅，另由冼锦祥、李卫华、冯兆娟、王影伊等人协助。这项工作从4月下旬开始至5月下旬止，用了一个月时间方才完成。清理工作中，白荣金等人对于甲体表里两面暴露部分的诸种痕迹与现象做了仔细的观察和分析，并将妨碍考察的部分表面附着物——漆皮、朽木痕、席痕及土垢等做了适当的清除。由于此甲左右肩片保存状况不佳，残散较甚，给复原工作带来一定难度。白荣金等人根据散片的叠压情况、组编重叠痕迹、系带位置、断口、包边等特点，通过逐块逐片的编号，反复进行分析判断，复原出了两个完整的肩片。

　　由于此前白荣金已做过满城汉墓出土铁铠甲的清理复原工作，积累了丰厚的经验，又加之几十年来他对各地出土的铠甲饰件以及披甲陶俑实物做过多次观察研究，掌握了大量的铠甲结构和甲片组合的通用规律，使他在未将象岗山古墓出土的铠甲全部拆开的情况下，通过观察和分析，清楚地了解了其结构和编连情况。这副铠甲的组合关系大致可分为九个部位块，其中前身包括胸片、腹片、右前侧片和左侧片四块；后身包括后背上段、后背下段和右后侧片三块。此外，左右肩片各一块。整个铠甲的特点是无立领、无袖、

西耳室出土、经白荣金修复完成的铁甲正面（白荣金提供）

无垂缘，形状近似平时人们身穿的坎肩，只是领口前低后高呈长方孔状，前身片较短，后身片较长，其中前后身片的下段左侧相连，右侧对应处则为敞开式，可叠合后系带连定。在铠甲肩部及底缘等一些部位，残存有以锦类织物包边的痕迹。至于这些织物的本来颜色，由于铁锈的侵蚀则很难辨别了。

复原后的铠甲，据测算共有709片铁甲片，用丝带穿结成型，铠甲通高为58厘米、胸围102厘米。

毫无疑问，象岗山古墓出土的这副铠甲，当为墓主人生前所穿。此甲结构较为简单，没有袖和垂缘，当属轻型铁甲，这种铠甲适合气温较高的南方地区配用，具有一定的典型性。这件铁铠甲的发现，对了解西汉时期南方鱼鳞甲的原始式样，以及其与中原地区铠甲的差别，提供了一件极为可贵的标本。除此之外，部分甲片上以丝带编饰出菱纹图案也很有特色，这与咸阳杨家湾汉墓中彩绘武俑铠甲上装饰的菱纹图案极为相近，由此可见这两者之间具有一定的共性，同时也反映出制作程序的大同小异。当然，整副铠甲甲片的加工锻制略欠规整，甲片的组编材料不是麻绳而是用丝带，也较特殊，这明显有别于满城汉墓墓主中山王刘胜的铁甲，而与湖北擂鼓墩战国皮甲相同。从甲片的编连方式较为多样化来看，这又与秦俑铠甲上甲片的布列方式相同。从右胸与右肋系带开合的形式来看，此甲也保存和沿袭着秦甲的一些遗制。

就总体而言，象岗山古墓出土的这副铁铠甲，在中国几千年甲胄发展过程中，起着承上启下的过渡作用。

神奇的丝绸纺织工艺

当铁铠甲被完整地移出墓室后，考古人员便集中力量进行丝织品的清理。

西耳室众多的随葬器物，大都用丝织品包裹，约在2.8平方米的范围内，还有整批的丝织物散乱地堆放在室内的西侧。丝织物的表面有残破的木板和竹笥、草笥的残片等遗存。这表明丝织物入葬时是盛放在木箱或竹笥之中的。经测量，这堆丝织物的碳化堆积厚度达20—30厘米，据此估计，原丝织物不少于一百匹。如此众多的丝织品能够一次出土，这在岭南地区乃至整个中国考古史上是少见的。遗憾的是，这堆多层叠放的丝织物，几乎全部碳化朽毁，其质地松软，色泽变深，毫无韧性，若用手指轻轻触及即成粉末。所幸的是，织物的组织、结构还比较清晰，印染的花纹、色泽还可以通过仪器分辨出来。更为可贵的是，考古人员在丝织品的一边发现了与印染有关的工具。这批丝织物以及印染工具的出现，为后人研究中国纺织业特别是岭南地区纺织业的历史与发展过程，提供了极其重要的实物证据。

中国是世界公认的丝绸发源地，其育蚕、缫丝、织绸已有五千多年的历史。1926年，著名考古学家李济在山西西阴村新石器时代的遗址中，发现了半个用刀切割过的蚕茧，茧长15.2毫米，宽7.1毫米。这表明在五千多年前，中华民族的祖先就已经开始驯养桑蚕了。大约到殷周时代，野蚕已开始改由室内饲养，这就是说，野蚕已开始被驯养为家蚕。新中国成立后，考古工作者在距今约五千年左右的浙江吴兴县钱山漾新石器时代遗址中，又出土了一批4700年前的丝织物。经过科学鉴定，证明这批丝织物所用的原料为家蚕丝，织造技术已经达到

1926年，山西省夏县西阴村古代遗址出土的蚕茧，1.36厘米×1.04厘米，上部被切去（李光谟提供）

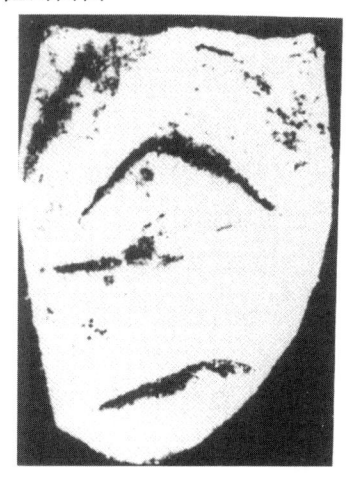

一定的水平。

至于中国养蚕技术始于何时,从流传至今的典籍看,较早的要算《夏小正》中的三月"妾子始蚕""执养宫事"的记载。关于"宫事"二字,据南北朝时候的皇侃解释即指蚕室。把养蚕业列为要政之一,可见当时桑蚕业已经有相当的规模。养蚕需桑,《夏小正》中的"摄桑、委扬"以及《诗经·七月》中的"蚕月条桑,取彼斧斨,以伐远扬,猗彼女桑",都讲的是桑树整枝的事。商代甲骨文中有原始织机的象形字,据专家考证,这是一种原始的"踞织机"。这种织机至今还在我国某些边远地区使用着,海南岛黎族苗族自治州的黎族妇女,就是使用这种古老的织机织造黎锦。她们织造时上身和两腿呈90度的姿势席地而坐,双脚直蹬机前横木,经面绷排于横木与腰带之间,用挑花刀按脑中预想的纹样在经面上编花,织入不同的色线纹纬。这种工具虽然简单,却可以织出美丽动人的彩锦。1950年,考古工作者在安阳殷墟出土的铜器上,发现了黏附其上的受铜锈渗透而保存下来的丝绸残片。经过科学分析发现,其中有的是采用水平很高的纺织技术织成的菱形纹的暗花绸,即"文绮"。这说明此时织造这种织物的织机已经有了很大进步,而且有了提花装置。

大约从商周时代开始,政府中已经设有专门管理织造的官员。据《周礼》记载,周代有"典丝"之职。丝绸的品种也大为增加,见于文献记载的有缯、帛、素、练、纨、缟、绢、绮、罗、锦等。在织造方法上,既有生织、熟织,也有素织、色织,而且有多彩的织物"锦"。河北藁城台西村商墓出土的一批铜器中,有一件铜觚上残留一些丝织物的痕迹,能辨认的有五个类别,即纨、绡、纱、罗、绉。丝织品的织法也日益繁复精致,除平纹以外,还出现了斜纹、变化斜纹、重经和重纬组织及提花技术。瑞典远东博物馆收藏有一件中国商代青铜钺,上面黏附着平纹底上加织菱形花纹的提花丝织物的痕迹。北京故宫博物院收藏的商代铜器和玉器上,也黏附有丝织物,其中一件为平纹底,上织斜纹花、回纹图案,每个回纹由25根经线、28根纬线组成。回纹的外围线条较粗,自然地成为一组几何纹骨架,图案对称、协调,层次分明,做工精巧。该实物再一次说明当时已经具有多综片的提花机,能够织出复杂华美的提花织物。这种提花技术的应用,是中国古代在世界纺织技术发展史上的一大贡献。

第四章 珍宝灿烂

亚历山大在伊苏斯的英姿。这幅壮观的马赛克镶嵌画，于1831年发现于庞培，是公元2世纪的罗马人用细石和玻璃镶嵌物构成，复制了马其顿公元前300年左右的图画。该画长5.12米，宽2.17米。画的左侧，未着头盔、身披铠甲的亚历山大骑着战马，手握利器勇往直前。站在战车之上、头缠黄色波斯头巾的大流士三世，与所率亲兵战将皆露惊恐之色，似乎无力抵挡亚历山大的凌厉攻势

正因为有了以上的纺织技术，早在公元前6—前5世纪，中国美丽的丝绸就传到了欧洲。公元前3世纪，印度孔雀王朝月护王的一位大臣在《政论》一书记载了公元前4世纪中国丝织品向印度运销，印度商人又把它运到欧洲的事。那时的希腊、罗马诸国以古代西伯利亚地区的一个专做贩卖丝绸生意的部落"赛里丝"代称中国——即"丝国"之意。一位罗马作家曾赞美说："丝国制造宝贵的丝绸，它的色彩像野花一样美丽，它的质料像蛛网一样纤细。"据考证，"赛里丝"名称应当与"丝""绮"等与丝绸有关的汉语发音有关。西方人知道赛里丝的时间最早约在公元前5—前4世纪，公元前416—前398年，在波斯宫廷做医生的希腊人泰西阿斯最早提到赛里丝的名称。马其顿的亚历山大在东征时，于公元前329—前323年间直抵阿姆河上游叶赫什河旁的霍阐，在今阿富汗境内筑有巴尔克城和希拉特城，在那里征伐的亚历山大部将尼亚科斯和奥尼西克里特当时就已知道，再向东行进便是赛里丝了。正当这支大军欲继续东征时，偏偏亚历山大病重，这些东征的希腊军人，不得不退至西亚地区，从而失去了了解中国的机会。阿帕洛杜勒斯（公元前130—前87年）曾记述说，巴克特里亚欧多台墨王的领土在公元前201

年已扩展到了赛里丝。不过当时所见的赛里丝人碧眼红发，或许都是西域人。根据各种传闻，西方人开始在他们的著作中描绘中国，公元前1世纪，古希腊地理学家兼历史学家斯特拉邦在其17卷的《地理书》中称中国人"将亚麻皮弄细而制成丝绸"。同一时代的罗马诗人维吉尔（公元前70—前19年）在其《农耕赋》中说，丝是某种树叶经过梳理后采集的细线。许多西方人甚至想象赛里丝人长寿，每人可活200岁以上。

许多年过去了，经过坚持不断地打听，欧洲人终于得知，丝是一种从树上采来的"羊毛"。罗马帝国时代的作家老普林尼，在其成书于公元77年的《自然史》中说，赛里丝人这个民族"以他们森林里所产的羊毛而闻名遐迩。他们向树木喷水而冲刷下树叶上的白色绒毛，然后再由他们的妻室来完成纺线和织布这两道工序"。从这位作家的记述看，欧洲人经过千百年的时光，用种种渠道打听来的答案依然是不准确的。他们把丝称为一种羊毛，又以为丝是一种长在树上的白色绒毛。实际上，蚕丝是一种动物蛋白纤维，而不是植物纤维。但平心而论，作家老普林尼的这个记述与过去相比，毕竟与真理接近了一步，因为蚕是一种与桑树为伴的昆虫。

到了公元2世纪大秦王安敦执政时代，保萨尼亚斯在写作《希腊志》时了解到，中国的丝产自于一种被称为Ser的昆虫，即蚕。他说："赛里丝人用作制作衣装的那些丝线，它并不是从树皮中提取的，而是另有其他来源。在他们的国内生存有一种小动物，希腊人称之为'赛儿'，而赛里丝人则以另外的名字相称。"他说："这种小动物与蜘蛛相似。"毫无疑问，这种小昆虫就是蚕。保萨尼亚斯虽然比他的前辈更准确地了解了丝的来源，但他显然仍是通过间接途径了解到丝的生产过程的。他接着说："赛里丝人用笼子来饲养这种小虫，这种小虫制造出一种在它们的足上缠绕的细

托勒密像

第四章 珍宝灿烂

丝。一季虫需要养五年，前四年一直用黍做饲料，直到第五年才必用绿芦苇来饲养。这种小动物十分喜欢绿芦苇，拼命地吃，直到破肚子死去，丝就留在其肚子中了。"较晚的希腊地理学家、天文学家、数学家托勒密在《地理学指南》一书中介绍了较为准确的情况，他说："赛里丝地方面积很广，人口也稠密，东接大洋，适于居住的地区在东端，西面一直扩展到伊马厄斯和大夏国为止。他们是态度谦和、彬彬有礼的文明人。"有研究者认为，这里说的伊马厄斯，就是帕米尔高原的慕士塔格峰，大夏国即阿塞拜疆和阿富汗一带，由此可以看出，托勒密对赛里丝地理位置的判断大致是不错的。

当丝织物传到欧洲后，对丝绸的追求很快成为当地贵族的时尚。据说罗马帝国的恺撒曾穿着中国丝绸做成的袍子去看戏，引起了剧场的轰动。1492年，哥伦布在远渡重洋去寻找新大陆时，为了鼓励海员们的士气，曾宣布：谁首先发现陆地，另赏一件丝绸上衣。据此可见当时丝绸的珍贵程度。

赫德森在《欧洲和中国》一书中说到公元2世纪时的伦敦，丝绸风行的程度"不亚于中国的洛阳"。生活在朱里亚·克劳狄王朝时代的普林尼粗略估算后认为，罗马帝国每年向阿拉伯半岛、印度和中国支付的购买丝绸的钱款在一亿赛斯特左右，折合黄金约十万盎司。公元14年，罗马帝国皇帝提比略依照元老院建议，下令禁止男性公民穿戴丝绸服饰，据说是为了遏止奢靡。

中国养蚕缫丝的方法，大概在秦汉以前已

张骞出使西域图。全图以山峦分隔故事情节，分为四个小图。右上为汉武帝在甘泉宫拜金像，底部是张骞辞别汉武帝，左上角是张骞所遣副使经过万水千山最终抵达大夏国（初唐·敦煌莫高窟323窟北壁壁画）

105

张骞出使西域图局部

传到朝鲜，之后又东渡日本。张骞出使西域，也带去了丝绸，后来的西方商人们千方百计想把蚕种搞到手。据说，古时新疆和阗地区瞿隆旦那国，曾利用通婚的方式，让中国公主把蚕种藏在帽子里偷偷带到西域。大约在6世纪，养蚕法传到了东罗马，至14世纪传到法国，16世纪传到英国，19世纪才传到美国。

尽管中国丝绸已有五千多年的历史，但由于蚕丝是动物纤维，由蛋白质组成，极易腐朽，因此古代丝绸究竟发展到了什么样的水平，后人很难了解其全貌。直至20世纪70年代长沙马王堆汉墓的发现与发掘，才揭开了冰山的一角。

这次象岗古墓出土的织物，经丝绸专家王㐨和助手吕烈丹的研究发现，是以丝、麻两种纤维为主，其中又以蚕丝纤维占绝大多数。织造的丝、麻原料，可能属于本地自产，尤其是比较粗糙的麻布，产于南越国境内的可能性较大。除织物外，在西耳室中还出土一笥丝绵，证明当时的工匠已知利用缫丝后的碎乱蚕丝制绵，同时也说明南越国很可能有缫丝工匠及作坊，如此才能将缫丝后的碎丝集中并加以梳理、打制成绵。

西耳室出土的朱染菱纹罗

汉代是中国纺织工业大发展的时代，从纺织原料的炼制、缫丝并捻，以至平纹织作、提花、染色、涂层、定型整理等各种工艺技术来看，都已发展到空前的高度。在织作机器方面，出现了生产率较高的斜织机、多

第四章　珍宝灿烂

综多蹑纹织机，并诞生了提花机的雏形。因此，汉代能够生产多种多样的织物，从一般的绢类平纹组织到高级的菱纹罗、绒圈锦均能织造。在染色方面，以朱砂涂染的织物色泽鲜艳，经久不变，故颇为流行，而且成为贵重的织物。上述汉代常见的织物，如绢、纱、绮、锦、纹罗及编织物"组"，在象岗古墓中均有出土，连工艺颇为复杂的绒圈锦也有发现。这些织物的制作，除一般织机外，还需要有提花装置。从这些织物的工艺来看，与中原所出织物十分相似，但史籍中没有汉廷向南越国赐丝帛的记载，仅《汉书·南粤传》有汉文帝赐衣"百褚"一句，而象岗古墓中出土织物不仅品种多而且数量大，以绢做各式器皿的包装，其耗费尤为惊人，简直已经有视绢帛如草筥的气势。就南越国而言，如果当时没有自己的

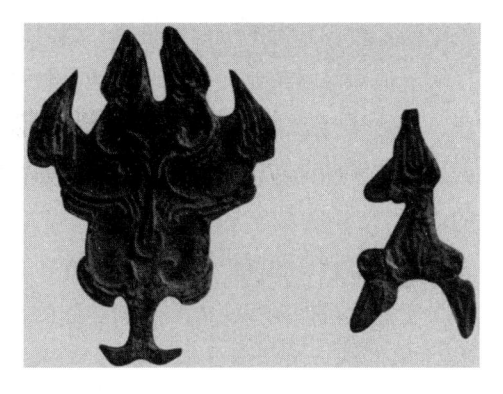

印花凸版。出土的两件印花凸版呈扁薄板状，背面各有一穿孔小纽，大者长5.7厘米，最宽4.1厘米，正面花纹近似小树，有旋曲的火焰状纹，线纹凸起，十分薄锐，凸起的花纹与底板垂直距离约1毫米。小者长3.4厘米，最宽1.8厘米，凸版轮廓近似"人"字形，正面有凸起的云纹

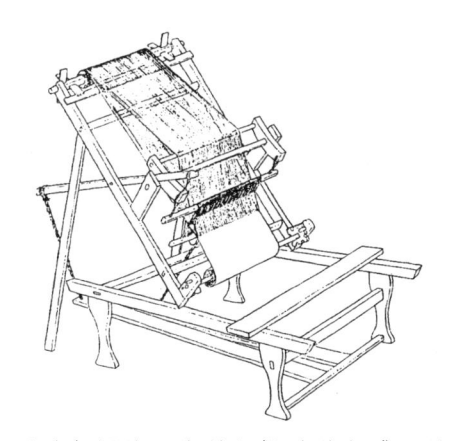

夏鼐复原的汉代斜织机（引自《王㐨与纺织考古》，王㐨著，赵丰编，杭州东联图文公司2001年出版，下图同）

四川双流县现存的丁桥织机

织造业，如此大量用绢是难以想象的。由此推测，当时南越国至少已经有了官营的织物制作作坊。值得注意的是，在出土丝织品最多的西耳室中发现了两件青铜印花凸版，其纹样与长沙马王堆一号墓的金银色印花纱相似，尺寸稍大。这套印版的发现，说明南越国宫廷作坊中已有印花工艺，墓中的印花纱应是当地印染的。

象岗古墓出土织物的原料、色泽、图案、工艺等，有很大一部分与中国同期织物十分相似，它们有可能是汉王朝赐给南越国的礼品。但是，也有一些织物，如超细绢、黑油绢、云母砑光绢、绣纱等，尚未见于其他地区，故此也不能排除这一部分织物是在当地制作的可能。从墓中用绢数量之大、耗费之多来看，如果没有当地的织作，如此靡费滥用是不可思议的。《汉书·地理志》也曾说，岭南南端海南居民亦"桑蚕织绩"，而且是苎麻的产地之一。由此看来，汉代南越国完全有可能拥有自己的织造作坊。如果这个推断成立，对于研究汉代岭南的手工业经济，将具有十分重要的意义。

又一个重要信息

在西耳室众多的青铜器之中，除鼎、钟、提筒等器物外，还发现了11件青铜制成的匜，其中有两件较大。匜通体呈方形，直口，小平底，中间窄两头宽，底部平坦，体通长27厘米、宽24厘米、高11.5厘米。出土时两匜重叠套放，中间填以纤维质的衬垫物，表面有丝绢及竹笥残片。两匜的衬垫物色泽微黄，质地细密，极薄，呈片状并带有铜锈绿斑，部分碎片卷曲折叠，发现时，考古人员唯恐弄坏而没有展开。从外形上看，各碎片厚薄不均，较厚的为多层叠压所形成。面对这些形状特别的碎片，现场的考古人员马上意识到这可能是一种纸，如果真的是纸，那就是一个重要发现。为此，发掘队决定将少量样品送往北京故宫博物院，通过文物专家顾铁符鉴别，并转交中国社科院自然科学史研究所研究员潘吉星做技术鉴别。潘吉星受领任务后，先用4—8倍放大镜对其表面结构做了观察记录，而后亲赴广州了解样品出土的具体情况，并以和先前同样的方法对纸状物做了现场观察。观察结果表明,纸状物的基本成分是排列方向不规则的纤维,绝大部分纤维处于分散状态,但纤维分布不甚均匀,各处疏密不等,因而厚度不一。从表面上看,纤维上有铜锈绿斑,各碎片均呈灰黄色,而厚的碎片由若干层压叠而成。同时在纸状物碎片上,还可看到少数未松解的小股绳头或线头。潘吉星将纸状物样品与已知植物纤维,在放大镜下做对比观察,发现测试的出土物样品与已知植物纤维纸在表面纤维分布和交结方面有同样的物理结构。当他把测试样品与已知植物纤维纸同在显微镜下分析对比时,所得结果与低倍放大镜下的观察结果相同。这个结果表明,出土的纸状物测试样品表面由分散的纤维构成,它们按不规则的方式和方向做密集的交织,其表面物理结构与纸完全一致。这一点,在高倍显微镜下所看到的情景更为清晰。

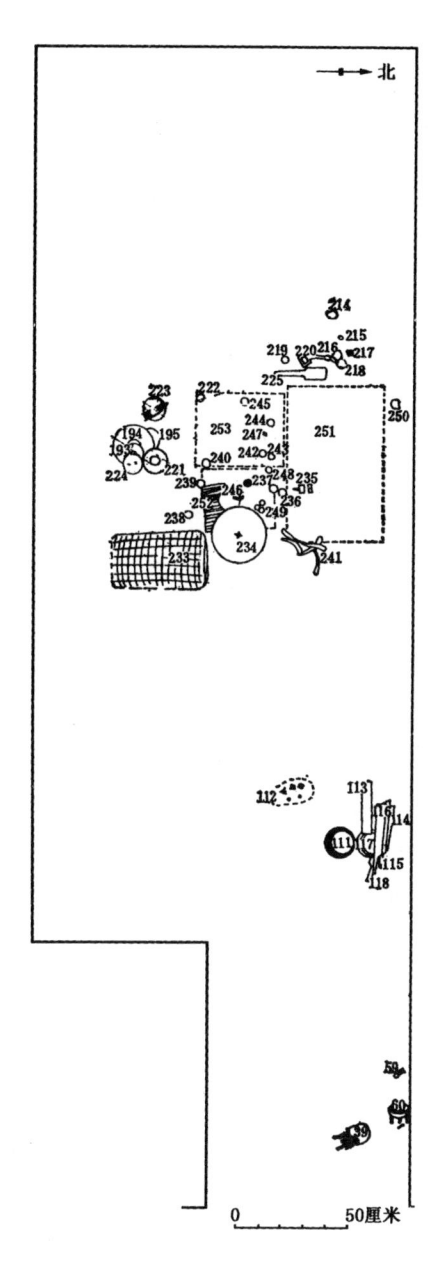

西耳室器物分布平面图(下层)
39.箭囊 59.木器零件 60.陶鼎 111、117.陶罐 112.金花饰 113.砺石 114—116、118.铁劈刀 193.玻璃璧 194.玉璧 195.玉环 214、216—219、222、236—240、242—246、249.铜节约 215.漆骰子 220.铜衔 223.漆盒、算筹 224.陶罐盖 233.铁铠甲 234.铜镜 235.铜带扣 241.铁衔镳 247.封泥 248.铜泡钉 250.石料 251、253.竹笥(内装车马饰等) 252.铁箭杆 256.木辕饰 257.木弓 258.连体玉俑 259.玉舞人 260.水晶印 261.金泡饰件 262.封泥

遗憾的是，由于象岗古墓室内曾长期为地下水所浸泡，墓内壁上仍可见有明显的水线，墓内铜器、丝麻织物、玉衣和玻璃等，都因地下水的长期浸泡而遭腐蚀和破坏，因而使潘吉星难以判断纸状出土物植物纤维细胞的微细结构，也无法测量其单个纤维的长宽度。尽管后来潘吉星还一度动用电子显微镜，但仍没有找到有效方法和手段具体判断样品中的纤维属于植物纤维中的哪个种类，只有那些分散的纤维交织在一起的未松解的小股绳头或线头，可判断为麻纤维。这是唯一可辨别出的一种纤维种类。

不过潘吉星对样品纤维的宏观结构，在放大镜和显微镜下，甚至通过用肉眼观察，仍做出了如下技术判断：（1）样品不是任何纤维的纺织品，因其表面没有纺织品所特有的成股纤维之纵横交织的规则经纬纹，而同墓出土的丝绢和麻布虽已腐烂，却仍明显可见其成股纤维的规则经纬交织；（2）样品的植物纤维是分散的纤维，做密集的不规则交织，不见有同向排列现象。通过高倍显微镜分析可以初步判断，样品中的植物纤维不是单纯一种，而是由一种以上的植物纤维组成，或者是以某一种植物纤维为主，而杂以别的植物纤维。

既然样品为纤维组成，又排除其为纺织物，那么，按照潘吉星的推断，样品的属性只有两种可能：它或者是纤维堆积物，或者是纸。但就潘吉星在象岗古墓所看到的纤维堆积物而言，它与纸状物同出于西耳室内，不过纤维堆积物放在平板玻璃铜牌饰上，而不是与铜匝在一起。通过对这些纤维堆积物的标本用放大镜仔细观察，发现纤维堆积物是丝绢残迹和动物质毛类，较厚，多做单向排列，没有层次，与纸状物样品呈现分散的纤维有明显不同之处。除此之外，潘吉星还在该墓内看到堆放在一起的粗麻绳，这些麻绳虽已被水泡烂，仍可见其明显的绳纹，而不是分散的麻纤维，与同墓内的纸状物也不相同。由此可见，象岗古墓出土的纸状物由植

相传纸的发明者蔡伦像

物分散的纤维组成,做密集的不规则异向排列交织,有若干层叠压在一起,可逐步逐层揭开。它既非纺织品,亦非纤维堆积物或任何其他自然纤维构成物,但却与纸的表面有同样的纤维物理结构。因此,潘吉星把它判断为早期的植物纤维纸。这类纸与1957年西安灞桥出土的西汉纸有不少相同处,属于同一个技术等级。

根据文献记载,中国造纸是东汉和帝元兴元年(公元105年),由中常侍蔡伦发明,这个说法,在相当长的时间里被学界所公认。但是,到1957年时,考古学家在陕西西安灞桥的一座古墓里发现了西汉古纸,其制造时间比蔡伦造纸说提前了一百多年,这说明纸的出现应在东汉之前。1974年,在甘肃居延也发掘出西汉时代的麻纸,1978年,在陕西扶风县太白乡又发现西汉古纸。这些考古发掘中发现西汉时代的纸,证明了蔡伦的发明是在这些早期纸的基础上所创造出来的。据专家考证,中国南方虽然至少在晋代已经能造纸,但与中国南方毗邻的林邑、交趾(越南)、真腊等地,直至宋、元、明时代尚不会制纸。而东南亚的孛泥、爪哇、满剌加到郑和时代尚不用纸。由此可见,中国纸是沿陆路而非海路传到印度去的。至于造纸法何时传入印度,学界尚有争论。但15世纪郑和下西洋时,随行的马

古代造纸流程示意图

在陕西省历史博物馆展出的灞桥纸

111

西耳室出土的"帝印"封泥

欢在榜葛剌（孟加拉）已经看到当地用树皮制成的白纸，光滑细腻，"如鹿皮一般了"。

灞桥纸出土于西北，象岗纸发掘于岭南，两者类似，又属于一个时期。因保存条件不同，象岗纸受到地下水的长期浸泡而使强度大减，纤维细胞组织遭到破坏，但它与灞桥纸一样不容置疑。灞桥纸和象岗纸同属汉武帝时期，它们有可能是各自独立发明的，也可能是通过技术传递，一方受另一方的影响而完成的。到底哪一种更具历史的真实，这除了需要对它们继续进行技术分析以外，当然还要了解汉武帝在位前后中央政权与南越赵氏地方政权之间的各种关系，以及当时的南北经济与文化交流情况，才能予以辨明。

就在象岗纸出土不久，考古人员又在一件铜伞柄饰旁和一个铜匜之内，先后发现了两枚上有"帝印"字样的封泥。这两枚封泥的出土，再次为考古人员提供了一个重要信息。"帝印"当指皇帝之印，这种直书"帝印"的封泥，在此之前的中国考古史上从未发现过。按常规推断，封泥是缄封随葬品的信物，此墓中发现"帝印"的缄封，说明墓中的主人曾僭号称帝，而部分随葬品也是这位称帝的墓主生前亲自缄封的。那么，这位僭号称帝的人到底是赵佗还是赵胡呢？

第五章 秦汉兴替

越国之殇

秦朝暴政，黔首饮泣。始皇帝死，胡亥登基。焚书坑儒灰未冷，陈胜、吴广揭竿而起。反秦大军出四方，各路豪杰竞逐鹿。刘、项结盟与分裂，楚河汉界响鼙鼓。四面楚歌动垓下，大汉一统，刘邦称霸主……

平地起惊雷

就在秦王朝统一天下，安定四方，消除各种威胁力量的同时，在政治、经济、文化等方面也进行了改革。如，放弃了国家的授田制，通过"使黔首自实田"的法律形式确立了封建土地私有制。尔后在较短的时间内采取了统一文字的措施，对汉字的演变及文化发展产生了深远影响。除此之外，在一系列拓边政策全面胜利后确立的王朝版图，又为历代王朝的疆域奠定了基础。其所建立的统一的封建专制集权制度，成为以后历代封建统治机构的基本形式。

当然，秦始皇在创造辉煌伟业的同时，其残酷的暴政也为秦的灭亡埋下了伏笔。在秦始皇统一后的短短十几年内，他不惜一切代价大肆征发兵役徭役，北伐匈奴，筑长城；南平百越，戍五岭；修骊山陵，建阿房宫；开"直道"，从咸阳经云阳（今陕西淳化西北）直达九原（今内蒙古包头西）；修"驰道"，以咸阳为中心通往全国各地，东穷燕齐，南极吴楚；周边卫戍，漕粮转运。据后来的研究者估计，这个时期所动用的民力总计不下三百万人次，约占当时全国总人口（约为两千万）的15%以上，真可谓征发如雨，役比溪涧。从一个方面来看，这些举措虽不乏利国利民的国防性建设，但秦始皇不顾统一后百姓民力疲惫，物资匮乏等现实，急功近利，好大喜功，从而极大地加重了人民的负担。农民的"田

《史记》载："秦始皇初即位，穿治郦山。及并天下，天下徒送诣七十余万人，穿三泉，下铜而治椁，宫观百官奇器珍怪徙藏满之。"时有民间歌谣道出了这一工程的宏大与艰难："运石甘泉口，渭水为不流。千人歌，万人吼，运石堆集如山阜。"

租、口赋、盐铁之利三十倍于古",可见秦王朝对人民的压榨已到了异常残酷的程度。秦律曾明文规定,每个男子在满15岁时"傅籍",以备官府指派兵差与劳役,从此,直到满60岁时才能"免老",即解除承担的徭役、兵役。徭役、兵役之多之繁,为历代王朝所罕见,如"北筑长城四十余万,南戍五岭五十余万,阿房骊山七十余万"。这种大肆征伐的结果直接造成了"丁男被甲,丁女运输,苦不聊生,自经于道树,死者相望"的惨象。秦法的日益繁苛,用刑严酷,使天下百姓因触法收监的人数越来越多。就秦国而言,早在商鞅变法以后,秦法就以酷烈昭著于世,法律条文繁密如荼。商鞅还首创了"什伍连坐"之律,即一人犯法,举家连坐,邻里蒙难。从1975年在湖北云梦出土的"睡虎地秦墓竹简"来看,秦法之烈,中外罕见。如有律文规定:"五人盗,臧(赃)一钱以上,斩左止,有(又)黥以为城旦。"就是说,如果有五人共同行盗,赃物超过一钱,就要断去左脚,并在脸上刺字,判为城旦(刑罚名,刑期四年)。甚至有人偷摘别人的桑叶,赃物不到一钱,也要被罚服徭役30天。秦始皇统一天下后,更是过分迷信法律的作用,"事皆决于法",并"专任狱吏",把战国时期法家学派主张的法治思想推向极端,其苛法有增无减,族诛连坐,使人民稍有反抗,即遭残酷镇压,有时甚至清白之室也闭户受祸。在这种情况下,蒙冤定罪的囚犯多得数不胜数,走在大街上的行人有一半穿着罪人的囚衣,老百姓生活在水深火热之中。

　　本来,秦王朝建立后,曾饱受战乱之苦,热切渴望统一的广大人民,对秦朝抱有很高的期望,正所谓"元元之民冀得安其性命,莫不虚心而仰上。当此之时,守威定功,安危

官军看押下的"黔首"在运石建造宫殿图

之本在于此矣"，只要秦朝统治者略加安抚，则天下不难出现升平的景象。但秦朝统治者恰恰相反，滥用民力，施行苛政，终于成为逆历史潮流的反动势力。

既然一个王朝的统治者已成为广大民众的对立面，那么这样的残暴统治就自然会激起人民的反抗。早在秦王朝建立的初期，就出现了如英布、彭越等所谓的"群盗"，并敢于与前来镇压的秦军对抗。与此同时，全国各地的民众也开始或明或暗地以各种方式开始反抗。历史上曾流传着这样一个奇特的故事：秦始皇三十六年（公元前211年），忽有一块大陨石坠落在东郡（今河南濮阳市西南）。有人因痛恨秦始皇专横跋扈，穷奢极欲，给天下百姓带来无尽苦难，就借此机会偷偷在这块大陨石上刻了七个大字："始皇帝死而地分。"此事一出，很快在百姓间传开，人们纷纷从四面八方赶来，争相目睹这块"神石"的风采。东郡郡守得知此事，不得不立即呈报朝廷，秦始皇闻奏大怒道："什么奇石怪石神石，定是那里的黔首刁民诅咒朕，故意在石上刻字。"于是下令御史前往东郡严加查办，因当地无人承认在石上刻字，秦始皇索性发一道命令，将那陨石附近的人全部抓起来不分男女老幼统统杀掉，然后又派官兵将那颗大陨石扔到火中焚毁。

秦始皇这样做的结果，未能镇压住人民的反抗，反而更加激怒了广大民众。就在这一年秋天，又出现了一件奇事：秦始皇的一位使臣从关东来，经过华阴，出平舒道（今陕西

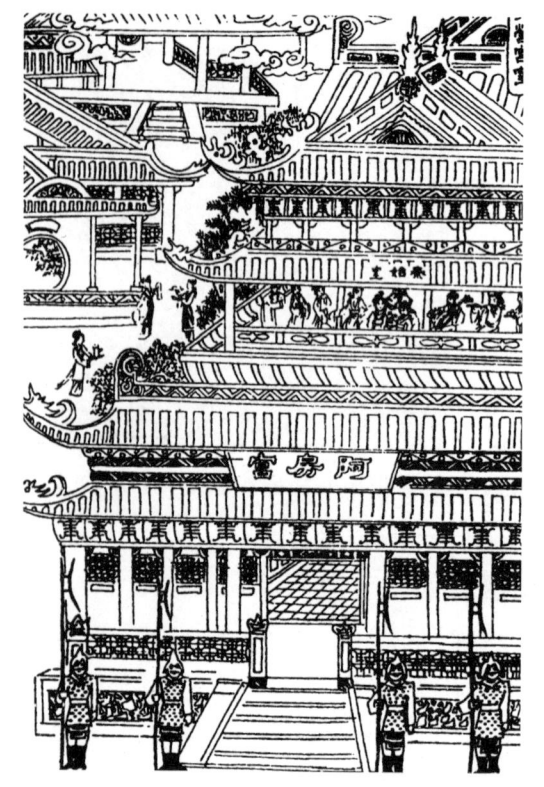

阿房宫盛景（引自《帝鉴图说》插图，明·张居正撰）

省华阴市附近），忽有一人上前说道："今年祖龙死。"使臣感到莫名其妙，再想细问，那人已钻入了道边的树林不见踪影。使臣在回都城咸阳的路上反复琢磨这句话，并渐有所悟。原来"祖"字应作始字解，"龙"为君象，那么"今年祖龙死"的寓意应是"今年始皇帝死"。看来这又是百姓们对秦始皇帝的诅咒。

面对人心思变的局面，秦始皇仍不知反省，依然我行我素，推行他的暴虐政策。令他没有想到的是，这种残酷的制度没有推行多久，他自己就命赴黄泉了。

史载，公元前210年，秦始皇带着左丞相李斯和小儿子胡亥，在近侍中车府令赵高等臣僚、太监的簇拥下，开始了第五次也是他一生中最后一次出巡。

大队人马伴着初升的旭日从都城咸阳起程。在和风丽日下出武关，过丹汉两水域，沿长江东下分别到达虎丘山和会稽岭。秦始皇在会稽岭祭奠大禹，刻石颂功，并针对东南地区存在的氏族社会婚姻习俗和男女淫乱的现状，提出了"要大治濯俗，天下承教化之风，使民俗清廉"的新型封建思想，并刻石宣示，以醒时势臣民。

离开会稽岭，秦始皇率队沿水路到达琅邪。在方士徐福的诱说下，秦始皇亲率弩手进入东海寻找鲛鱼作战，将一条巨鳞可辨、若沉若浮的大鱼用连弩射死。

当秦始皇满怀胜利的喜悦，在琅邪台饮酒作歌入东海时，忽感身体不适，只好下诏西还。当车驾到达平原津时，秦始皇竟一病不起。左丞相李斯见状，急令车驾速返咸阳。

时值盛夏，如火的烈日灼烤着这支车队，大路上弥漫升腾着黑黄色烟尘。李斯、胡亥心急如焚，秦始皇痛苦不堪，不时发出阵阵呻吟，死神在一步步向他逼近。

当车队到达河北境内的沙丘时，病入膏肓的秦始皇自知将不久于人世。弥留之际，他强撑身体，把李斯和中车府令赵高叫到跟前，让他俩草拟诏命，传诏在北疆防御匈奴的长

李斯像

子扶苏速回咸阳守丧。

李斯、赵高匆匆把诏书拟好，秦始皇过目后，用颤抖的手把玉玺递给李斯，有气无力地说道："速派使者送达扶苏……"余下的话尚未说出，便撒手归天了。

这位在中国政治舞台上翻云覆雨、改天换地的始皇帝，终于走完了他那辉煌的人生旅程。死时年仅50岁，从他自称始皇帝算起仅为12年。

秦始皇撒手归天，在赵高的威逼和诱劝下，李斯终于被迫同意篡改秦始皇的遗诏，派使者赐剑给屯守北疆的公子扶苏，命其自杀，改立胡亥为皇帝。

胡亥登基称帝后，赵高随之升为郎中令，李斯仍为丞相。

在赵高的唆使下，胡亥登基后办的第一件大事就是命人用毒酒将在北疆屯边的将军蒙恬赐死。然后将6位公子和10位公主捕捉，押往长安东南处一一杀死。紧接着又逮捕12位公子押往咸阳闹市斩首示众。其余皇室宗亲，有的被迫自杀，有的则在出逃中被御林军截杀……所有这一切，都是为了确保胡亥的帝位不受威胁。为彻底斩草除根，胡亥下令将朝廷中那些持有异议的臣僚一一处死。最后，曾为赵高所惑、帮助胡亥登上帝位的丞相李斯，也被腰斩于咸阳……

当这一幕幕杀戮的悲剧落幕之后，这年秋七月，秦二世胡亥仍然不顾天下民怨沸腾，强行下令征发"闾左"戍守边地。"闾左"是指住在闾里左边的贫苦农民，在秦代本来属于"复除者"，现在也要被征发服役。当时，从南阳郡（治今河南南阳）、陈郡（治今河南淮阳）一带强征了九百余人到渔阳（今北京密云）去戍守。在这群戍卒中，有两个虽然出身低微，但颇有雄心壮志，名为陈胜、吴广的人，由于不堪忍受秦王朝的残暴压迫，早就蓄意举行暴动。

当这九百余人在两名将尉的押送下，行至蕲县大泽乡（今安徽宿州东南20公里的刘家集附近）时，突然遇到百年罕见的暴风雨，附近的道路几乎全被冲毁，使他们无法继续前进。按秦法规定：戍卒不能按期到达指定地点，就要杀头。在这生与死的紧要关头，陈胜、吴广利用"鱼腹帛书，篝火狐鸣"等手段，大造舆论，首先在戍卒中树立起陈胜的威信，然后借故杀死两名将尉，号召戍卒举行起义。此时戍卒们早就"苦秦久矣"，即使不造反也没有生路，遂"斩木为兵，揭竿为旗"，以"大楚"为号，共推陈胜为将军，吴广为都尉，组成了一支手持木棍、衣衫褴褛的反秦起义武装。于是，统一的中国历史上第一次农民大起义的熊熊烈火，在大泽乡点燃了。

这个时候的秦王朝，如同坐在一个火药桶上，只要有人点燃引线，便会炸出惊天动地的爆响。现在，这根引线终于被陈胜、吴广点燃了，秦王朝的末日将要来临。当陈胜起义的大旗刚刚擎起，就得到四周贫苦农民的热烈拥护，一时父送子、妻送夫，参加起义军的浪潮很快在河南一带掀起，农民起义军的队伍像滚雪球一样越滚越大。陈胜、吴广率领起义军，首先攻占蕲县，随后向西北挺进，连克金铚（今安徽宿州西南）、酂（今河南永城西南）、苦（今河南鹿邑东）、柘（今河南柘城县）、谯（今安徽亳州市）等地。当起义军攻占陈（旧楚都，今河南淮阳）时，已拥有战车六七百辆、骑兵一千多人、步兵数万人。

陈胜起义的消息不胫而走，各地贫苦群众奔走相告，并很快出现了"家自为怒，人自为斗，各报其怨而攻其仇，县杀其令丞，郡杀其守尉"的局面，秦王朝的丧钟敲响了。

猛士如云唱大风

就在投奔陈胜队伍的人群中，有一个叫刘邦的流氓无产者也裹挟了进来。刘邦字季，是泗水郡沛县丰乡（今江苏沛县西）人，其父在家务农，人称刘太公。刘邦自幼游手好闲，好吃懒做。当地有个卖狗肉的老汉每逢煮好狗肉推出叫卖时，刘邦便抢来白吃。他一边旁若无人地大口地吃着狗肉，一边还不断地说："好吃！真香！"

几年后，刘邦做了泗水亭长（秦朝制度，十里一亭，十亭一乡，泗水亭就在沛县）。亭长一职，主要管理地方治安和民事调解之类的事，遇有大

汉高祖

《汉书·高帝纪赞》曰：汉承尧运，德祚已盛，断蛇著符，旗帜上赤，协于火德，自然之应得天统矣。

刘邦画像

事，便向县里呈报。因此刘邦常与一班县吏互相往来，时间一长，熟谙法律的功曹（负责县里某项事务的主要吏员）萧何、狱掾（管理刑事的小吏）曹参及夏侯婴等人，还有一个吹鼓手周勃，都与刘邦结为好友。刘邦平时住在亭里值班，忙时则要回家种地。如有当差服役之事，他也得亲自前往。

有这么一天，县令家里来了一位贵客，当地的豪杰官绅都去道贺。刘邦心想：我何不趁此机会，前去认识认识地方上的头面人物？于是，他大摇大摆也来了。在县衙门口替主人收贺钱的萧何见刘邦来了，故意大声喊："贺礼钱不满一千的坐下堂！"刘邦向他撇一下嘴，昂着头大步走了进去，并对着满堂宾客大声说："我送一万！"他大话一说，却真以万元礼宾身份坐在了上位。此时刘邦心里清楚，自己不但拿不出一万钱，即使一百钱也颇感为难。深知此底的萧何赶进来奚落他："大话轻如风，为人当自重哟！"刘邦听了既不气又不恼，头一扬，摆出一副流氓无产者的样子说道："一万钱算得了什么！有朝一日我刘邦得势，那时可送十万，今天就先记个账吧！"说罢，他与众宾客推杯换盏，大肆吞食豪饮起来。

县令的贵宾吕公见刘邦器宇轩昂，风骨不凡，谈吐也有别于众人，对这位流氓无产者未拿贺钱不但不加嗔怪，反而暗自钦佩。宴席散后，吕公特意留住刘邦，请县令做媒，把女儿吕雉嫁与他。刘邦做梦也没想到，自己分文未花，不但吃了美酒佳肴，还得了娇妻，自然欢喜不尽。这吕雉小名叫娥姁，依从父命嫁给刘邦之后，倒也满心高兴，她一不嫌刘邦浪荡，二不嫌他家地位低下，竟服服帖帖地做了刘邦的

第五章 秦汉兴替

妻子。

秦二世元年（公元前209年）九月，朝廷颁下诏命，命各郡县遣送徒役至骊山，继筑秦始皇陵墓。刘邦奉命押送一批徒役前往骊山。他们一天天赶路，每天总有几个人逃走。面对此情，刘邦心里清楚，谁愿抛儿弃女、离乡背井去做苦工？况且去了之后不是累死，就是被打死。如果侥幸不死，说不定最后还要被活埋。所以每当有人逃走，他都采取睁一眼闭一眼的策略不去强管。眼看着人越来越少了，他又后怕起来，心想如果这样下去，到了骊山如何交差？在一段思忖之后，他决定一不做、二不休，干脆来他个集体逃跑。

这一天，队伍行至丰乡西面的大泽中，他叫徒役们休息，自己喝了一阵闷酒，突然站起来对众人说："你们到了骊山，就得常年做苦工，不是累死，就给打死。就算侥幸不死，也不知何日返乡，看来终是难免一死。我今日将众位一概释放，你们有亲寻亲，有友投友，各人自寻活路去吧！"

徒役们不由得感激涕零，流着眼泪问："亭长，放我们逃走，您怎么办，如何交差呢？"刘邦大笑道："你们逃走，我也只好远扬了，难道还去报官寻死不成？"

其中有二十几个壮士，看到刘邦如此豪爽大度，情愿相从。他们说："亭长，我们逃到哪儿也没活路，您来领头吧，您去哪儿，我们就跟您到哪儿！"刘邦见此情景，便带领这二十几个人趁夜逃走。他们不敢走大路，只得从小路穿行。走着走着，前面的人忽然撒腿往回跑，后面的人还以为碰上了官兵，都吃了一惊。刘邦上前一步，着急地问："出了何事，如此惊恐？"有人说："前面有一条大白蛇，挡住了去路。"刘邦听说是蛇，不禁呵呵大笑道："壮士行路，还怕蛇吗？"说着，他拔出宝剑，提在手中，走到前面一看，果然是条巨大的白蛇，长约数丈。刘邦轻手轻脚，走近蛇身旁，手起剑落，一下将蛇劈为两段。这个插曲，后来有人为刘邦编出一段神奇故事，说是有一位老妇称："我儿系白帝之子，化作白蛇，行至路中，被赤帝之子斩死！"再后来，人们又加演绎，说白帝指秦朝，赤帝之子斩杀了白帝之子，那刘邦必是真命天子！

刘邦斩蛇之后，和二十几个壮士逃到芒砀山里潜伏起来。日子不长，芒砀山上就聚起一百多人。他们跟沛县萧何、曹参等暗地往来，互相通着

121

音信。

陈胜、吴广义旗一举，犹如晴天霹雳，震怕了秦朝的许多地方官吏。沛县县令眼看烽火遍地，生怕丢了脑袋，就来个变守为攻，也要挑头起兵响应陈胜。他找来萧何、曹参等人，秘商此事。萧何说："欲图大事，非把逃亡的豪杰如刘邦等请回不可！"县令依允，命萧何去找刘邦。刘邦妻妹吕嫂，嫁给屠夫樊哙。萧何打发樊哙来到芒砀山中，找见刘邦，说明缘由。刘邦一听大喜，认为这是上天送来了良机，便率领一支小队伍向沛县开来。意想不到的是，此时的沛县县令忽又反悔，拒绝让刘邦等人入城。情急之中，萧何、曹参等人连夜逃出城外，投奔刘邦，共谋起兵大计。城中百姓闻听县令出尔反尔，不但不起兵反秦，还拒绝刘邦等反秦队伍入城，盛怒之下便冲进县衙，杀死县令，打开城门，迎入刘邦，并推举他为沛县县令。刘邦故作谦虚地对众人说："当今天下大乱，诸侯并起，我非敢自爱，实觉德薄力弱，未能保全父老子弟，还是另外举贤能为好！"萧何、曹参等见刘邦推辞，也故作不肯依从。结果，还是刘邦做了沛县县令，按楚国旧称，叫作"沛公"。这年，刘邦48岁。

刘邦从一个亡命深山的流氓无产者，摇身一变成为众人拥戴的沛公后，立即在县城内正式举行了起兵仪式。为了有更大的号召力，他借人们为自己斩白蛇而演绎的故事，把自己当作赤帝之子，所用旗帜皆为红色，又令萧何、曹参、樊哙等人招收沛县子弟，没几天工夫，便聚集起两三千人。有了这班人马，刘邦宣布正式起兵反秦，并首先攻占了自己家乡丰乡，破城后改为丰县，命雍齿驻守于此，尔后发

张良像

兵攻略别的县城。就在这时，丰乡守将雍齿背叛，刘邦不得不回兵讨伐，无奈兵力不足，攻而不克，只得四处去借兵。当刘邦等人赶奔留城（今江苏沛县东南）准备借兵时，适逢张良带着百多名壮士，正要投奔义军。刘邦和张良一见如故，大有相见恨晚之感。待几句交谈，刘邦便觉得张良满腹韬略，堪称人中之杰，而张良也感到刘邦大度识人，堪称人主，于是两人很快就成了至交。当两人论及以后的前途时，萧何趁机进言道："听说江东项梁和他侄儿项羽在会稽举义，如今已有一二十万人马，并且已经进至薛城，何不去投奔他们，共图大事？"刘邦与张良听罢均认为可行，于是不再顾及雍齿，率领人马往薛城奔来。

项梁、项羽是楚国名将项燕的后代。项氏原籍下相（今江苏宿迁西南），世代为楚国将门，因封于项地（今河南沈丘），而以"项"为姓。项梁的父亲项燕在秦灭楚时，战死沙场。后来，项梁因为杀人，带着侄儿项羽潜逃到吴（今江苏苏州）。由于项氏名望很大，吴中的士大夫都推项梁为首领，项梁遂在吴县定居下来，常常主持办理一些征发徭役和丧葬等大事，并训练宾客子弟，暗中准备起兵反秦。

项羽名籍，字子羽，自小颇有大志。有一次，秦始皇出游会稽（郡名），项羽随叔父前去观看，当他见到秦始皇的仪容时，不禁脱口说了一句"彼可取而代之"。项梁慌忙伸手掩住他的嘴，小声说："你不想活了，让人听到，全家都要被杀。"说完，拽起他挤出人群就走。项羽还有些不服气，边走边说："我还以为皇帝生着三头六臂和凡人不一样，想不到他长得那么难看，一双细长眼，鼻子像蜂的屁股一样尖突，胸似鹰鸷一般前鼓，连他都能做皇帝，我当然可以取代他了。"

项梁见四下无人，耐心解释说："你有这样的雄心，也不枉为项氏之后，我当然高兴。可我们现在是亡国之民，凡事都要谨慎小心，你要取代他的地位，复兴大楚，也要等待

项羽像

时机呀。"项羽不再答话,只在心里暗下决心,一定要练好本领,有朝一日非干出一番大事业来不可。

据《史记·项羽本纪》记载:项梁曾教项羽习字读书,可他感到索然无味,没学几天就厌烦了。项梁又教他剑术,他练了几天也不愿再练,气得项梁不断怒斥他。他反而振振有词地说:"如今是一个尚武的时代,读书习字怎么能报我的深仇大恨,能认识自己的名姓也就罢了,击剑不过是匹夫之勇,对敌一人,我要学同万人作战之术。"

项梁觉得他说的也有道理,从此就教他兵法,项羽非常高兴,可当他掌握了大致的要领以后就不想继续学了。项梁就埋怨他,你这也不想学,那也不想学,将来怎么做我的帮手。项羽乐呵呵地说:"我认为兵法是在战场上打出来的,知道其中的基本原则就可以了,死背硬记那些教条,反而不利于在实战中灵活运用,赵国那个纸上谈兵的赵括,不就因此而丧身辱国了吗?"一席话说得项梁无法回答,也就由着他的性子去了。

项羽长到二十几岁时,身高八尺(秦一尺约合今23厘米)有余,力能扛鼎,才气过人,吴县的年轻人没有能和他相匹敌的。

陈胜起义的消息传到吴县后,会稽郡郡守殷通如坐针毡,惶惶不可终日。这些平日作威作福的地方大员,当老百姓被逼造反时,最害怕的就是他们。随着陈胜起义军的节节胜利,殷通暗想,如果自己再迟疑不决,说不定哪一天会稽也会发生暴动,与其坐以待毙,不如先下手为强,自己也做个反秦的领袖。于是,殷通就派人把项梁请来,一起商议对策,他的意图很明显,就是想利用项氏家族的声望和势力,使老百姓服从自己。项梁来到郡府后,殷通一反平日趾高气扬的面孔,谦恭地对项梁说:"江北各地的反乱已经兴起,种种迹象表明,苍天灭秦的时刻已经到来。俗话说,先发制人,后发则为人所制。机不可失,本官想请你出山,和桓楚同为将军,立即起兵。"

项梁听了殷通的一番话,心里早就明白了几分,故意谦让道:"郡台的好意我心领了,只是小民无德无能,怎好担此大任,郡台还是另请高明吧。"

殷通赶紧恭维道:"项兄就不必谦让了,想当初,秦亡六国,楚最无罪,令尊大人一向受楚国人民爱戴,竟惨死在秦将王翦刀下,至今楚人每念及此，仍不免伤心落泪。如果能用令尊大人的名义号召天下，肯定一呼百应。这将军之任是非你莫属呀！"

项梁听殷通把自己的意图和盘托出，就顺水推舟地说："既然郡台如此器重在下，小民也就勉为其难了。只是桓楚仍逃亡在外，无人知晓他躲在何处，听说项羽好像跟他有些信息来往，不如让项羽去召他回来。"殷通表示同意。项梁就走到门外，悄悄吩咐项羽进去后见机行事，然后带他一起去见殷通。

殷通等他们进来，就把自己的打算告诉项羽，让他火速去找桓楚。项羽说："臣无凭无据，桓楚怎能相信，不如郡台修书一封，好使桓楚不起疑心。"殷通认为有理，就伏案写起信来。

项梁见时机已到，喊声"动手！"项羽已抢步向前，没等殷通明白过来，人头早已应声落地。

项梁把郡守的印绶佩挂在身，手举殷通的人头走向大厅，大厅里的侍卫被惊呆了，几个反应快的兵丁见郡守被杀，迅速冲了过来。项羽挥动佩剑，几个回合就砍倒一大片，其余的人再也不敢近前。项羽把剑一横，微笑着说："哪个还想陪你们的狗官一起去死，不妨过来。"众侍卫你看看我，我瞧瞧你，一时围在那里不知所措。

项羽把剑一挥，大喝一声："不怕死的送命来！"众侍卫立即被吓得刀枪落地，纷纷跪在地上不敢抬头。

项梁走过来对他们说："诸位不用害怕，我不会难为大家，只要今后听从我的命令，保你们享受荣华富贵。"众侍卫赶紧磕头谢恩，纷纷表示唯命是从。

项梁于是召集吴中父老亲朋，告诉他们起兵反秦的决定，并宣布自己为会稽郡郡守，然后以"楚虽三户，亡秦必楚"相号召，征集士兵，循下属县，得精兵八千人，任命项羽为副将，举兵反秦。正在这个时候，陈胜领导的农民军主力在秦军的镇压下，却不幸遭到失败。

原来，陈胜领导的起义军占领陈县后，原魏国名士张耳、陈余被秦缉捕，正变易姓名潜伏在陈县，这时也来投奔义军。陈胜进城后，陈县豪杰父老请求拥立陈胜当楚王。陈胜以张耳、陈余素有大名，就向他们征询意见。

张耳、陈余回答说："秦为无道，灭亡六国，暴虐百姓，将军首举义旗，为天下铲除残暴，深受人民欢迎。可如今刚刚占领陈县就想着称王，

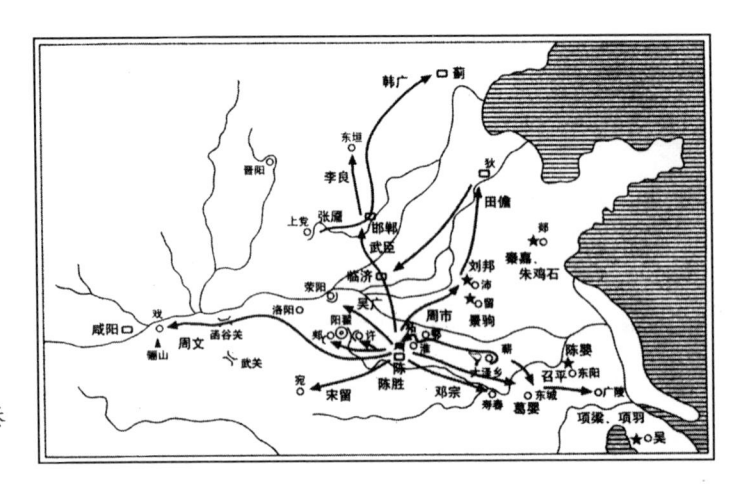

关东豪杰起兵与秦军交战线路图

是向天下显露自己的私心。希望将军不要称王，迅速统兵西进，同时派人拥立六国后代为王，让他们自己发展势力，以增加秦的敌人。秦朝廷如果分兵去攻击则力量分散，而我们的同盟多则兵强势盛。这样一来，函谷关以东地区不需要派一兵一卒，没有哪个县为秦守城，将军就可以长驱直入，诛灭暴秦，占据咸阳，号令诸侯。诸侯亡国后又得以复国，必然对将军感恩戴德，将军以仁德使其服从，帝王之业可大功告成！现在将军在陈称王，恐怕天下顷刻间就会四分五裂。"

陈胜出身寒苦，占山为王的思想在他的意识深处根深蒂固。听张耳、陈余反对自己称王，心里非常不悦，反驳说："依两位先生的意见，是要复立六国的后代为王，那不是让他们各自忙着收复本国的土地，而无心西击灭秦了吗？这样做反而分散了我们的力量，不可取。"于是，陈胜自立为王，号"张楚"，然后分兵略地，以主力往西击秦。

陈胜当时的部署是：命邓宗统兵南下九江郡；以陈县故交武臣为将军，邵骚为护军，张耳、陈余为左、右校尉，统兵三千北攻赵、魏故地；任命吴广为假王（假是代理的意思），率兵进攻荥阳，之后又兵分两路，入关灭秦的主力军，由宋留率兵经南阳（今河南南阳）直叩武关；由周文率领主力军直捣咸阳。

陈胜早年穷困潦倒，经常靠替地主打工维持生计，如今一旦称王天下，便前呼后拥，沾沾自喜，贪图享乐了。他遣将四出后，天天饮酒取乐，左婢右妾，不仅杀了昔日跟他同甘共苦的旧友，而且信任佞臣，以朱房为中正，胡武为司过，制驭群臣，有功不能赏，有罪不能罚，以致人心大失。正当他终日沉醉于歌舞升平之中时，哪里会想到义军已危机四伏，大祸就要临头了。

却说那秦二世自以为帝位永固，最初根本没把起义军放在眼里。当周文的几十万大军步步逼近咸阳时，他才大梦初醒，惊恐万状，急忙召集群臣商讨对策。少府章邯提出：调集军队已经来不及了，不如把修骊山墓的刑徒武装起来，用他们去镇压起义军。秦二世无计可施，只好大赦天下，命令章邯率领这几十万刑徒向周文大军反扑。同时又快马调回戍守在北方的数十万军队，令王离统帅，从上郡直接东渡黄河，经太原下井陉，深入赵地，镇压河北义军。

正在秦军疯狂地向农民军反扑的关键时刻，起义军内部又接连发生分裂。武臣所率北路军攻至邯郸后，张耳、陈余就鼓动武臣立为赵王，脱离陈胜指挥。武臣竟利欲熏心，在他们的煽动下，真的自立为赵王，以陈余为大将军，张耳为右丞相。

在武臣的带动下，另一路被陈胜派往北方的周市军，攻下魏国故地后，也立魏国旧贵族魏咎为魏王。与此同时，齐国的旧宗室田儋则趁机在狄县（今山东高青北）自立为齐王。被武臣派去攻取旧燕故地的韩广也在燕地自立为燕王。

至此，起义军四分五裂，这些自立为王的六国旧宗室贵族完全不顾大局，置吴广、周文军于不顾，在黄河以北地区拼命抢占地盘，全然不听从陈胜的号令，从而使起义军遭到了极大损失。

本来，周文的军队在吴广的策应下，已经横扫淮河、黄河流域，突破函谷关，进至距咸阳城仅百里的戏（今陕西临潼境）。但由于孤军深入，在秦军的反击下，虽然浴血奋战了两三个月之久，最后，终因寡不敌众，在渑池（今河南渑池西）败亡。

吴广军攻至荥阳后，久战不下，听说周文败死，吴广部将田臧等以"假王骄,不知兵权"为由,竟诛杀吴广,率军迎击章邯军于敖仓。结果田臧兵败战死,使章邯得以一路东下,轻易解除了荥阳之围。

周文、吴广两路义军败亡后,北方诸侯军不仅不能主动出兵策应陈胜,反而拥兵自重,互相残杀,这就为秦军逐一消灭各路义军创造了良好的时机。

秦二世二年(公元前208年)十二月,章邯攻占陈县,陈胜退至下城父(今安徽蒙城西北)时,被驭手庄贾所杀,陈胜领导的农民起义军至此失败。

陈胜败死后,奉陈胜之命率兵攻广陵的召平,看到秦军步步逼近,就主动与项梁取得联系,并以陈胜的名义,任命项梁为楚王上柱国,令他立即率兵西进,主动出击秦军,项梁、项羽遂率八千子弟兵渡江西进,从此,这支突起于江东的武装,便成为推翻秦王朝的主力军。

就在项梁率兵渡江西进的途中,由于项氏家族隆兴的名望,使许多义军来投。项梁先是接收合并了陈婴领导的东阳义军二万余人,渡过淮河后,又有英(黥)布、蒲将军率兵前来会合,队伍很快就发展到六七万人。

当项梁得知陈胜败死的确实消息后,便召集诸将在薛(今山东滕州市东南)商讨对策。七十岁的居鄹人范增深谋远虑,劝项梁吸取陈胜自立为王、不立楚后而遭惨败的教训,应"立楚之后",以便号召群众。项梁采纳了他的建议,在民间找到一个正在为人牧羊的名叫心的楚怀王之孙,于秦二世二年六月,尊心为楚怀王(义帝),封陈婴为上柱国,自为武信君,然后调兵遣将,向秦军展开反攻。就在这个时候,刘邦加入了项梁的阵营。

🏵 丧钟为秦而鸣

项梁率领主力军接连在东阿(今山东阳谷东北)、濮阳(今河南濮阳西南)大败章邯所率秦军,旋又攻克秦的东方重镇定陶(今山东定陶北)。项羽、刘邦率领的另一路军队,也攻克城阳(今山东菏泽东北)、兵围雍丘(今河南杞县),斩杀了秦的三川郡郡守李由(李斯之子)。

当项梁占据定陶这个大都市以后,却变得志得意满,渐有骄色。章邯趁项梁麻痹轻敌之机,夜间偷袭定陶,项梁战死。各路义军一时失去了统一的指挥,形势十分危急。此时章邯错误地估计了形势,认为南方的义军主力已被消灭,"楚地兵不足忧",于是挥师北上,匆忙向河北扑去,这才使项羽、刘邦等赢得了喘息之机。

当时,项羽、刘邦正率兵进攻陈留(今河南陈留东北),听到项梁兵败被杀的消息,立即改变作战计划,趁章邯挥师北上之机,回师东向,将各路义军调集彭城(今江苏徐州)。吕臣驻城东,项羽居城西,刘邦屯于离彭城不远的砀郡,又把楚怀王迎至彭城,从此,彭城便成为起义军的指挥中心。

章邯北上之时,秦将王离已率北方大军包围了巨鹿(今河北平乡西南),章邯的到来,使秦军战斗力大为增强,赵国的形势十分严峻。当时的形势是:如果赵国的主力在巨鹿被歼,则秦军无后顾之忧,可以长驱而下齐、楚;如果义军北上救赵,可以把秦军主力牵制在河北,而以轻军直捣关中。所以,当赵国遣使者到彭城求援时,楚怀王遂决定以宋义为上将军,项羽为次将,范增为末将,率主力军北上救赵。与此同时派刘邦率另一支义军向西挺进,收陈胜、项梁散卒,直取关中,并与诸将约定:"先入定关中者王之。"

宋义领兵行至安阳(今山东曹县东南)后就驻扎下来,不再前进,一直拖延了46天。项羽心急如火,可又毫无办法,一天,项羽向宋义建议:趁秦军围赵于巨鹿,应主动出击,楚军从外面进攻,赵军在城内呼应,就一定能击败秦军。

宋义听后却不以为然,他傲慢地反驳道:"打牛虽然能打死表面上的虻,却打不着毛里的虱子。章邯的军队是露出外表的虻,我们的心腹之患是秦本国的军队。现在秦军全力攻赵,假使战胜了赵军,士兵也必然疲惫不堪,到那时我们就可以趁机轻易击溃它;如果秦不能胜赵,我们也可以向西进入秦的本土,这样必定能灭秦,所以还是先让秦和赵交战为好。若论拼死沙场,我不是你的对手;但运筹帷幄,你却比不上我。"

听了宋义的一番自我吹嘘,项羽一时语塞,气得两眼圆瞪,恨不得一拳把他的脑袋砸个稀烂。当时正值天寒大雨,士卒都在野外忍饥挨冻,可宋义却天天在军营里饮酒歌舞，高谈阔论，压根儿不把义军将士的疾苦和赵军的生死存亡放在心上。

面对此情，项羽激奋地对手下将领说："上将军不与赵军勠力而攻秦，还借口等待秦军疲惫，坐观胜败，以收渔人之利。以强大的秦军攻赵，其势必是赵败，若赵败，则秦军越强，哪有什么疲惫可等呢？国家安危在此一举，他却饮酒享乐，不能体恤士卒，这哪里称得上是社稷之臣呢？"听罢此话，其他将领也非常义愤，纷纷表示听从项羽的命令，请项羽当机立断，早点拿定主意。

经过一夜的密谋，次日清晨，忍无可忍的项羽借故请求和宋义面商事宜，并在军帐中将其杀死，然后提着宋义的人头向全军发布军令说："宋义通齐背楚，我奉楚王的密令杀了他。"

诸将听说这一重大变故，无人敢于反抗，纷纷表示慑服，并说："首立楚王的是将军一家，现在诛杀乱臣也全靠将军，我们对将军唯命是从。"

于是众将商议拥立项羽为代理上将军。项羽当上主帅后，一面布置做好渡河救赵的准备，一面派桓楚把事情的经过报告怀王。怀王得报，自知对项羽无可奈何，索性顺水推舟，任命项羽为上将军，并把英布和蒲将军所部二万余人一并划归项羽指挥。

项羽先是派英布和蒲将军领兵二万渡漳水救巨鹿，做试探性进攻，但没有取胜。随后，项羽亲自率领全军北渡漳水，并下令凿沉渡船，打碎釜、甑，烧毁营帐，每人只携带三天粮食，以表示有进无退，誓与秦军决一死战的决心。

项羽率军一路急驰，很快进至巨鹿城下，把秦将王离的军队包围。王离猝不及防，慌忙整军迎战，可还没等他摆开阵势，项氏楚军就已掩杀过来。项羽身先士卒，锐不可当，哪里有秦军集结就冲向哪里，楚军将士个个勇猛杀敌，无不以一当十，以十当百，一时杀得天昏地暗，血流成河，尸体如山。

当时，被调来救巨鹿之围的六国各路军队为数甚多，但他们都不敢同秦军交战，踞于营垒后面观战，当看到战场上人仰马翻，血肉横飞，喊杀之声震天动地时，一个个吓得心惊胆战，两腿发软。

在楚军的拼命攻击下，秦军迅速土崩瓦解，王离被俘，章邯被迫引军后退。

战斗结束后，战场上变得死一般沉静，只是偶尔传出几声伤兵的怪叫，显得格外瘆人。当各路诸侯军前来拜见项羽时，一个个诚惶诚恐，入军门都不敢步行，纷纷跪在地上，屈膝而入，不敢抬头仰视项羽。巨鹿之役，是义军自起兵以来走向胜利的一个重大转折点，项羽本人也真正成为诸侯的上将军，各路将军无不心甘情愿地归属他的指挥。

巨鹿之战后，项羽又引军连败章邯，逼得章邯不敢出战。而在此时，赵高已当上秦朝廷的丞相，为独揽朝权，赵高指鹿为马，诬杀李斯、冯去疾、冯劫等朝臣，并以秦二世的名义指责章邯，令他十日内消灭项氏楚军。章邯损兵折将十几万人，哪有力量挽回败局，在内外交困之下，被迫于秦二世三年（公元前207年）七月，率余众向项羽投降。

巨鹿一战歼灭了秦王朝的主力，从此，咸阳的小朝廷已成为瓮中之鳖，秦的灭亡只是个时间问题了。

项羽接收章邯的军队后，当即率领各路诸侯军向关中挺进。秦二世四年（公元前206年）十月，刘邦用张良计，降服宛城（今河南南阳），经武关入关，进军霸上（今陕西西安市东）。此时，秦王朝早已四分五裂。赵高导演"指鹿为马"的丑剧后，眼见秦王朝已经摇摇欲坠，他既想苟延残喘，又想火中取栗。他一面派人暗中与刘邦联系，要同起义军讲和，求关中之地自立为王；一面则对玩腻了的傀儡皇帝胡亥采取断然措施。

首先，他把弟弟赵成和女婿阎乐找来，进行策划。赵成身居郎中令要职，可以自由出入宫廷，充当内应。阎乐是咸阳县令，手下有一部分兵力，由他率领士兵假扮成山东农民军攻打望夷宫。赵高亲自指挥全局。

为了这个阴谋的顺利实施，赵成便在望夷宫内散布谣言，谎称山东强盗已攻入咸阳，搅得人心惶惑不安。同时，命令阎乐召集士兵保卫望夷宫。阎乐遂趁望夷宫守备不严时，率兵闯入宫中，他们逢人就砍，到处放箭。一时宫中血肉横飞，哭嚎一片，被蒙在鼓里的胡亥看到这个阵势，早已吓得目瞪口呆，瘫软在龙椅上，一个劲地喊着让卫士反击，但没有一个人敢出战，纷纷溜之大吉，只有一个小宦官木鸡似的呆立在他的身后，悄声说道："这是赵高在谋反。"

胡亥焦急地说："你怎么不早告诉我赵高要谋反，以致有今天？"

小宦官鼓起勇气回答道："正因为我平时不敢说话，才能活到今天，要是我从前多说了话，早就被害死了，还能活到今天吗？"

这时阎乐已冲到胡亥面前，气势汹汹地对他说："你是一个无道暴君，残杀了天下难以数计的无辜百姓，耗费了无数民脂民膏，现在天下的老百姓都起来反对你，你自己拿个主意吧！"

胡亥这时仍对赵高心存一线希望，胆战心惊地问："我可以见一见丞相（赵高）吗？"

"不行！"阎乐断然拒绝。

"那么，我不当皇帝了，给我一个郡为王行吗？"胡亥哀求着。

阎乐理也不理。

胡亥哭泣着说："给我一个万户侯当也行。"

阎乐吼道："你还痴心妄想些什么！"

胡亥绝望道："只要保全我的性命，我情愿带着妻子去当老百姓，这总该可以了吧！"

阎乐不耐烦地冲他嚷道："我是奉丞相之命来处死你的，你说得再多也无济于事，快自裁吧！"

此时，胡亥才意识到末日真的来临了，在阎乐的威逼下，他拔出宝剑，引颈自刎，结束了那企图传之万代的皇帝梦。

胡亥自刎图

阎乐向赵高汇报了胡亥已死的消息，赵高一听，欣喜若狂，匆忙赶到现场，摘下玉玺佩在身上，大步走上殿去，准备宣布登基。但是"左右百官莫从"，以无声的反抗来回应他的皇帝梦。赵高顿时不知所措，只觉得天旋地转。最后，他只得无可奈何地取消了称帝的打算，拥立子婴（一说是胡亥之侄，一说是始皇之弟）为帝。

子婴登基后，心里十分明白赵高的险恶用心，于是便和自己的两个儿子及贴身宦官一起设计杀掉了赵高。这时刘邦率领的大军已经从武关攻入关中，步步逼近咸阳。

当刘邦大军进抵霸上后，秦王子婴带着象征皇帝权力的印绶到刘邦驻地投降。秦统一天下15年，至此灭亡。

反秦斗争取得胜利后，如何进行权力重新分配的问题也就随之提到了议事日程。项羽虽然握有天下兵权，可在名分上还是楚怀王手下的将领，因此，项羽首先派人驰告怀王，关中已被平定，请示下一步指示。怀王回答说："按事先约定的去办。"怀王的意图很明确，就是让刘邦在关中做秦王，项羽回军彭城，一切恢复战国时代七雄并立的局面。

当时的局势是：楚、齐、燕、赵、魏、韩均已复国，刘邦如果立为秦王，则项羽就无王可封。楚怀王仅仅是被项氏叔侄拥立的一个傀儡，对其他诸侯没有任何号召力。如果按怀王的指示做，那么天下又会战斗不休。在这种条件下，项羽为了在全国树立起一个权威，借以节制其他诸侯，决定自己做楚王，而尊奉楚怀王为"义帝"。

接下来就是论功行封了，在分封诸王的问题上，最令项羽头痛的当然是如何安排刘邦。按义帝的约定，刘邦应封王关中，可项羽深知刘邦是一个极有野心的家伙，因此不能把关中这块要害之地分给他，但又不能公然无视义帝的约定，否则有可能引起诸王的不满，甚至还可能酿成诸王的反叛。在这种左右为难的情况下，他采纳了范增的计谋，把关中作为广义的称呼来解释。当时狭义的关中指函谷关以西今陕西关中盆地一带，而广义的关中也可包括巴、蜀、汉中地区，这样一来，就可以活用义帝关于"先破秦者称王关中"的约定了。于是，项羽封刘邦为汉王，以偏僻的巴、蜀、汉中地区作为封地，建都南郑（今陕西南郑）。为了防止刘邦向东扩张势力，项羽又把东函谷、西散关、南武关、北荥关的关中地区一分为三，分封给秦朝的三个降将，章邯为雍王，建都废丘（在今陕西兴平南）；司马欣为塞王，建都栎阳（今陕西临潼东北）；董翳为翟王，建都高奴（在今陕西延安），号称"三秦"。

然后，又把关东六国的疆域重新划定，除了楚地之外，其他诸侯国往往被析为数国，用来分封跟随他入关破秦的将领和原有的诸侯王，又封了十四个诸侯王，加上汉王和三秦王，项羽一共分封了十八个诸侯王。项羽自己号称西楚霸王，领有梁、楚九郡之地，建都彭城（今江苏徐州）。

汉元年（公元前206年）四月，项羽罢兵东归，各个受封的诸侯王也都领兵回到自己的封地。

项羽在反秦斗争中，虽然对秦国怀有强烈的复仇心理，但他也看到了战争给整个社会带来的深重灾难，多次表示自己要尽力去避免新的战争。他本以为在承认反秦斗争中兴起的各种势力的基础上，进行适当的调整和分封，就可以实现天下太平，殊不知这种缺乏战略远见、掺杂个人恩怨的分封并没有维系多久。一些对项羽分封感到不满的人出于个人私利，很快就起兵反楚，重新燃起了一场旷日持久的战争之火。

四面楚歌动垓下

汉元年八月，早已对项羽的分封怀恨在心、伺机报复的刘邦，采取"明修栈道，暗度陈仓"的战略战术，突然率大军出故道，一举打败了雍王章邯，接着挥师东进，迫使塞王司马欣、翟王董翳投降，"三秦"之地很快平定。

此时的关中，几经战乱，早已残破不堪，秦都咸阳已化为一片瓦砾，得胜的刘邦见无法在咸阳立足，只好暂都栎阳。为整顿关中的残破局面，在萧何的协助下，刘邦采取了如下一些措施：

1. 凡率一万人或一郡来降者，封万户。
2. 开放故秦园囿苑池，令民耕种。
3. 赐民爵、赐牛酒。
4. 蜀汉民由于军役负担较重，免除二年租税，关中从军之士兵，免除其家一年负担。
5. 大赦罪人。

6. 每乡推举年龄五十以上在民众中有威望之民一人为"三老"，择乡三老一人为县三老，佐助县令、丞教化民众，并免除其徭役。

7. 废除秦社稷，立汉社稷。

上述事务处理停当后，刘邦又展开外交攻势，声讨项羽。汉二年（公元前205年）十月，项羽密令九江王英布、衡山王吴芮、临江王共敖在郴县（今湖南郴县）秘密杀死义帝，把这个傀儡偶像一脚踢开。刘邦抓住这个机会，隆重为义帝发丧，袒而大哭，哀临三日。然后派使者遍告诸侯："各路诸侯共同拥立义帝，北面事之。而今项羽不仅把义帝流放江南，而且竟残忍地把义帝害死，实在大逆不道！我要率领关中士兵，讨伐乱臣贼子，替天行道，希望各地的诸侯王都能积极响应，配合我的行动。"

入关约法图（引自《帝鉴图说》插图，明·张居正撰）

当檄文发布之后，刘邦率领大军东出函谷关，大举东进。在汉军的强大攻势下，被项羽封在河东的魏王豹、殷王司马卬、河南王申阳相继背楚降汉。

同年四月，刘邦趁项羽主力被牵制在齐地，一时无法脱身之机，亲率诸侯同盟军五十六万余人，一举攻入彭城。可悲的是，刘邦被这轻易取得的胜利冲昏了头脑，在彭城大肆掠夺财宝和美女，天天设宴庆贺，而不知大祸即将临头。

正在东方前线追剿残敌的项羽，听说彭城失守，气得暴跳如雷，当下点精兵三万人，从齐地南下，迂回至萧（属泗水郡），突袭彭城。城中的汉兵连日来饮酒作乐，欺男霸

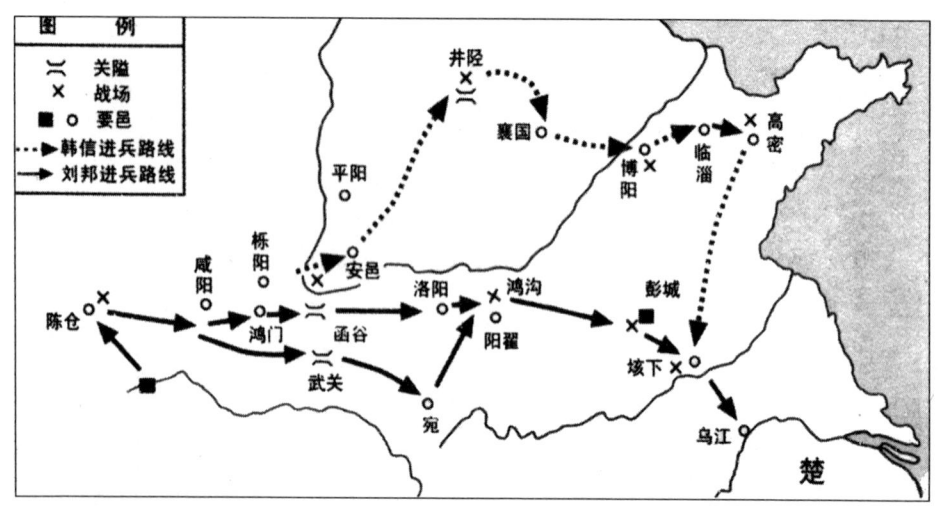

楚汉战争线路图

女，没想到楚军从天而降，一下子就炸了窝，在楚军的凌厉攻击下，汉军死的死，逃的逃。刘邦在残兵败将簇拥下一路南逃，在谷水、泗水处又被楚军追上，仅仅几个战役，就损失了十多万人。余下的汉军已成惊弓之鸟，毫无招架之力，活着的拼命逃跑，没人再顾及刘邦。

项羽率军乘胜追击，不给汉军喘息的机会，又在灵璧（今安徽濉溪西）东睢水旁将汉军包围，从东、西、北三个方向同时猛攻。汉军被杀得死伤无数，活着的互相践踏，挤落水中淹死的就有十余万人，尸体塞满了河床，河水都为之不流。

被困在重围中的刘邦，眼见汉兵一个个倒下，惊恐万状，不知如何是好。就在这危急关头，天空突然刮起了西北风，风势越来越大，拔树毁屋，沙石蔽天，吹得人睁不开眼睛。刘邦趁此机会，好不容易带着数十骑兵顶着狂风逃出重围。

正当刘邦一败再败、山穷水尽之时，另一支反楚势力在彭越的率领下，从东击楚，使得项羽只得掉过头来打彭越。刘邦遂得喘息之机，"稍收其士卒"，又得到萧何从关中发来的后援，汉军"复大振"，与楚军又在荥阳拉开战场。但刘邦复败，幸用部将的掉包计方得逃脱。

刘邦逃出荥阳，再次招降了英布之军，并在逃跑之中收拾残兵败将，不久，又与项羽在成皋相持下来。

此时，项羽的后方很不安定，汉军的韩信、彭越等部扰楚后方，绝楚粮道，不断地给项羽制造麻烦，使得项羽处于三面作战的不利境地；相比之下，刘邦则拥有较为安定的后方，军备充实，同盟及支持的力量较广，逐渐在与项羽的对峙中占有了优势。

项羽欲与刘邦速战速决，但老谋深算的刘邦此时却避而不战。项羽求战不成，于是留下部将，自己率兵往击彭越。刘邦趁机发动著名的成皋之战，"大破楚军，尽得楚国金玉货赂"。不久，刘邦与韩信、彭越等"期会而击楚军"。经过一番战斗，韩信、彭越、刘贾及叛楚归汉的周殷从各个方向进攻项羽。汉五年（公元前202年）十二月，项羽被围困于垓下，于是一场决定楚汉最终命运最重要和关键性的决战开始了。

一天夜晚，被围困多日的项羽走出帐外，见满天繁星，夜风习习，心情稍稍放松了一些。忽然，从四面八方传来了一阵楚歌声，歌词大意是：

我本江东庄稼汉，被虏从军驱阵前。
八年风雨征战急，几番热血染征衫。
几番热血染征衫，爹娘妻儿望我还。
遥望关山路不尽，白云何处是家园？
白云何处是家园，荒冢白骨照月寒。
铁骑踏破昨夜梦，家无归期心茫然。

项羽侧耳听了一遍又一遍，像是问身边的虞姬也像问自己："莫非楚地都被汉军占了，怎么四面都响起了楚歌？"

站在一旁的虞姬，听项羽如此一说，觉得事情不妙。她在夜色中偷偷擦去流到腮边的泪水，安慰项羽说："今日大王虽败，并没有全军覆没，只要鼓舞士气，还是可以反败为胜的，请大王勿忧！"

这时，一个军吏前来禀报："禀大王，将士们听了楚歌，都纷纷散去，连项伯、钟离眛、季布将军也骑马出走了。眼下只剩下亲兵八百骑，还在保卫着大王。"

项羽大吃一惊,吩咐说:"传达我的命令,做好突围的准备。"说完,就挽起虞姬回到帐中。项羽闷坐在那里,痴痴地望着虞姬,然后拿起酒壶,斟了一杯,双手捧给虞姬,又给自己斟满一杯,一饮而尽,慷慨悲歌,赋诗唱道:

力拔山兮气盖世,时不利兮骓不逝!
骓不逝兮可奈何,虞兮虞兮奈若何!

项羽反复唱了几遍,虞姬和着歌声翩翩起舞,项羽唱着唱着,脸上已布满泪水,虞姬舞着舞着已泣不成声,用一种绝望的语调边舞边唱:

汉兵已略地,四面楚歌声。
大王意气尽,贱妾何聊生。

虞姬唱着唱着,最后扑到项羽怀里失声痛哭起来。

这时,虞姬的哥哥虞子期和大将桓楚走进帐内,对项羽说:"大王,天快亮了,赶快突围吧!"

项羽从悲哀中解脱出来,果断地说:"你们快去准备,我随后就到。"待两人走后,项羽深情地对虞姬说:"我死不足惜,无论如何也要带你一起走,要么冲出重围,要么死在一起。"

虞姬抬头深情地望着项羽,心中希望两人一起冲杀出去。但是,垓下已被汉军围得水泄不通,好比铁桶一般,而项羽身边只有八百壮士,她要跟着突围,岂不是个累赘?那样一来,不但自己逃不出去,还可能连累项羽。为了项羽能死里逃生,将来东山再起,她只有一死,才给项羽增添生的希望。就这样,她下定了必死的决心,声音颤抖着说:"妾生是大王的人,死是大王的鬼,在此危难之际,妾不能助大王一臂之力,也绝不能拖累大王,万望大王保重!"

虞姬说完,趁项羽不备,猛然从他的腰间抽出佩剑,向自己的颈下一抹,顿时,鲜红的热血流淌出来,她大叫一声,"大王啊!"就倒在一片血泊之中。

　　拂晓时分，项羽掩埋了虞姬的尸体，骑上乌骓马，悲壮地率领着八百子弟兵，借着朦胧的夜色冲杀出去。等汉军回过神来，已经是黎明了，刘邦派骑将灌婴率军追击。

　　突围之中，项羽一马当先，左劈右砍，汉军死伤遍野，不敢靠前。当项羽来到乌江边上时，早有一叶小舟箭一般划了过来，站在船头的乌江亭长高声喊道："项王，快上船来，我渡你过江！"项羽回头望望追兵，心情非常复杂，想不到自己英雄一世，竟落得今天的下场，一时感到心力交瘁，无心再与刘邦斗下去了。亭长催促道："项王，江东虽小，地方千里，人口数十百万，足以称王，快上船吧！"

　　项羽笑道："天要灭我，为什么还要渡江。想当初，我率八千子弟渡江反秦，而今只我一人生还，我还有什么面目再见江东父老！"

　　亭长急切地说："大王，俗话说，留得青山在，不怕没柴烧，您何必往绝处想，还是随我回江东吧！"

　　项羽悲凄地仰天长笑了一阵，转而对亭长说："不必了，天下连年战斗不休，只因我与刘邦两虎相争，既然天要灭我，我又何必跟他斗下去。我死不足惜，只是这匹乌骓马随我征战多年，所向无敌，有时一日能行千里，杀了实在可惜，就请你把它带走吧。"

　　说完，就令十几骑壮士下马，持剑与汉军短兵相接。项羽这时早把生死置之度外，见身边的亲兵一个个倒下，怒从心头起，一口气又斩杀了数百名汉兵，但他身上也受了十余处创伤，终因寡不敌众，自刎于江边，死时年仅31岁。

　　随着项羽的死去，历时四年的楚汉之争以刘邦的胜利落下了帷幕。

　　汉高祖五年（公元前202年）二月，由楚王韩信、淮南王英布、梁王彭越、韩王信、衡山王吴芮、赵王张敖（张耳之子）、燕王臧荼等诸侯王联名上书，请求刘邦称帝。这一

刘邦称帝像

幕"上皇帝尊号"的喜剧导演虽然就是刘邦本人，但表面上他还要装模作样地推让一番，对文武朝臣说："寡人听说只有贤圣的人才能称帝，而徒有虚名的人是不能取'皇帝'尊号的。现在，诸侯王都推举寡人，可寡人有什么功德处在此位呢？"显得颇为"谦逊"，表示不愿接受"皇帝"的尊号。诸侯王又不免再一次歌功颂德。经过如此这般地一再请求，刘邦才表示接受。

二月初三，刘邦在"氾水之阳"的定陶即皇帝位，举行了简单的登基仪式，正式建立了西汉政权。吕雉被册封为皇后，刘盈为皇太子。

随着刘邦的登基，又一个新的封建统一王朝——汉朝（史称西汉）形成了，荣登大位的刘邦也就成了大汉王朝的开国皇帝——汉高祖。这样，中原经过几年混战，又重新归于统一。

从陈、吴起义到西汉王朝的建立，这短暂的七年之中，一个貌似强大、无敌于天下的秦王朝灭亡了，无数英雄豪杰在你争我夺、中原几易霸主之后，又建立了一个新的统一的王朝。整个中原这种刀光剑影、翻云覆雨的格局，也就不可避免地对岭南地区具有极大影响。那么，在这七年之久的时光里，岭南的统治者以及广大的军民在干些什么呢？

第六章 千年容颜初露

越国之殇

　　神秘坚固的石门挡住了大家行进的道路。无奈中,考古人员再度钻入幽暗的墓穴深处探测隐情。奇妙的破门之术,第二道石门轰然洞开。发现丝缕玉衣,墓主露出千年容颜。一件镇墓之宝出世,千年隐秘即将揭开……

● 第二道石门轰然洞开

当墓内前室和左右耳室的工作行将结束时，考古人员便开始策划后部各室的清理工作。

同前室的情况基本相同，后室的入口处也安装一道大石门。石门紧闭，不留一点缝隙，给人一种神秘莫测之感。众人通过观察发现，这道石门与前室第一道石门的结构相似，即两扇石门的上下门轴都加有铜器件，只是这些铜器件锈蚀严重，且两扇门板被铜锈蚀成一个整体。有几名队员试着推动石门，但任凭他们怎样用力，石门就像山中天然凸现的石头，纹丝不动。这后边到底用何种器物和形式将此门封住，队员们心中无数。按照常规，这道石门理应采取第一道石门的封闭方法，也就是用长条石柱做顶门石，以此让后来者无法进入。然而第二道石门难以用人力推开，而后室的顶部又牢牢封死，并不同于前室多有裂缝，可供人从缝隙中钻进钻出，以此窥视里边的情况，要想进入后室，看来只有在这道石门上做文章。

第二道石门

考古人员设法打开墓门

经过仔细观察，考古队员陈伟汉看出了一点门道，他发现石门下方的一段石制门槛有些松动，若先将这段门槛移开，对整个石门的打开或许有些帮助。这个建议在得到发掘队领导认可后，几名队员开始实施起来。陈伟汉的想法的确有些道理，

第六章 千年容颜初露

由于石门槛并未和其他的建筑物紧密相连或叠压，且又有些松动，故考古人员未费多大力气就将其移出了原来的位置。当这件工作完成后，石门脚下便露出了一条约有10厘米高的缝隙。这条缝隙的显露，无疑为打开整道石门创造了条件。考古人员找来几根木棍，沿着门槛空出来的缝隙伸进去，并用力向上撬动。与此同时，几名队员双手按在石门的中上部用力推动，企图以撬与推相结合的方法将石门打开。但是，不管队员们怎样用力，石门依然纹丝不动。当大家累得气喘吁吁、大汗淋漓，有些灰心丧气时，考古人员黄淼章提出了一个用液压千斤顶放入门下工作，或许可将石门顶松并有可能打开的设想。在没有其他更好办法的情况下，发掘队的麦英豪、黄展岳等人只好决定按黄淼章的想法一试。很快，液压千斤顶从广州一家机械厂借来并按计划施行，令黄淼章以及众人大为扫兴的是，千斤顶的使用仍然未能把铁板一样的石门移动分毫。至此，一个开门入室的事情变得棘手、复杂起来。

麦英豪（左）等考古人员为打开墓门想办法

"大活人不能被一泡尿憋死。来，大家都到工棚里去，一是喝口水休息一会儿，再就是研究一下我们到底该怎样把这扇顽固不动的石门给打开。"面对眼前久推不开的石门，麦英豪一边擦着脸上的汗水，一边大着嗓门对大家吆喝起来。考古人员陆陆续续钻出墓室，来到工地临时搭起的席棚内，一边喝水，一边为打开石门出谋划策。经过一番仁者见仁、智者见智的争论，最后大家感到要进入后室，可行的有如下三种方案：

一、设法打开石门，哪怕是只打开一扇也好，但不能让石门受损。

143

二、如果石门最终无法打开，可考虑采取当初白荣金提出的大揭盖的方法，工作人员从室顶下去。

三、如果以上两种都不可取或无力做到，可尝试从前室正对石门处开挖一段坑道，工作人员从地下坑道进入，先观察一下内部情况，然后再做下一步的打算。

不难看出，以上三种方案，第一种过于虚无，且成功的可能性不大，因为至少在较短的时间内，没有什么更好的办法将石门打开。第二种最容易做到，但它的不足之处在于，如果揭取顶盖石，难免会有碎石、泥土掉入墓室内，在对室内情况不了解的情况下，里边器物的安全难以保证，同时也会破坏墓室的原貌。相对此前的两种方案，第三种当算是上策，这样做既保证了室内文物的安全，又可从此进入后室，将情况了解清楚。经过反复比较推敲，考古队领导决定按第三种方案行动。

正当大家再度振作精神，欲按照既定的计划实施时，却意外地传来第9号台风马上就要在广州登陆的消息。台风一旦登陆，发掘工地临时拉来的照明电源就要中断，工地上的席棚以及墓顶上的防护棚也有被狂风暴雨掀翻浸塌的危险。鉴于此情，发掘队领导决定，暂时停止地下清理工作，所有人员都要把精力用于防护棚的加固以及墓葬外部的保护。于是，众人只得放下惦念着的墓室文物以及打开石门的行动，全力以赴地投入到抵御台风的紧张与忙碌之中。

9月10日下午，台风逐渐减弱，发掘工地中断的电源再度接通，打开第二道石门的方案得以正式实施。

当天傍晚，黄淼章指挥几个民工，先把石门下方西端的一段石门槛移去，又在石门下开挖出一段可容一人钻进钻出的小通道。当这段通道挖好后，为弄清室内的具体情况，麦英豪指派黄淼章、陈伟汉以及国家文物局的李季三位身体瘦削的人，先后进入后室进行侦察。由于通道极其狭窄，进入的人无法以俯卧的姿势行动。第一个钻入的黄淼章只得仰躺在通道中，头向内，脚朝外，两手攀扶着石门底部，双腿的后跟用力蹬地，屏住呼吸，用尽力气，一点点蹭了进去。紧接着，其他两人也按照黄淼章的姿势和做法渐渐进入室内。

当三人像幽灵一样遁入地宫的后室时，眼前一团漆黑，什么也看不见，

第六章 千年容颜初露

里面出奇地寂静，寂静得让人心中发慌、发毛、发怵。这3人相互拉扶着站起身，拧亮携带的手电筒，开始小心翼翼地观察着面前的一切。关于进入墓室的情形以及当时的心情，身临其境的黄淼章曾在当天的日记中有过这样一段叙述：

"手电在黑暗的墓室失去了原来的光亮，变得十分黯淡，似萤火虫光一样，使这冥冥的地宫，在微弱的光柱下更加神秘莫测。通过观察看到，室内跌落了不少垫石，使本来不算太大的墓室显得有些狭窄。我们置身于这灰暗的室内，一种幽禁的感觉涌上心头，四壁角在向我们压了过来。这封闭了两千年的主室，充满了潮湿腐朽的气味，阵阵阴风徐徐飘来，扑在我们的身上，只觉一阵阴冷，不寒而栗。我倒吸了一口冷气，定了定神，才轻步进入室内。只见墓主的棺椁早已腐朽，六个安在外椁的大铜铺首衔环却仍然完好，只是它们都东倒西歪地躺在地下，一个个双眼圆瞪，张牙露齿，在手电光的映照下泛出道道令人心寒的绿光，恶狠狠地盯着两千年后从地下冒出的三个不速之客。在棺椁位置内，我们发现了许多玉器，还有宝剑、箭镞等，室东部还有一座大型屏风的铜构件。我知道，这仅仅是墓室中（所藏器物）极少的一部

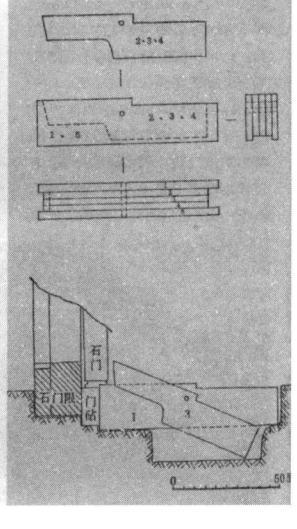

顶门器实物及结构图

分，而更多的奇珍异宝还掩盖在泥土和石块之下，等待着重见天日的那个令人惊心动魄的伟大时刻的到来。"

经过黄淼章等人的观察，终于弄清了室内的大体情形。整个后室分为四部分，每个部分独立成为一个室，正中的一室（后被考古人员称为主棺室）两边墙头上的条石有多块断裂落下，其余各室也有断石跌落。铺盖在室顶的大石板多数中间断裂，但裂缝的错位不大，看上去尚无倒塌跌落的危险。就在主棺室之后的贴墙处立有两条石柱，石柱将最后的部分隔出一个小间，里面塞满了陶器和铜、铁等器物。主棺室的西侧，分别有两个小型的石室，形制和前室两侧的东、西耳室基本相同，里面同样堆放了珍贵的器物……当对整个室内的情形有了大体的了解之后，黄淼章等三人又移步来到两扇石门的背面仔细观察，借着手电的光亮看得出，整道石门保存完好，同第一道石门一样，这第二道石门的门后，同样设置了自动顶门器，其形状和作用与第一道石门的顶门器相同。三人把门后顶门器的前端慢慢按下去，想以此打开石门，但无论怎样拉动，外边的人如何推移，石门仍无半点活动、开启的迹象。后经仔细观察才发现，原来石门的上下轴头布满了绿色铜锈，石门与门楣石以及门下的石砧早已因锈蚀的缘故而结成一个密不可分的整体，若能找到一个方法将锈蚀去掉，此门的开启将不再是一件难事。

黄淼章等人观察完毕，沿着门下的通道陆续钻出，将里边看到的情形向麦英豪、黄展岳等做了详细汇报。麦英豪听说石门由于锈蚀而结成一个整体，且只要将锈蚀除掉便可打开的

后德俊（右二）在湖北省鄂州市古遗址考察时留影

推断后，当即决定让湖北省博物馆前来支援发掘的考古队员后德俊进入后室，做锈蚀清除的试验。

后德俊在湖北省博物馆堪称田野考古发掘的宿将，除对古墓的发掘、清理、研究具有丰富的经验外，对破锁开门也颇为内行。此次象岗古墓的发掘，他受广州市文管会的邀请，专门来此助一臂之力。现在，面对石门久叩不开的难题，麦英豪想到了他。

后德俊受领任务后，很快找来了钢锥、锤、凿等器械，按黄淼章等人钻入通道的姿势进入后室。就在后德俊进入后室之前，他凭着多年积累的破锁开门的考古经验，对锈蚀的清除满怀信心，认为不会有大的困难和阻力，而应该是举手之劳的事情。令他意想不到的是，由于门轴与两边石墙贴得太近，只有极小的一点空隙，任他怎样想方设法变换角度，手中的器械依然无法施展应有的威力，试验只好作罢。无奈又于心不甘的后德俊站在后室的门后一边擦着脸上的汗水，一边想着用怎样的方法才能达到目的。经过一番细致的观察和琢磨，他终于想到了一个用滴灌化学药物除锈的方案。当他钻出通道后，对麦英豪等人说明了刚才试验失败的原因以及新的应对方法。麦英豪、黄展岳以及其他的考古人员听了后德俊的叙说后，认为用化学药液除锈，可能会达到预期的效果，但又不可避免地对石门造成损坏，可谓有得有失。大家经过反复斟酌，决定放弃这个方案，另想办法。

面对如何尽快进入后室发掘清理的当务之急，考古队再次召开全体队员会议，并围绕着是加宽通道进入还是设法打开大门的问题展开讨论。经过论证，多数人认为，如将原有的坑道加深、加宽，以此进入人员清理，首先要考虑整个墓室的基础安全。根据已经了解到的情况，墓室是建在沙质岩上，加上年久日深，墓壁的基础并不牢固，所开掘的通道不易过大、过深，而狭窄的通道不但使工作人员的进出极不方便，更重要的是后部各室都有大块的断石落下，要想清理器物，首先要把这些石块移出室外，过于狭窄的通道是无法搬运石块的。而且已发现的后室中那几件形体颇大的随葬器物，同样难以搬移出来。这诸多的条件限制也就决定了挖掘通道进入的方案不足为取，真正可行的还是要在打开石门上想办法。在没有切实可行的办法出台之前，考古队领导决定，把石门下那条原有的通道扩宽加深，让韩悦、姜言忠等摄影录像人员先后入内把清理前的原貌拍录下来，接着再派杜玉生、冼锦祥两

夏鼐在墓内视察

麦英豪在南越王墓石门前留影

人进入室内测绘位于石门后面的几堆陶璧平面图，然后将一部分陶璧暂时起取，为打开石门腾出一块工作场地。

当上面的事务按照事先的设想和要求处理妥当后，麦英豪向北京方面做了阶段性的电话汇报。9月18日，社科院考古所所长、考古大师夏鼐同副所长王廷芳以及国家文物局副局长沈竹等三人飞往广州，对发掘现场做了视察，同时听取了麦英豪、黄展岳、杨式挺三人的详细汇报以及下一步的工作方案。夏鼐等人对第二道石门做了具体勘察后，对发掘队提出的设法打开石门进入室内清理的方案给予了肯定与支持。考古队决定请在石料的开采利用和破解方面具有实际操作经验的广州市园林局打石工程队人员前来协助，以便尽快开启石门，投入清理工作。

9月19日，广州市园林局打石工程队队长陈日荣接到求援的电话后，率领两名队员很快赶到象岗发掘工地，与考古人员共同商讨打开石门的办法。陈日荣经过现场勘查，发现西边那扇石门的上轴处有一道裂痕，凭着多年的采石经验，他立即感觉到如果巧妙地借用裂缝的缺陷，这扇石门便不难打开。具体操作方法是：在这扇门下的砧石底部慢慢掏挖，随着掏坑的加深，沉重的石门板必然随之下沉，由于石门的上轴处已经断裂，下沉后的石门板就会脱离石轴成为一块孤板，随时可用起重机将其安全吊离现场。

只要这扇石门板吊离，另一扇也就随之打开了。陈日荣提出的设想在经过众人的论证后，认为值得一试。

9月20日，麦英豪开始让人在砥石底部慢慢掏挖，陈日荣不愧是采石方面的行家里手，他的设想果然奇妙。随着掏坑的加深，巨大而沉重的石门板开始下沉，当掏坑加深到一定程度后，西边的那扇石门发出"嘎吱"一声轻微的响动，随后完全脱离门轴而成为一块孤板。众人望着眼前的一切，无不为之振奋，随着一阵欢呼声，大家七手八脚找来麻袋对石门进行捆垫，然后再缚上钢丝绳以便吊离，随着起重机几声沉闷的轰响，石门板被吊离现场。一个让考古人员困惑了十天十夜的难题迎刃而解，第二道石门轰然洞开了。

吊出石门

墓主棺椁今安在

石门打开后，考古人员按照各自的分工陆续进入后室。只见整个后室是由一个较大的厅堂和三个小型的内室组成。厅堂居中，三个小型内室以厅为中心，分左、右、后三面环布，且都有过道和厅堂相通，整个格局如同现代居房中的三室一厅。经测量和勘察，厅堂内长4.84米、宽1.84米、高2.3米。从室内结构和散乱的随葬品观察，这里应是墓主人棺椁存放的地方。考古人员把厅堂定为主棺室，其他三个小型内室定为东侧室、西侧室和后藏室。在主棺室东、西两侧石墙

149

上平铺的石板有三块已断裂掉下，断裂口与墙壁齐平，产生这种现象的原因乃是由于墓穴上方填土的重压所产生的剪力作用所致。考古人员还发现，在主棺室西墙间上有两块石板断落下来，其中最大的一块长达1.66米，掉落在主棺室与西侧室的中间过道上。经推断，这块巨石沿墙头成直线断开后，在落地时又折为两半再开裂成两片，一片压在棺椁的一个铜铺之上，另一片压在棺椁的腹部位置。除此之外，还有几块巨石以及碎裂的小石块散落在主棺室的周围并将一些随葬器物砸坏。

主棺室器物出土现场

当测量、绘图、照相、录像等例行的前期工作完成后，接下来要做的事项就是对室内断石碎块予以清理。由于其

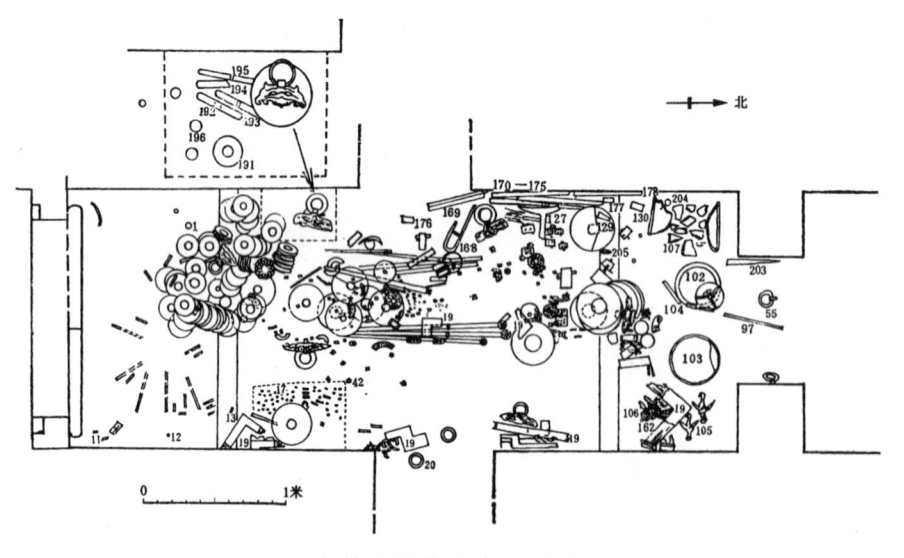

主棺室器物分布平面图

1、196、204.铁铜　8（在门楣上）.陶瓿　11.铅块　12、13、17、42.泡　19（分号1—11）.屏风铜构件　20、55.铜门　39（在99下）、118（在28下）、130、176、177、187（在101下）、188、192—195.铜镦　97、129、170、174、175、179、203、205.铁矛　102.铜承盘高足玉杯　103.漆盆铜扣　104、169、171—173.铁剑　105.铜朱雀顶饰　106.铜蟠龙托座　107.铜盆　127.铁戟　162.铜兽面颈饰　178.铜戈

第六章 千年容颜初露

中几块断石较大，墓室又相对狭小，单靠人力难以将断石直接搬出墓室，考古人员便在主棺室前端铺上两行厚木板，上面再铺放几根圆木棍做移动器械，由几人合力将墙壁上掉下的断石搬入圆木棍之上，慢慢移出室外。所有的石块被移走后，考古人员又利用先前白荣金发明的悬空发掘的办法，沿着墙根清理出几个对应点，叠砌起几个砖座，架上横枋，再铺厚板，搭成一个悬空的工作平台。当这一切做完之后，对主棺室那具有非凡意义的清理工作正式展开了。

夏鼐（中）站在悬空发掘架上观察室内随葬器物

通过较为详细的观察，大家发现，整个主棺室随葬器物的分布是：墓主的棺椁位于主室正中，四周分别摆放着质地不同的随葬器物。贴近东墙的地方置一座漆木大屏风，这座屏风将主室通往东侧室的过道口遮挡起来。不过此时屏风的漆木架早已朽毁，原来各转角处的铜包角构件都掉落在石墙脚下。后经考古人员麦英豪等人复原后得知，这座屏风正面分为正上间与左右间，其中左右两间的宽度与正间相同，正间设两扇屏门可向后随意开启，两侧各有一页翼障，用有转轴的折叠铜构件相连，可做90度启合，形

根据墓内出土屏风残余构件复原品。复原后的屏风高1.8米，正面横宽3米，平分三间，每间各式各1米，左右两间是固定的屏壁，中间是屏门，屏门为两扇，可向后开启。据发掘者麦英豪说，这种由三面构成厅堂式的围屏造型，正中又设有可以启合门扇的结构，极为罕见

151

铜铺首

成一座平面为"冂"形的漆木围屏。从遗存的迹象看,屏风上的铜柱顶饰和支撑、托的构件全部是拆下或砍凿下来以后,又将这些器物堆放于东墙北端转角处的。由此可以推断,当初下葬时,此室的安置顺序是:先将东侧室和西侧室陪葬的棺具及随葬器物安置停当,再把众多的器物放入后藏室,然后放置了这座漆木屏风。由于屏风过于庞大,墓室的空间难以安置,负责葬仪的人在匆忙中开始对屏风削头去脚地予以砍削,直到屏风安置妥当为止。当屏风安置完毕后,最后才将墓主人棺椁抬运进来。

考古人员发现,存放于室内正中位置的棺椁早已腐朽不存,根据所遗留的一部分板灰痕遗迹及原钉嵌在椁板上的六个大铜铺首的出土位置,以及棺椁内随葬器物的排列情形看,可以大体推知棺椁入葬时的状况。

那六个大型铜铺首的排列顺序是前后两头各一个,两侧各两个,位置相互对应。铺首的大小造型及纹样均相同,其状为双目圆睁,粗眉上扬,张开的大口与面颊同宽,口中上齿毕露,缺两个犬齿。上髭及两嘴角髭呈上卷。两耳作卷云形,末端向内卷曲,鼻梁呈三截凸起,额顶中凹,其上加一卷云纹饰。顶端两侧的发式呈绞索形,末端向内卷曲。齐头宽大的鼻子衔一粗壮铜环,环径达14.5厘米,圆环铸出三组带饰。带的末端呈穗状下垂,其上饰浮雕式卷云纹,在每组带饰上还残留有裹扎着的宽幅丝带。整个铺首通体鎏金,眉间和上眼睑用黑漆勾画出线纹,两眼涂黑漆,只是因年深日久,黑漆大多已脱落,只有残留的斑点隐约可辨。在铺首的背面横出一个方柱形插榫,长8.5厘米,插榫的表面留有松木痕迹——由此可知,这六个大铜铺首原是分别钉嵌在髹漆的外椁壁板上,原椁板的厚度应在10厘米以上。

从六个铜铺首的出土位置看，右（西）侧的两个相距1.2米，呈一直线排列，这说明两个铜铺首从椁壁板坠下后，基本上保持在原来的平面位置，没有偏移的迹象，两者与棺内布列整齐的遗物之间留有约20厘米的距离——以此可以推断，这应是棺、椁两侧壁板的厚度。

与右（西）侧的两个铜铺首排列顺序不同的是，左（东）侧的两个铜铺首位置却出现了大幅度倾斜，其中南面的一个与右（西）侧的一个相对，紧贴在棺内左侧五把铁剑的末端，当中没有空余的缝隙，可见这个铜铺首明显不在棺外而是压入了棺内。与此相反的是，位于北面的一个远离棺内遗物0.5米、斜倒在屏风的铜构件脚下。这个反常的现象向考古人员无言地表明了墓穴深处那悄然发生的一幕：当东墙头的石板由于受到外界强大的压力而断裂掉下时，正好碰撞在外椁左边及屏风上，石块强大的撞击力使本已腐朽的壁板立即散裂开来，致使原本镶嵌在椁壁上的铜铺首也随着掉落下来，其中北面的一个倒在屏风脚下，南面的一个斜向棺里扑倒。与此同时，外椁的两头挡板也在巨大的重创下分别向内扑倒，身上镶嵌的铜铺首跟着掉落于椁内的"头箱"和"足箱"盛放的随葬物之中。

尽管此时墓室内棺椁早已腐烂如泥，但尚可见到遗留下来的部分残漆皮，在考古人员采集到的十余片漆皮中，保留最大的一块约有巴掌大小。仔细观察，发现漆皮为黑漆地，分别用绿、黄、朱三色绘制成流云图案。据此可以推知，整个外椁的四周壁应全部由彩绘纹饰装饰而成，遗憾的是随着棺椁的腐烂，彩绘图案的形状已无法知晓了。根据棺椁腐朽后残留在左（东）侧的一条比较清楚的板灰线痕以及两个外椁铜铺首相距0.9米的现象推知，墓主人的外椁长约3.3米，宽约为1米，由于外椁的高度无遗留残痕可做参照物，故无法推知其高度。从棺椁内遗物的分布位置和左侧棺椁板残留的灰痕推断，内棺的两壁与外椁板之间不会留有多少空隙，两者几乎是紧贴在一起。另外从两侧和头足间随葬器物的分布位置测知，墓主的内棺长约2.2米、宽约0.75米，其高度仍无法做出较为准确的推断。

当棺椁的情形大体弄清之后，考古人员开始把注意力集中到室内散乱的随葬品上。通过详细观察，得知室内器物散乱不堪的原因主要来自断石的打击。由于最初椁盖面上和椁内前后两头都放有随葬物，当两边墙壁断裂的大石块掉落后，椁盖板受到撞击，结构开裂，原置于椁面上的器物便被抛离开来。这个现象最为明显的例证是：原来椁面的四角处每角放置一块玉璧，位于南端两角的两块，其中一块被抛落到屏风脚下，所幸考古人员发现时还完好如初，而另一块则被抛压在一个铜铺首的下面，早已碎裂。与此相对应的北端的两块，其中一块被抛于棺内左侧五把随葬铁剑的上方，已碎裂成六片，璧片上还意外粘有屏风中门的朽木，门板上的铜包角构件也掉落到璧旁。这一现象进一步表明，当落下的巨石砸开外椁左壁护板的同时，同样受到撞击的屏风，其中一扇中门板也随之倒在棺椁上。当门板腐朽后，上面的包角构件便随着落入椁内。就在这次巨石的撞击中，另外一块玉璧也被抛出，最后落到外椁前头的右侧处，破裂为三片。

玉器之最

尽管外椁和内棺的左右侧壁是紧贴在一起的，但棺椁的头足两处却留有较大的空间，用以存放随葬品。其中棺的头前留有约0.5米×1米的空间，形成外椁的"头箱"，棺的后

清理后的透雕龙凤纹重环玉佩，直径10.6厘米

出土的陶璧，原叠置四堆，已倾倒，中间是造型别致的银盒，内存药丸半盒

第六章 千年容颜初露

部约有0.4米×1米的空间,形成外椁的"足箱"。在"头箱"内分左右平置两个大漆奁,位于右边的漆奁盛满珍珠,珍珠上面叠了七块大玉璧。由于漆奁朽烂,里面的珍珠散落满地,使原本压在上面的大玉璧也向棺内发生了倾斜倒塌,左边的漆奁同样朽烂不存,只有里边盛装的有钻凿痕迹的龟板尚可分辨。

除两个漆奁外,考古人员还在"头箱"和"足箱"里,分别发现了一批精美的玉器和陶璧,其中有青玉角杯、镶玉盖杯、青白玉盖盒以及青白玉带钩、嵌宝石的银带钩、铜带钩等珍品。值得庆幸的是,这批精美绝伦的珍贵器物,虽然经历了坠石的撞击和棺椁倒塌崩裂的灾难,但都完好如初,静静地伏卧在墓穴深处两千余年,一直等到重返人间这一时刻的到来。

玉器是以各种玉石原料,经过采矿、选料、画样、锯料、做坯、打钻、做细、抛光、刻款等工序制成的玉石制品。在世界范围内,玉石的产地遍布欧洲、亚洲、美洲及新西兰等地区。据史料记载,在欧洲部分地区和中国广阔的土地上。早在原始社会,人们即开始以玉石制作简单的工具,当时人们常把质地比一般石材更细腻坚硬、色彩绚丽斑斓的彩石视为宝物,并赋予这些充满神秘感的"美石"以信仰的崇拜功能。由于生产技术水平低,要加工这些"美石"特别不易,所以琢制成型的"美石"就越发显得珍贵,这是人类对玉的最初认识。

在古代,中国是盛产玉的大国,因此被称为"玉的国家"。在新石器时代,人们普遍使用磨制工具,生产技能较之旧石器时代有了重大飞跃。从考古发掘资料来看,中国最早的玉器出现于距今七千年的新石器时代。在河姆渡文化、大汶口文化、良渚文化、红山文化、龙山文化遗址中,均出土有精美玉器。从玉器形制之奇巧、工艺之精美、选料之准确来分析,当时的玉器制作和使用已比较发达。到了殷商晚期,即公元前13—前11世纪,中国的玉器制作已达到了成熟时期,从1976年安阳殷墟妇好墓出土的755件玉器来看,其中有多件是精美的艺术品。

周代是中国古代礼制最兴盛的时期,所谓"礼制",就是从王侯到平民在社会活动和日常生活中所遵循的行为规范准则。人们平时的衣、食、住、行,乃至婚嫁丧葬,都有严格的礼制约束,礼仪在当时被认为具有"通神明,立人伦,正情性,节万事"的功能。当这种礼制反映在用玉制度上的时候，便出现了一系列礼玉。这些礼玉形制不同，用途各异，名称繁多，其中最主要的是璧、圭、琮、璋、琥和璜，合称为"六瑞"。这六种玉器组成了中国古典玉器的核心，在传世的汉碑上尚可见到这六种"瑞玉"的图形。

玉璧是"六瑞"中出现最早、使用时间最长的一种礼玉。这种器物的特点是圆形扁平，中间有一圆孔。新石器时代江浙地区的良渚文化墓葬中，就出土了大量玉璧，这些玉璧都没有纹饰，尺寸大小及随葬数量也没有统一的格式。玉璧往往被成批地放置在墓主身旁，有的学者认为它们可能与财富观念和祭祀有关，其形状大概源于纺轮或圆环形石斧，也有人认为玉璧的出现与祭天有关，反映了古代天圆地方的宇宙观。

值得注意的是，从战国晚期开始，玉璧被用于为死者殓葬，铺垫在死者的胸前和身后，作为葬礼用器之一。丧葬用璧主要是一种兽面纹璧、狰狞的兽首，大概有驱鬼避邪之意。

两汉时期，迷信谶纬与厚葬之风盛行，玉璧更成为人们日常礼仪中不可缺少的信物。汉代以后，玉璧的使用逐渐减少，除各代皇室仍用于祭祀外，民间已罕见其物。

综观玉璧的发展史，曾经历了一个产生、发展、鼎盛、衰落的时期，而在每一个历史发展阶段，几乎都有不同的故事流传下来。当然，流传最广的便是那件价值连城的被誉为"天下所共传之宝"的和氏璧的故事。这个故事产生于玉璧鼎盛时代的春秋时期，说的是有一个名叫卞和的楚国人，在楚山中偶然找到了一块上等的玉璞，为了表示忠君之心，他便把这块玉璞献给了楚厉王。玉璞是天然玉料，如果不经锯割，外表看上去同普通石块没什么区别。楚厉王找来玉工鉴别，不知这玉工是出于嫉妒之心还是无知，竟认为卞和所献的是一钱不值的石头而非玉璞。厉王闻听大怒，认为卞和以这种恶作剧的方式有意欺君，便下令砍去他的左足，同时逐出国都以示惩罚。厉王死后，楚武王继位，那个卞和仍痴心不改，又将玉璞献上，玉工仍鉴定为石头，武王盛怒之下，又以欺君之罪砍去了他的右足。又过了几十年，武王之子文王继位。这时卞和又想献宝，无奈已是风烛残年，双足被砍去，行动不便，于是怀抱玉璞在楚山之下痛哭了三天三夜仍不停止，直至流尽眼泪而溢血。文王听说后，很感好奇，便派人问卞和："天下被削足的人很多，为什么你却哭得如此悲伤呢？"卞和答道："我并不是因削足而悲伤，而是因为

第六章 千年容颜初露

明明是宝玉却被误认为石头,忠贞之士被当作欺君之臣,是非颠倒,黑白不辨啊!"文王听了这段话,就命令玉工剖开玉璞以辨真伪。当玉璞剖开后,果然得到一块无瑕的美玉。为嘉奖卞和的忠诚,文王特将此玉命名为"和氏之璧"。

当然,以上所说的"璧",与六瑞玉之一的璧概念不同,而是美玉的通称。楚文王获此美玉后舍不得雕琢成器,而是将它奉为玉宝珍藏起来。

到了公元前333年,楚国吞灭越国,楚威王因相国昭阳灭越有功,准备将和氏璧赐予昭阳。但就在这个时候,和氏璧竟失窃了。国宝的不翼而飞震动了朝野,当时魏国人张仪正在楚国游说,曾与昭阳共饮,于是张仪成了怀疑对象。张仪在"掠笞数百"的严刑下仍不承认是自己窃走了玉璧,楚人无奈,只好将他释放。张仪受辱后离开楚国,辗转至秦国,后来成为秦相,为秦国的强大立下汗马功劳,这自然是后话。

当和氏璧销声匿迹几十年后,突然在赵国冒了出来,至于是怎样流落到赵国的,已成为历史悬案。后人所知道的是,赵惠文王时,宦官令缪贤从一外地商人手中购得这块璧,经玉工鉴定后,方知这正是失踪多年的和氏璧。赵王得此消息,惊喜万分,遂利用手中的特权,将这件稀世之宝强行夺去。

秦昭王听说和氏璧在赵国出现,便动了据为己有的邪念。在一番预谋后,他派人送信给赵王,希望以15座城池来换取和氏璧。赵王明知秦国想巧取豪夺此璧,但慑于秦国的强大势力,只好派蔺相如奉璧出使秦国去易城。

蔺相如奉命到了秦国,将璧献给秦王,秦王大喜,将璧传给左右妃嫔大臣观看,众人皆呼万岁。蔺相如见秦王无意割城给赵国,气愤之中心生一计,就走上前说:"璧上有点瑕疵,让我指给您看。"秦王不知是计,便将璧递给蔺相如,只见蔺相如持璧倚柱而立,怒道:"您想得此璧,派人送信给赵王。赵王召集群臣商议时,大家都说'秦国贪婪,倚仗自己的强盛以空话来求璧,易城之事不可信。'我认为百姓之间的交往都不相欺,何况大国呢!况且因为一璧而得罪秦国,实在不值。于是赵王在斋戒五日后,派我将璧给您送来。可您在见我时无礼傲慢,将璧传给众人看,这是对我的蔑视和戏弄。我看您无意以城易璧,就取回此璧。您若再逼我献璧,我现在就和璧一起碰碎在这柱子上!"蔺相如说罢,举璧视柱,做欲碰状。秦王唯恐玉璧被碰坏,急忙道歉,并召人拿来地图,指出给赵国的15座城。蔺相如知道这

157

是秦王的缓兵之计，就对他说："赵王在送璧时曾斋戒五日，现在您也应斋戒五日，并设九宾之礼相迎，这样我才献璧。"秦王见无法强夺，只好答应下来。

蔺相如回到宾舍，心想秦王虽答应斋戒，但肯定负约不将城池割给赵国，于是命随从使者换上百姓衣着，怀揣玉璧，连夜从秦国逃回赵国。

五日后，秦王在宫廷内设九宾之礼，命人请蔺相如。蔺相如入宫后对秦王说："秦国自缪公以来二十余位君主，没有一位是恪守信约的。我担心被您欺骗而辜负赵国重托，已派人将璧送还赵国。秦强而赵弱。秦先割让15座城给赵国，赵国怎敢留璧而得罪您呢？我知道欺君之罪当杀，我愿在此下汤锅，您看着办吧。"这一番话，说得秦王与众臣面面相觑，无言以对。朝中群臣感到受了戏弄，便建议将蔺相如囚禁起来。秦王一想，就是杀了蔺相如，也得不到玉璧，况且还使两国关系恶化，不如厚待蔺相如，让他回去，赵王怎敢因一璧而欺秦国呢？于是秦王在宫廷内以隆重的礼节款待蔺相如，并将他送回赵国。蔺相如回到赵国后，因出使秦国不辱使命而被封上大夫。以后的结果是，秦国并没有割让15座城给赵国，而赵国最终也没把璧给秦国。这便是历史上著名的"完璧归赵"的故事。

到了公元前228年，秦国大军攻占赵国都城邯郸，赵幽王投降，并献出了和氏之璧。秦王嬴政终于实现了他曾祖父的愿望，和氏璧最终落入秦国宝库之中。从此以后，和氏璧便从历史记载中消失了。围绕和氏璧的下落，长期以来流传着这样一个说法：秦始皇统一中国后，将和氏璧制成了传国玉玺代代相传。但关于传国玺的来龙去脉，历史文献记述得较详细，明确说明它是用蓝田玉制成的，因此用和氏璧制成传国玺的说法受到了挑战。

那么，和氏璧流落何处？有人做出了两种推测。一种推测认为它成为随葬品而埋葬在秦始皇陵墓内。秦始皇统一天下，功盖今古，其墓中藏满"宫观百官奇器珍怪"，和氏璧或许正是这无数奇器珍怪之一。再一种推测认为它可能在秦末战争中遗失或为项羽所掠。项羽率兵入咸阳，烧秦宫室，掘始皇陵，掠宝物、宫女而去，和氏璧可能就在其中。但随后而来的楚汉战争，又使这批财物下落不明。它或许藏在项羽的都城彭城（今江苏徐州），或许遗落在项羽败死的垓下（今安徽灵璧）。但究竟遗落何处，则是一个难解的历史之谜。

第六章　千年容颜初露

如前所述，当历史发展到西汉时期，由于迷信谶纬与厚葬之风盛行，玉器成为人们特别是达官贵族日常礼仪中不可缺少的信物。从象岗古墓出土的一系列玉器来看，无论是数量还是质量都是极为罕见的。这大批优质玉器的出土，在进一步证实了那段历史风情的同时，也使这座古墓在中国考古史中的位置变得非同凡响和举足轻重。考古人员后来统计象岗古墓出土的玉璧主要有：

1. 大玉璧。出于主棺室头箱内，出土时盛于一漆奁中，是本墓所出玉璧中最大的一件，直径33.4厘米。此璧为青玉质，璧面纹饰可分三区，外区饰双身龙纹七组，中区为排列整齐有序的涡纹，内区饰三组双身龙纹。纹饰疏密得当，琢刻精致，显得古朴庄重，颇有帝王之气。此璧是已知考古发掘出土玉璧中形体最大、琢饰龙纹最多的一块，可称为"璧中之王"。

2. 透雕重圈三龙衔环璧。出于主棺室棺内，其位置于墓主尸体阴部，直径9.6厘米。青白玉，玉质坚致，土浸部分呈黄白色或白色斑纹。外圈饰涡纹，内圈饰三龙，龙首伸入到外圈，成为内外两圈的边接点。此璧整体构思设计巧妙，琢刻亦精。

3. 透雕龙纹玉璧。出于主棺室墓主玉衣头罩上，直径8.8厘米，青玉，湖绿色，玉质极佳，莹润透亮。璧的中心圆孔内双面透雕一游龙，两面饰浅浮雕涡纹。龙昂首挺胸，曲身卷尾，四爪着地有力，好像正要努力挣脱圆孔的束缚一样，造型生动传神。

4. 透雕龙凤涡纹玉璧。出于主棺室墓主身上，是组玉佩中的一件，直径7.2厘米，青玉质，略软，土浸呈灰黄色。双面饰浅浮雕涡纹，中心圆孔内蜗居一姿态矫健、栩栩如生的透雕游龙，两侧各连一透雕凤鸟，凤鸟回首曳尾攀附璧上。龙、凤造型圆润丰满，琢刻线条准确流畅，富于动感。

5. 兽首衔璧。出于主棺室，青玉质，通体侵蚀呈鸡骨

墓主组玉佩。全组由32件不同质地的饰件组成，以玉饰为主，计有双凤涡纹玉璧、龙凤涡纹玉璧、犀形玉璜、双龙蒲纹玉璜各式各1件，玉人4件，壶形玉饰、兽头形玉饰各式各1件，玉珠5粒，玉套环1件，玻璃珠4粒，煤精珠2粒，金珠10颗

159

玉璧，璧面纹饰三区，内外缘的两区刻龙（或凤），中区为蒲格涡纹或谷纹

白色。通长16.7厘米、宽13.8厘米，整块玉材雕出。兽首近方形，双目圆睁，狰狞可怖，左侧连一透雕螭虎，呈不对称布局。兽鼻琢刻成长方形环，与璧上端相应琢出的方孔相套接，还可前后摆动。璧面饰浅浮雕涡纹，全器采用透雕、浅浮雕和线雕三种技法琢刻而成，刻工精湛。上半部分兽首螭虎呈不对称布局，具有南越国本土玉器的特色。此件玉器系当玉佩使用。

6. 双连玉璧。出于主棺室墓主玉衣双鞋的下方，原来可能用丝带捆绑于鞋底。宽12.3厘米、高7.4厘米。由两个涡纹玉璧外切相连，顶端饰一组透雕卷云纹，下端饰一对凤鸟纹。卷云纹和凤鸟纹左右对称，体态丰满，很富装饰效果，又起到了连接加固双璧的作用。整器既工整，又有变化。璧在古代是祭天的礼器，墓主双脚踏着双连璧，可能有乘驾双凤升天之意。

除了玉璧和小件日常用玉器外，象岗古墓还出土了玉盒、玉盖杯、玉卮、高足杯和角杯等较大件玉器皿，这些器物的发现在汉代墓葬考古中是罕见的。这几件玉器皿，有的是纯玉制品，有的是与青铜工艺相结合的复合制品，工艺精湛，造型美观，堪称汉玉中价值连城的孤绝品。

鉴于这些器皿在中国古玉史和汉代考古史上的非凡地位，这里就做简单介绍。

玉盒。盒身像一个圆碗，圈足，盒内平滑，外壁也饰有勾连涡纹、花蒂纹等。通高7.7厘米，口径9.8厘米

1. 玉角杯。出于主棺室头箱中，出土时外裹丝绢。以整玉琢成，青玉质，半透明，局部有红褐色斑。外形像一只号角，长18.4厘米。口部椭圆，口径5.8—6.7厘米，往下渐收，近底处呈卷

索状，做弧形优美流畅地回卷，尾端形似浪花飞扬，主纹饰自口沿浅浮雕处有一立姿夔龙，向下展开绕杯身回环卷缠，渐高起做高浮雕状，及底部成为圆雕。在主纹饰中间，用单线的勾连云雷纹填补空白。此角杯构思奇妙，制作尤精，装饰纹样采用阴线刻、浅浮雕、高浮雕和圆雕等技法，主纹突出，次纹补白，是件独一无二的玉器珍品，为汉玉中的稀世之宝。据推测，此杯应是南越王自用的饮酒器具。

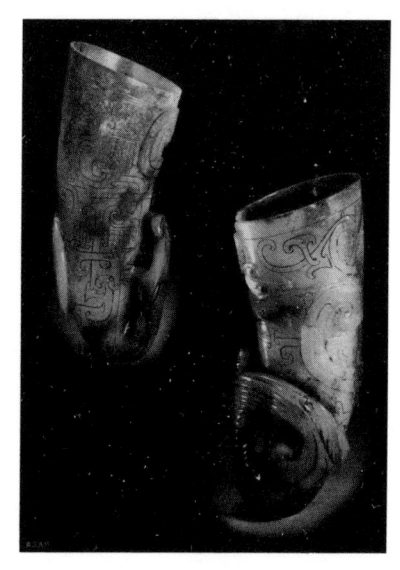

墓内出土的角形玉杯

2. 铜框玉盖杯。出于主棺室头箱中，出土时外裹多层丝绢，高16厘米。杯分杯身和杯盖两部分，杯体呈八棱筒形，上大下小，底部为喇叭形座。杯身先以青铜铸出棚栏形框架，鎏金，框内有浅槽，分上下两截，上截杯身周围共用八块长条形薄青玉片嵌入铜框内，下截杯底周围嵌入五块心形青玉片。杯盖圆形隆起，先铸出青铜外沿，鎏金，再于盖顶处镶嵌一块圆形青玉，雕琢成螺纹形，此器是铸铜、鎏金、治玉与镶嵌工艺完美结合的产物，代表了当时高超的工艺水平，在考古发掘中系首次发现。

3. 铜框玉卮。出于西侧室，出土时外裹多层丝绢，高14厘米。由卮身和盖组成。整体呈九棱圆筒形，再用九块长条形玉片镶嵌。卮平底，在圆形铜框内嵌入一块圆玉片。卮身上部嵌入圆环形玉鋬，卮盖圆框内嵌入一块圆玉片。卮身玉片质坚色青，浮雕勾连谷纹。卮身铜框饰兽形与几何形纹。此器的制作与铜框玉盖杯相比，还多了一层髹漆工艺，工艺更

承盘高足玉杯

161

为复杂。

4. 承盘高足玉杯。出主棺室，出土时以丝绢裹缠，通高17厘米。由高足青玉杯、托架和铜承盘三部分组成。

高足杯由杯身与座足组成。杯身圆筒形，上大下小，圜底，上下饰叶瓣纹，中间饰勾连谷纹。座足呈灯把形，饰以叶瓣纹，杯身与座足系用两块青玉分别雕琢而成，然后在杯身底部与座足上部连接处钻孔，以小竹条贯穿连接。玉杯高11.75厘米。

托架由三龙共衔一块中心镂有圆孔的花瓣形玉片组成。玉片中心的圆孔径与玉杯下部吻合，玉片外沿透雕成三大三小共六个花瓣。花面饰勾连云雷纹。三龙皆金首银身，张口各衔一瓣小花，共同托承玉杯。龙体的末端固定在托架底部的扁圆形铜圈上，铜圈又平置在铜承盘沿上。

铜承盘宽平沿，浅腹，平底，下附三个铺首形足。盘腹外壁贴饰三个用银铸制的小铺首，高6.6厘米。

这件承盘高足玉杯有着极复杂的套接关系，铺首形足与盘底、小银铺首与承盘壁，三龙尾与托架圆圈形底，三龙首与花瓣形玉片，花瓣形玉片与玉杯，玉杯身与座足等，或焊接、或铆接、或榫卯套接，可谓花样迭出，奇妙无穷。可以想象，完成这样一件器物，需要花费多少心血，更需要准确到位的制作以及精心的套接，没有青铜、金银、琢玉等工艺方面的能工巧匠通力合作，是不可能完成构思如此奇妙的旷世之作的。

5. 带钩。共四件，皆精美华丽，出自主棺室头箱中，出土时均外裹丝绢。

龙头形玉带钩，两件成对，形制全同，长15.1厘米。青玉质，青黄色，半透明，玉质细腻温润，钩体呈细长条形，满饰勾连雷纹，如同鳞片一样，首尾均做龙头形，纽做矮圆柱形，雕工十分精湛。

圆雕龙虎玉带钩，青玉质，局部有深褐色斑，长19.5厘米。通体圆雕，龙虎并体形，共分八节。钩首龙头和钩尾虎头两节做出圆卯，中间六节有圆孔贯通，中心用铁条将八节串联而成。主纹是虎形，虎头宽扁，鼓目露齿，四爪着地，好像与龙一起奔驰在风云交际之间。这件玉带钩无论在造型上，还是在工艺方面，都属上乘之作。

龙虎拥环带钩，青玉质，半透明，晶莹光洁，局部有褐色斑，长18.9厘米。全器由一块整玉雕成。雕钩首呈虎头形，末端做龙首形，虎龙双体并列，弯曲呈S形。钩中上部透雕一环，龙张口啮环，虎伸爪攫环，形象栩栩如生。钩体表面及圆环均饰勾连雷纹。纽扁圆形，纽柱为圆柱体。此带钩构思新奇，雕琢精细，不失为玉带钩中的一件精品。

由于象岗古墓出土了这一大批精美绝伦的玉器，为中国乃至世界玉器发展史增添了光辉的一页。

当然，这些玉器不是象岗古墓埋藏玉制品的全部，让考古人员备感震惊的发现还在后面。

发现丝缕玉衣

当考古队员李季在棺椁的南端清理几堆散乱的陶壁时，偶然发现了一块四角钻有小孔的薄玉片。这块薄玉片的出现，并未引起李季格外的关注，他当时只是简单地认为，这只不过是一块断石砸散的器物碎片而已。但当他详细观察后，猛然感到这一发现非同小可。这个薄玉片的出现，是否意味着这是墓主用玉衣做殓服的一个重要信号？他不敢肯定，也不愿否定。因为在此之前，与南越国相邻的长沙国，从已发掘的长沙王、王后墓（长沙象鼻嘴1号汉墓和陡壁山汉墓）及軑侯利苍家族墓（长沙马王堆汉墓）来看，墓主都没有穿着玉衣殓服。根据这几座大墓的发掘情况看，有的学者认为，南方汉代墓葬的墓主用玉衣殓服的可能性极小。就在象岗古墓发掘之初，考古人员也曾考虑过墓内是否有玉衣殓服的问题，但鉴于长沙几座汉墓的发掘现实，考古人员在渴望有玉衣出现的同时，也不敢抱太大的希望。

当李季首次发现了这一非同寻常的玉片后，考古人员心中久存的希望之火骤然点燃，也就是说，这座墓室存有玉衣殓服的可能性极大。在高度的兴奋与渴望中，麦英豪指示李季沿一条直线迅速向棺椁位置清理，以此验证心中的期盼是否能成为现实。李季遵照指令，一边清理其他器物一边按直线向前推进，当接近棺椁并将棺椁的朽灰泥土用小毛刷一点点细细清掉后，一堆期待已久的白色带孔的小玉片凸现出来。

夏鼐在墓坑内观察随葬的玉衣残片

"玉衣，真是玉衣！"未等李季说话，众人便急切地叫喊起来。眼前的事实无疑向考古人员证实了墓主确是身穿玉衣躺在这冥宫之中的。大家知道，既然以玉衣殓葬，墓主人尊贵的身份已不言自明，除了南越王，谁会有这样的气派？

主棺室发现玉衣的消息很快报告给仍在广州的考古大师夏鼐，夏鼐闻听惊喜异常，立即驱车赶到发掘现场。他在仔细观察了室内显露的各种迹象后指出："棺椁已朽，应注意从板灰及附件的位置获知其原尺寸的大小，要勤记录、多绘图与拍照，尽可能把各种迹象详记下来，以便为以后的研究提供真实而科学的依据。"与此同时，夏鼐还建议当玉衣清出轮廓后，最好整件取出，以便在室内修整复原。

根据夏鼐大师的指示，考古人员在清理完棺椁周边的漆木屏风等器物后，集中白荣金、杜玉生、冼锦祥、李季等最精干的力量，进行棺椁部位的清理。随着清理工作的不断深入，玉衣的轮廓也渐渐凸现出来。只见玉衣紧贴棺底，几块大玉璧覆盖在玉衣的胸腹间，另外还有组玉佩、金银饰物等覆压其上。玉衣的两侧依次排列着几把长剑，头下置珍珠枕。可能因为断石和棺椁朽腐散架后挤压的缘故，玉衣保存状况极为糟糕，整体已被坍压成扁片，平均厚度只有3—4厘米，且多数玉衣片已散乱不堪，除两袖、裤筒、手套等部位的轮廓尚隐约可辨外，面罩和双鞋则零乱得难以分出原有的顺序和层次……尽管如此，考古人员依然情绪亢奋，喜不自禁，因为这毕竟是岭南地区乃至整个中国南部地区首次发现的一件汉代玉衣殓服。1968年，考古学家在河北满城刘胜夫妇的墓中出土了两件金缕玉衣，曾轰动世界。而今天，象岗古墓发现的玉衣也必将令世人再度为之瞩目。

玉衣是汉代皇帝、诸侯王和高级贵族死后的殓服，史书中称"玉匣"或"玉柙"，但它的形状究竟是什么模样，自汉代以后就无人知晓了，这个谜团曾困惑了人类一千多年。1968年，考古工作者在河北满城县的一座小山丘中，发现了西汉中山靖王刘胜和他的妻子窦绾的墓葬。在刘胜和窦绾的尸体位置上，分散着许多小玉片，经过考古人员白荣金等人的精心清理、修整和研究，终于复原出两套完整的玉衣。刘胜和窦绾玉衣的出现，使现代人类第一次看到了历史记载中的玉衣的真面目，从而解开了这个千古之谜。

满城汉墓出土的两套玉衣，外观和人体的形状一样，分为头部、上衣、裤筒、手套和鞋五大部分，各部分都由许多长方形、三角形、梯形、圆形等玉片组成，玉片上有小的钻孔，玉片之间用纤细的金丝加以编缀，考古界将它称为"金缕玉衣"。在这两套玉衣中，刘胜穿的玉衣形体肥大，头部的脸盖上刻画出眼、鼻和嘴的形状，腹部和臀部突鼓，裤筒制成腿部的样子，颇似人体。而窦绾的玉衣比较短小，没有做出腹部和臀部的形状，这可能是由于表现女性人体凸凹与当时的传统观念相违背的缘故。刘胜玉衣全长1.88米，由2498片玉片组成，用于编缀的金丝约重1100克。

玉衣作为汉代高级贵族特有的殓服，有其发生、发展和消失的过程。从考古资料考察分析，早在东周时期就有在死者脸部覆以缀玉面罩、身上殓以缀玉衣服的习俗，这种"缀玉面罩"和"缀玉衣服"的现象应当算是"玉衣"的雏形。自田野考古学在中国兴

满城汉墓发掘情形

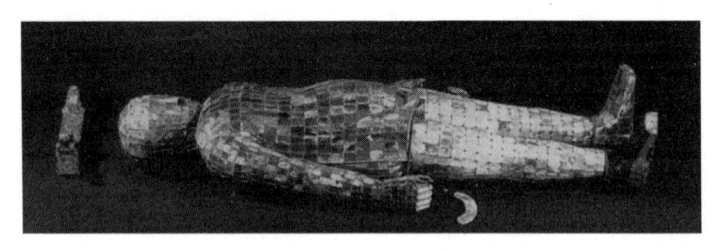

白荣金修复的满城汉墓出土金缕玉衣

起后，从1954年到1955年，考古工作者在洛阳中州路（西工段）发掘的春秋晚期和战国时期的墓葬中，在有些死者的脸部发现了许多带孔的玉石片，有的玉石片做成眉、眼、鼻、口的形状，并按五官的位置排列，以象征人的脸部。根据《仪礼·士丧礼》记载，古时覆盖死者的脸部用"布巾""冥目"，裹首用"掩"。而此次考古工作者于东周墓中死者脸部发现的玉石片，原来可能是缝缀在"布巾""冥目"一类覆面织物之上的。至于玉衣的头罩，则应是从裹首的"掩"演变而来的。

战国时代死者脸上的缀玉覆面和身上的缀玉殓服，虽然和汉代的玉衣有一定的渊源关系，但还不是真正的玉衣。类似满城汉墓出土的、形制完备的玉衣，最早出现于何时，史无明文记载。在考古发掘中，曾多次出土汉代的玉衣，但保存完整的只占少数，多数仅残存或多或少的玉片。从考古资料看，已出土的玉衣为数在22套以上，其中属于西汉的共11套，属于东汉者至少有11或12套。在西汉玉衣中，有准确年代早于满城汉墓的，有咸阳杨家湾汉墓和临沂刘疵墓。杨家湾汉墓的年代为文景时期，刘疵墓属于西汉前期，但这两座墓都缺乏明确的断代根据，只能确定其上限应为文帝时期，下限可能达到武帝初年。至于文帝以前的玉衣则没有发现过。

就文献记载而言，《史记》所述讫于汉武帝天汉四年，而未见关于玉衣的记载。成书于武帝时期的《淮南子》一书，在论述厚葬时仍然只承袭《吕氏春秋》中所谓"含珠鳞施"的说法,也未见"玉衣"一词。由此推测,葬以玉衣的习俗,在汉武帝时期可能才流行不久,或尚未形成一种制度,因而知道的人不多,《史记》也未载其事。

从汉代社会经济发展情况考察,玉衣的出现不大可能在西汉初年。高祖时,由于经济贫困,"自天子不能具醇驷,而将相或乘牛车"。惠帝、吕后年间,虽然"衣食滋殖",但经济尚未恢复。文帝时期,虽然经济有所发展,而"公私之积犹可哀痛"。《史记·孝文本纪》载,文帝本人也规定,"治霸陵皆以瓦器,不得以金银铜锡为饰"。所记是否完全符合实际,当然值得怀疑,但这在一定程度上反映了当时经济尚不富裕的事实。经过"文景之治",到了武帝初年,汉王朝通过七十年左右的休养生息,社会经济有了很大的发展,致使"京师之钱累巨万,贯朽而不可校。太仓之粟陈陈相因,充溢露积于外,至腐败不可食"的状况。随着经济的迅速发展,统治阶级的生活日益骄奢淫逸,生前穷奢极欲,死后则实行厚葬。正是在这样一种历史大环境下,封建贵族以玉衣作为殓服的风气开始出现了,到武帝时期已发展到顶峰。也正是自武帝以后,玉衣开始由中央朝廷手工业作坊统一制作,皇帝把它作为礼物赏赐给各地的诸侯王及朝中受宠幸的大臣。当时中央设置了一个专门制作丧葬品的机构,称为东园匠,玉衣就是在它的监督下制作的。玉衣的制作是一个非常复杂的过程,所用的玉料要

古代琢玉与制玉器的程序和方法(引自《天工开物》,明·宋应星著)

经过开料、锯片、磨光及钻孔等，每一片玉的大小形状都必须经过精心设计和细致加工，这需要有高超的工艺技术水平。整个玉衣制作过程所花费的人力和物力相当惊人，据推算，汉代制作一件玉衣，约需一名玉工费十余年的功夫。

从河北定州北庄东汉中山简王刘焉墓出土的部分玉衣片看，背面墨书"中山"两字，说明朝廷作坊的工匠们为各地诸侯王、列侯制成玉衣后，为便于区别，就将诸侯国的国名书写在玉衣片上。而那块书写"中山"两字的玉衣片，表示此件玉衣主人是中山国君。再有定州40号汉墓墓主是西汉中山孝王刘兴，或许是他身材较矮小的缘故，金缕玉衣过于肥大，因此在穿用时不得不把裤筒下部过长的部分拆下，垫盖在他的腹部下方。由此可见，汉中央朝廷玉器作坊制造的玉衣是按统一规格制作的。在制作过程中，有着严格的朝廷等级界限，从编缀用金、银、铜、丝、玉、石原料的使用等几方面可明显地体现出来。

明代宋应星《天工开物》记载古代盛产玉石的于阗国河流方位及采玉石者的相貌特征

关于玉衣采用的材料，从文献记载看，有着严格的规定，一律为玉料，不曾有使用汉白玉石料的记载。但实际发现的事实则不同，是既有玉料，也有石料，石料应以劣玉看待，是等级不同的表现。西汉时期，王、王后、列侯都用玉料；而在东汉，只有王用玉料，王后、列侯（如浮阳侯刘氏）及夫人等用汉白玉石衣，一律铜缕。

玉衣在使用上，除了按照诸侯王、列侯以及功臣贵戚等不同等级颁赐给或金缕、银缕、铜缕玉衣、石衣之外，绝不允许私自制造，违者治罪。《后汉书·朱穆传》载："宦官赵忠丧父，归葬安平，潜为玙璠，玉匣，偶人。穆闻之，下郡案验，使畏其严明，遂发墓剖棺，陈尸出之，而收其家属。"这个故事说明当时限制是很严格的。《前汉书·王子侯表》载，西汉诸侯王、列侯等总数约四百人，如果把东汉时期诸侯王、列侯等计在一起，人数要达千人以上。这样一支庞大的贵族队伍，其玉衣的制作，仅靠东园匠是难以胜任的。有些玉衣，特别是后人所看到的那些出土的汉白玉石衣，不一定都是朝廷所制作和颁赐，或许是由各郡国所建的由中央朝廷特许的作坊所制造。这或许正是文献中没有石料玉衣记载的缘故，或者也正是考古工作者近年在河北定县的许多大墓中曾发现大量做工粗劣的铜缕汉白玉石衣的真正原因。

　　玉衣葬服在经历了一个萌芽、发展、鼎盛时期后，于东汉时代渐趋衰落，它的衰落与东汉晚期的政治衰败有着密切的关系。东汉时厚葬盛行，一些京师贵戚、郡县豪吏竞相靡费，丧葬逾制已成风气。汉光武帝建武七年、明帝永平十二年、章帝建初三年、和帝永元十一年及安帝永初元年都曾下诏禁止奢侈厚葬之风，但不能止。在奢侈之风的冲击下，玉衣的制作，有朝廷作为颁赐而制作，也有私自僭越伪造的。伪造者，不按制度，粗制滥造，以石代玉，以镏金铜缕代替金缕或银缕等都出现了。从玉、石衣在一些较大型东汉墓中发现的情况看，其制度已相当紊乱。到了东汉晚期，由于政治腐败，经济凋敝，发诸帝后陵，盗取、劫掠、烧取金缕玉衣之事也就随之发生了。《后汉书·董卓列传》载："……及何后葬，开文陵，卓悉取藏中珍物。""又使吕布发诸帝陵及公卿以下冢墓，收其珍宝。"此风一开，世人争相仿效，最终出现了两汉帝王陵寝到三国初年都被盗掘的灾难性事实。而在这些盗墓者心中，玉衣是主要的猎获物。到三国魏文帝曹丕时代，鉴于统治者用玉匣作为葬服容易引起后人盗掘和过于奢靡浪费，曾于黄初三年（公元222年），下了一道终制诏，指出："自古及今，未有不亡之国，亦无不掘之墓也。丧礼以来，汉氏诸陵，无不发掘，乃至烧取玉匣金缕，骸骨并尽，是焚如之刑，岂不重痛哉！祸由乎厚葬、封树。"于是禁止使用珠襦玉匣。曹丕终制诏后，从考古发掘资料看，似乎未发现贵族墓葬中出现以玉匣为葬服的实例。玉匣葬服从文景时期出现，到魏黄初三年结束，约四个世纪的时间。随着玉衣的禁用，口含珠玉也被禁止，九窍（眼、耳、鼻、口、前后阴）玉塞也就不用了。可见，汉代的葬制，由于东汉灭亡，到了三国时

169

期，开始有了一个很大的变化，厚葬之风一时被刹住，代表封建帝王高贵权力的玉匣葬服已不再用，玉匣葬制也就自然地成为一段历史往事了。

墓主的死亡年龄

根据考古大师夏鼐的指示，考古人员经过一番筹划后，提取玉衣的行动正式开始了。

为确保玉衣出土现状的完整，以利于仔细清理和修整复原，考古人员决定从现场整取运回室内。主持这项工作的是极富经验的考古发掘宿将白荣金。在开始时，白荣金仿效60年代自己起取满城汉墓刘胜夫妇玉衣的经验，将这套玉衣的中间截开，分段起取，以便于搬运。但当他揭开上层两排玉片时，竟发现了墓主尸骸的股骨，这个意外发现表明玉衣不宜截断。于是白荣金和其他考古人员重新对出土现场进行观察研究发现，玉衣紧贴在凹凸不平的岩基上，玉衣片呈现松散不平的状态。与此同时，还发现有许多玉璧、佩饰以及人骨等相互交叉其间，不可能简单摘理干净，看来只能整体取运。经过再度认真的分析研究，大家设想了几种起取的方案，最后综合出一个用竹签插取套装的办法，这个方法从当时白荣金留下的一份工作记录看，其操作程序大致是：

1. 将玉衣四周清理干净。

2. 在玉衣上贴附绵纸，分段打石膏薄层加以固定。

3. 用削制的薄竹签（长60—70厘米、宽1.5—2厘米、厚约0.2厘米）从玉衣两侧之下，

为提取丝缕玉衣，考古人员在套箱前进行清理

第六章 千年容颜初露

紧贴墓室地面试着逐根往里插入，操作时采取直向对插与斜面对插相结合的方法，将竹签一根根密排插入，两边仅留签头。

4. 再沿竹签下面顺序插入薄木板，将竹签托住。

5. 在木板下插入数块铝合金薄板（长60厘米、宽约40厘米、厚0.1厘米）。

6. 将预制好的木箱框（内口长210厘米、宽62厘米、高20厘米、板厚2厘米）套住玉衣。

7. 在原先固定玉衣的石膏上，隔上纸，再敷厚约3厘米的一层石膏，其上再衬以木屑，填实后，钉上箱盖板。

考古人员正在套箱

8. 在铝合金板下有间隔地插入托底木板数条，用铁丝捆缠板条的两端向上与顶盖固定收紧。

9. 集中数人同时用力将箱体迅速翻转过来。

10. 拆去原先托底的板条、铝板、薄木板和竹签，将玉衣背后整理垫平，铺衬一层塑料薄膜，用木板封钉箱底。

11. 再将箱体翻转，使其正面朝上，并在箱上标明玉衣头向及各边方位。

当以上工作完成后，数名考古人员把整取玉衣的木箱安全抬出了墓室。由于整体取运的成功，喜不自禁的白荣金对队员们诙谐地说："咱这是给老赵倒出殡了。"

提取的丝缕玉衣被抬走

玉衣取运出后，先放于广州市博物馆，后于1984年春运到北京中国社会科学

171

修复后的丝缕玉衣各部件

院考古研究所，由白荣金以及冼锦祥、李卫华、王影伊等专家进行修复。

经过长时间的科学复原，玉衣各部位的情况已全部了解清楚，其中：

头套：共用玉片265片，以丝线连缀，并在背面贴衬丝绢固定而成。玉片形状有圆璧形、梯形、三角形、近方形、长方形和五边形。头套由头罩和面罩扣合而成。头罩顶部以一璧形玉片为中心，做成圆弧形状。面罩鼻部隆起，中露一细缝，下巴尖圆，略具写实的风格。

上衣：由衣身和两袖组成。用丝带纵横交叉将玉片粘接在一起，并在背面贴衬麻布固定而成。玉片形状有长方形、方形和不规则形，均无孔眼。衣身共用玉片537片，由前身片和后身片组成，呈对襟形式。在下部前后身片对接处皆有开口，有如衣服下摆的"开气"。两袖均呈筒形，上粗下细，体扁且弯，左袖用玉片215片，右袖用玉片209片。

裤筒：分左右裤筒，均呈上粗下细的筒形，制作方法与上衣相同。左裤筒用玉片266片，右裤筒用玉片388片。玉片形状有长方形、方形、圆形和不规则形。

手套：左右手套结构均如手形，由手背、掌心和五指组成。拇指伸直，其余四指并拢弯曲做握拳状。左手共用玉片113片，右手用玉片121片。玉片的连缀方法与头套相同。玉片形状有方形、长方形、五边形、梯形、三角形和平行四边形。

鞋：左右鞋形均由底板、前脸、脚面、左右侧帮和后跟六部分组成。左鞋共用玉片108片，右鞋用玉片109片。玉片形状有长方形、梯形、三角形和不规则形。玉片的编缀方法与头套相同。

复原后的玉衣，由头套、上衣、左右袖筒、左右手套、左右裤筒和左右鞋共十部分组成，全长1.73米，共用玉片2291片。玉片形状以长方形和方形为主，另有梯形、三角形、五边形和圆璧形等。玉片间的连接方法有两种，其中头套、手套和鞋的玉片两面打磨光滑，边角钻有小孔，用朱红色丝线通过小孔将玉片连缀起来，并在里面衬贴丝绢加固，待部件全部连缀完后，在边缘部位还要用丝织物缝合包边。上衣、袖筒和裤筒所用玉片多是废旧玉器或边角料切割而厚薄不匀，其连缀方法是在玉片表面用窄朱红色丝带对角粘贴成菱形网络状纹样，四边再用宽朱红色带粘贴成方格状。朱红色丝带纵横交错，构成多重几何形纹样，色泽异常鲜艳。

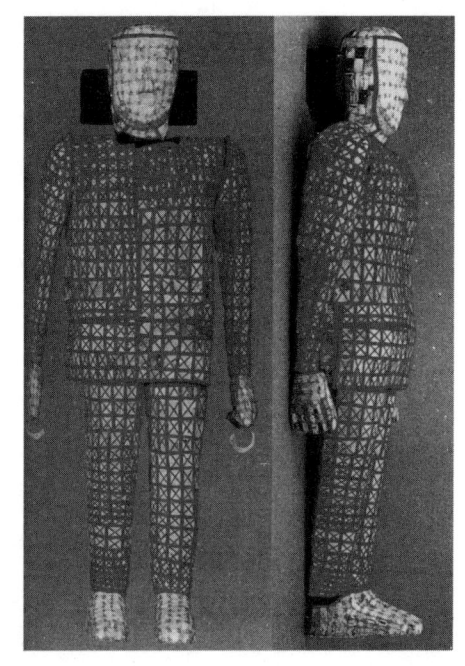

白荣金修复的丝缕玉衣

从这套玉衣的玉片质料来看，玉片的颜色较杂，少数玉片呈透明的青绿色，多数不透明，以黄褐色、黄白色为主，间有青色斑块，后者硬度较低。个别玉片呈灰黄色或红褐色，质地较软，已分解为碎块，或风化为粉状，显然属于一般石料。对比满城2号墓窦绾所服玉衣上衣前后身玉衣片的部分质料，两者均大同小异，同属不很珍贵的软玉类品种。除此之外还可发现，玉衣片中还包含着一些制作玉器切割下来的下脚料和玉器残片。由此可推测，玉衣制作地点可能是在制作玉器的作坊或其附近，也许是在一个综合性玉器作坊中完成的。从玉片上保留着粗糙的切割表皮看，当时安排使用玉料是相当节省的。

由于玉衣的造型是以人体形状为基本依据的，从玉衣出土时的整体尺度推算，墓主人的身高应在170厘米左右，从两袖下段筒口分析，墓主人体形可能较瘦。至于上衣衣身较宽大，可能与玉衣内放置玉璧有关。有些玉片上保留着开料时的切口，有的切口宽度仅约0.1毫米。切割面上留下了基本平行的"锯路"痕迹，说明当初割料时用的是一种长条形扁片工具。由于切割面较平整光滑，可以看出用的磨料较细，因而可推断当初的切割效率不会很高，需要消耗很多的劳动力和时间。

按照白荣金等专家推断，玉衣的制作地点大体有三种可能：第一，全部由汉廷制作，赐给象岗墓主做殓葬用，但从躯干部位玉片用料过于节省这一点分析，这种可能性很小；第二，头、手、脚三部分为汉廷制作，躯干部分为南越国配制，这种可能性虽较前一种稍大，但裤筒上的玉片有个别属于头、手、脚的穿孔残片配入，说明制作玉衣躯干的地点同时又有制作头、手等穿孔玉片的余片，这个矛盾很难解释先前推论的成立；第三，全部在南越国加工制作，这种可能性似乎最大。象岗古墓墓主玉衣片上的钻孔，从剖面上看，孔壁呈圆锥形，属杆钻加磨料钻成。从一些未钻通的废孔痕迹和一般钻孔现象分析，钻孔先从背面钻起，待钻透时，再从正面轻轻钻磨一下，把正面孔口上的锐棱磨掉，避免连缀时用的丝线被割断。而满城汉墓玉衣片上的孔眼是用管形钻钻出的，孔壁呈圆筒形，既细且匀。可见象岗古墓墓主玉衣的钻孔工艺较为落后，从而有助于证明象岗古墓墓主玉衣是在本地制作的推断。经中国地质科学研究所闻广等专家研究鉴定，玉衣的玉料很可能是就地取材，且取材地点可能就是历史上记载的岭南曲江县的玉山之中。

象岗古墓出土的丝缕玉衣，属于汉代考古文献记载中已知金缕、银缕、铜缕玉衣以外的又一个新的品种。如果墓主确属赵胡，那么，丝缕玉衣随墓主人的入葬年代，应在汉武帝元狩元年（公元前122年）或稍后，其制作时间要早于满城汉墓出土的金缕玉衣近十年或多些。但象岗古墓玉衣制作较特殊，头罩、双手、双足是用长方形或方形等小而薄的玉片，四角钻孔用丝线编缀而成；其余两个袖筒、上身胸腹及下身两裤筒共五个部分，只用长方形或方形小玉石片粘贴在麻布上，石片上再覆以素绢。这种全套玉衣都用丝缀及粘贴的制法为中原所不见。河北满城的中山靖王刘胜夫妇以诸侯王的身份享用金缕玉衣，可能是由皇帝特赐，或者是因为当时玉衣初行，等级制度不严，金缕玉衣并未成为皇帝至尊专用的殓服。赵胡继位为南越王是得到汉中央政府承认的,如玉衣系汉廷所赐,可与刘胜同用金缕,即使按严格的等级制度,也当用银缕,而赵胡所用却是丝缕玉衣。由此可进一步推断这件丝缕玉衣属南越国工匠自制的。尽管象岗古墓出土的这件玉衣在质量和规格上无法和满城汉墓出土的玉衣相匹敌,但它却是经科学发掘、整理和修复起来的年代最早的一套完整的玉衣。这套丝缕玉衣以它独特的形式,显示出了中国玉衣发展过程中的早期特点,其在玉衣发展史上的地位,是在此之前所发现的一切玉衣无法代替的,因而,也就具有了极其重要的历史与考古研究的价值。

就在白荣金、冼锦祥等人清理玉衣的过程中,发现玉衣内仍保留有部分遗体的残骸,绝大部分残骸已腐朽成粉末状的骨渣,只在玉衣的头罩部分尚有少许残颅骨片,这些残片大小不一,最小的为直径5毫米左右,最大的直径也仅有45—50毫米。由头罩中捡出的残颅片,大多数已难辨其所属部位,少数较大的骨片经拼对黏合后尚可判断其所属部位,这几块拼接起来的残颅骨片,也就成为判别墓主性别年龄的唯一宝贵资料,后经中国社科院考古所鉴定专家以及北京医院口腔科主任李善荣等采取多种方法鉴定,象岗古墓墓主属一例男性个体,从牙齿的磨耗程度、主要颅骨缝的愈合情况以及牙槽骨出现萎缩和牙齿的结构等多方面考察,墓主的死亡年龄约为40—45岁。

镇墓之宝

就在队员们提取玉衣时,还发生了一件意想不到的令人振奋的事情。

在散乱的玉衣片中,考古人员无意间发现了一枚玉制印章,此印为方形,螭虎纽,螭虎周围刻有云气纹衬托。印文篆体,阴刻"帝印"两字,中间由一条线分隔,外加边框。这枚"帝印"的书体与早些时候出土于西耳室的上刻"帝印"的封泥不同,这表明墓主生前最少曾使用过两枚"帝印"。

就在这枚"帝印"发现不久,考古人员又在玉衣片的中间部位接连处发现了两枚刻有"泰子"的印章,此印章一枚金制,一枚玉制,都为阴刻篆文。其中,金印为龟纽,外有边栏,中有竖界,印面右方刻"泰",左方刻

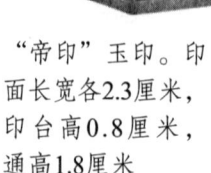

"帝印"玉印。印面长宽各2.3厘米,印台高0.8厘米,通高1.8厘米

"子",文道较深,沟道两壁光平且直,沟槽底呈波浪形起伏的刻凿痕,当属先铸后凿,印面光平如镜,铸作工艺极为精致。与金印不同的是,玉印为覆斗纽,外无边栏,内无中界,印面右方刻"泰"字宽大,"子"字瘦窄,两者比例失调,从字形上看,金、玉两印书体不同,不是一人所书。

印文作"泰子"两字的印章,在传世玺印中未曾见过,考古发掘中也属首次发现,这两枚印章的出土,在使考古人员感到新鲜惊奇的同时,也陷入了迷惑和沉思。

古时泰、太两字互相通用,汉代册立嗣位的皇帝之子和诸侯王之子称太子。这个常规制度无疑在提醒现场的考古人员,墓主人显然不是南越国第一代王赵佗,也不会是第二代王赵胡,因为中国史学之父司马迁在《史记》中说,赵佗的父亲没有做过皇帝或诸侯王,赵佗为太子便无从说起,而第二代王赵胡乃赵佗之孙,既是王孙,生前也不会有"泰(太)子"的封号。有"太子"封号的除赵胡以后的家族成员外,另一个便是在《交州外域记》和《日南传》中提到的曾率兵攻占交趾并大破安阳王的赵佗的太子赵始。或许,这位太子未及嗣位而身亡,入葬时由后人将他的"泰(太)子"印一同送入这幽暗的墓穴之中。这个设想是否成立,考古人员一时难以定论。

"泰子"金印

让考古人员更感到困惑和不解的是,随着清理工作的进展,在玉衣片的中部又发现了一枚上

刻"赵眜"的玉印,这枚玉印覆斗纽,横穿一小孔,印文阴刻篆书,中有竖线分隔,外加边框。从形制上断定,这枚印应是墓主的名章。这枚名章的出现,使墓主到底是谁的问题变得更加复杂起来。若按此前发现的"帝印"来看,墓主当是一位僭号称帝的南越王,据《汉书》记载,南越国历史上只有第一代南越王赵佗和第二代南越王赵胡才僭号称帝,这就说明,墓主人不是赵佗便是赵胡。而从"泰子"印看,墓主人应该是赵佗的儿子赵始或赵胡后辈的家族成员。再从"赵眜"的名章看,无论是《史记》还是《汉书》,都没有赵眜此人的记载,这个赵眜是谁?是墓主本人还是陪葬的家族成员?综观以上三枚不同的印章,竟出现了三个不同的推论,那么墓主究竟是谁?看来要解开这个隐秘,还需要更加有力、确凿的证据来证实。让考古人员意想不到的是,一个至关重要的证据很快出现了。

"赵眜"玉印。长宽各2.3厘米,通高1.7厘米

就在第二天傍晚快要收工时,考古人员黄展岳在玉衣中间部位稍左的一块大玉璧上,突然发现了一件金黄色的物件。黄展岳眼睛一亮,细心地剔除周围的泥土,轻轻拂去上面的灰尘,一条造型别致的金色小蟠龙立即凸现于四方台上,黄展岳瞪大了眼睛望着这个小蟠龙惊愣了片刻,情不自禁地大喊起来:"哎呀!不得了了,这里有一枚龙纽金印!"

龙纽金印出土情形

这一声叫喊,犹如一阵风雷卷过幽暗潮湿的墓穴,大家纷纷围拢过来,十几双充满血丝、疲惫的眼睛对准了

那枚龙纽金印。只见一个方形的金块之上，盘踞着一条游龙，游龙的身体盘曲成S形，首尾及两足分别置于金块的四个边角之上，龙首微昂，做欲腾跃疾走之状，整个身首透出一股威严神圣、腾达飘逸的灵性。面对此景，一个性急的考古队员按捺不住亢奋激动的心情，伸手就要翻动金印，以尽快看到正面的印文。"别动！"麦英豪望着队员的举动，立即加以制止，那位考古队员听到喊声，伸出的手轻微地哆嗦了一下，立即缩了回去。

"这还没有绘图、拍照、录像呢，怎么就要翻动？"麦英豪望着那位仍沉浸在亢奋之中的考古队员，小声地解释着，那位队员如梦方醒，有些不好意思地对众人说："嗨，我这一激动，差点忘了考古程序了。快，快绘图、快拍照，看看这金印正面到底刻的啥。"

麦英豪惊喜交加地望了一眼面前这枚散发着神圣之光的金印，又看了一眼腕上的手表，此时钟表的时针已指向了6点零8分，他沉思片刻，对身边的黄展岳说："这枚金印关系重大，别由于急躁而弄出什么差错，我看还是吃过晚饭后，等大家的心情平静一点再提取吧。"黄展岳点头同意，于是麦英豪下令全体人员收工，待吃过晚饭后再来提取这个有可能揭开墓主之谜的极为重要的证据。

这天傍晚，尽管发掘队的后勤人员为大家准备了丰盛的晚餐，但由于发现了龙纽金印，众人对饭菜已失去了兴趣。与此相反的是，关于那枚龙纽金印的印文到底是什么的猜想，却使大家兴趣盎然、争论不休。有人猜测金印下面的文字应和先前发现的金印、玉印一样，不是"帝印"便是"泰子"，或者是又一个令人费解的陌生名字"赵眜"。也有人认为不可能是以上三种印文，既是龙纽金印，就应该刻有"越王之印"或者更高规格的"武帝之印""文帝之印"的印文。有的人则猜测，也许什么印文都没有，只是象征性的一枚印章……就在这吵吵嚷嚷的胡乱猜想中，考古人员囫囵吞枣地将饭吃完，大家迫不及待地赶回工地，以尽快揭开这牵挂已久的秘密。

绘图工作完成了，照相机的闪光灯开始在墓穴深处不断地闪耀。紧接着，高强度的碘钨灯打开，录像机与摄影机开始"沙、沙"地转动。明亮的墓室内，只见不大的印纽游龙盘尾昂首，通体矫健，神态刚毅和高傲。在碘钨灯的映照下，整个金印耀眼夺目，光彩逼人。

当以上工作渐次完成之后，考古人员轻步踏入室内，在众人那焦灼而激

第六章 千年容颜初露

"文帝行玺"金印　　　　　　　　　　麦英豪揭取金印场景（左起：杜玉生、麦英豪、黄展岳）

动的目光下，黄展岳面呈神圣之色，用一支细杆毛笔再次拂去金印上的灰尘，极度小心谨慎地伸出两个手指捏住沉甸甸的龙纽提起后放入手心，然后屏息静气地慢慢翻转。当整枚金印的正面显露出来时，只见上面赫然铭刻着四字篆书"文帝行玺"——一件绝世两千余年的镇墓之宝横空出世。

众人望着黄展岳手中那明净铮亮、金光闪闪的印玺，在情不自禁地"啊"了一声之后，接着是一阵欢呼。多少个世纪以来，人们为寻找南越王家族的墓葬踏破铁鞋，费尽心机，尤其是近数十年来，为寻找南越王家族墓葬，麦英豪率领考古队，更是不遗余力地四处打探，八方搜寻，他和同伴的足迹几乎踏遍广州城郊的大小岗岭，却总未取得预想中的成果。自象岗古墓发现以后，关于那位神秘的墓主究竟是谁的问题，一直困惑着大家，使众人昼思夜想，寝食不安，"文帝行玺"的出土，无疑向大家宣告，象岗古墓的墓主极有可能就是《史记》《汉书》两书所记载的曾僭称南越文帝的第二代南越王——赵佗的孙子赵胡。

据史料记载，秦代以前，印章是用金、玉、银、铜制成，称"方寸玺"，人人皆可佩带。秦后，只有皇帝印章独称玺，并专以玉制成。玉制印章造型的不同，体现了拥有者不同的身份和社会地位。

秦始皇统一六国后，令良工用蓝田山美玉制成了一枚玉玺，玺纽雕刻犹如龙鱼凤鸟之状。丞相李斯以大篆书写"受

179

命于天，既寿永昌"八字，刻于玺上。秦始皇和满朝文武对这枚玉玺非常看重，称为"传国玺"。自此之后，关于这枚"传国玺"就开始了它那极富传奇色彩的经历。

秦始皇一生曾数次出巡，相传当他有一次巡游至洞庭湖时，风浪大作，乘舟将覆，在这生死攸关的紧急关头，有臣僚献计把玉玺投入湖中可镇妖避邪，保全性命。于是秦始皇从腰中解下佩带的"传国玺"急投于湖中，湖面顿时风平浪静，秦始皇及其臣僚安然度过了风险。八年后，秦始皇再次出行至华阴，有人拿着"传国玺"忽拦于道中，对始皇随从说："请将此玺还给祖龙（秦始皇的代称）。"言毕便不见踪影，"传国玺"复归于秦始皇所有。

秦末天下大乱，汉高祖刘邦领兵率先攻入关中。大军压境，秦亡国之君子婴将此玺献给了刘邦。刘邦得到此玺后，经过大小百余次血战，终于击败对手西楚霸王项羽，建立起汉王朝。刘邦即皇位后，便正式佩带起"传国玺"。西汉时，"传国玺"一直存放在长乐宫内，成为皇权的象征。西汉末年，大司马王莽独揽朝政，为了篡夺皇位，就命安阳侯王舜逼迫太后王氏交出"传国玺"。王太后眼见刘氏江山将落入王莽手中，却又无奈，一气之下，将玉玺掷于地，玉玺之上雕刻的螭虎被崩落一角。王莽得到玉玺后，将摔落的一角以金镶补起来。

自王莽佩玺继皇位后，没几年工夫，就爆发了农民起义，农民军立刘玄为更始帝，更始军率先攻入都城长安。王莽见大势已去，携带"传国玺"仓皇逃窜，想不到竟被屠户杜吴追上杀死。但杜吴不知王莽佩有玉玺，有一个叫公宾的更始军将领就割下王莽头颅，取下玉玺，交给上司李松邀功，李松将玺呈送给更始帝。此时，另一支农民军赤眉军也进入长安，赤眉军立牧童刘盆子为帝。更始帝在自感不是赤眉军对手的情况下，只得奉玺投降。后来，刘盆子又献玺于刘秀，刘秀重建汉王朝，此玺又传于东汉诸帝。

东汉末年，奸臣董卓擅权作乱，天下豪强在袁绍、袁术率领下合兵讨伐董卓，洛阳城一片混乱，董卓见大势已去，便弃城逃往长安。当时在袁绍帐下任大将的孙坚率兵驻扎于洛阳城南一座宫殿中，到半夜时分，只见一口井内闪现五色光环，孙坚甚感惊奇，便命士卒点火把下井打捞，不想却捞出一具女人的尸首，颈下戴一锦囊，打开一看，内有朱红小匣，用金锁锁着，启开小匣，里面有一玉玺，上有篆文八字，"受命于天，既寿永昌"，玺旁缺一角，以金镶补。孙坚马上意识到这就是被历代统治者视作权力象征的"传国玺"。在惊诧之余，便做起了登基的美梦。有些意外的是，孙坚手下有一位士兵与袁绍是同乡，将此事报告了袁绍，袁绍正有僭越帝位之心，当然想攫取"传国玺"。他令人立即扣押孙坚的妻子以要挟，孙坚被逼无奈，只得交出玉玺。后来，袁氏兄弟在与曹操争霸中败死，"传国玺"又归于汉献帝。

袁绍绣像

东汉亡后，"传国玺"归于曹魏和西晋。此后，北方陷于五胡十六国的分裂动荡局面，"传国玺"几经辗转，又落入东晋征西将军谢尚之手，谢尚把它献给了东晋朝廷。此时，各地又出现了几颗私制的玉玺，包括东晋朝廷自刻玺、西燕慕容永刻玺、姚秦玉玺等，还有北魏太武帝毁曹魏旧都邺城五层佛塔时，在泥像中寻得的两枚玉玺。南朝梁武帝时，降将侯景反叛，攻破宫城，劫得"传国玺"，不久侯景败死，其部将侯子鉴将玺投入栖霞寺井中，寺僧永行将玺捞出收存，后其弟子将玺献于陈武帝。

隋灭陈后，再次拥有此玺。隋、唐两代，"传国玺"仍被统治者奉为至宝。朱温篡唐后，"传国玺"又遭厄运。后唐废帝李从珂被契丹击败，登楼自焚，玉玺也遭焚烧，下落不明。直至北宋哲宗时，咸阳人段义将其献出。金兵南侵时，又将玉玺掠走，后归入元朝廷。明灭元时，蒙古部落将玺携至漠北，自此"传国玺"不知所终。

在"传国玺"流传的一千多年间，它一直被历代统治者视为守国镇疆之宝，正所谓"得宝者得天下，失宝者失天下"。但得玺者不一定都能交上好运。后唐庄宗得魏州僧献"传国玺"，仅三年便死于兵乱之中。宋哲宗得玺改年号为元符，仅两年而驾崩。宋徽宗即位后，天下大乱，同玉玺一道被金兵掳至北国。元世祖忽必烈得玺之年即死于元大都。这颗小小的玉玺，反映的是一幅幅朝代更迭、祸福交替的历史画面。

尽管自元末明初之后，世人再难见到这枚极具传奇色彩的"传国玺"，但研究者还是从历史典籍以及部分出土实物中窥探到原物的形制和风貌。

就秦始皇所建立的秦帝国而言，虽然仅存在了短短的15年就宣告灭亡了，但这个帝国所建立的统治制度和模式却对后世有着极其深远的影响，尤其是西汉早期，"汉承秦制"的特点格外明显，而这个时期拥有和使用玺的制度也几乎和秦制完全相同。《晋书·舆服志》曾云："乘舆六玺，秦制也。曰'皇帝行玺''皇帝之玺''皇帝信玺''天子行玺''天子之玺''天子信玺'，汉遵秦不改。"从这条记载中可以知道，当年的秦始皇不但拥有一枚"传国玺"，而且还开创了"六玺"制度，这个制度到汉朝建立后没有改变并沿袭下来。据东汉卫宏《汉旧仪·上》载：汉朝"皇帝六玺，皆白玉螭虎纽，文曰：'皇帝行玺''皇帝之玺''皇帝信玺''天子行玺''天子之玺''天子信玺'，凡六玺。以'皇帝行玺'为凡封之玺，以'皇帝之玺'赐诸侯王书，以'皇帝信玺'发兵；其征大臣以'天子行玺'，册封外国事以'天子之玺'，事天地鬼神以'天子信玺'"。而《汉书·霍光传·注》则提出了一个三玺说。两说如图表所示：

汉帝有六玺说（据《汉旧仪·上》）			汉帝有三玺说（据《汉书·霍光传·注》）		
印文	用途	备注	印文	用途	备注
皇帝行玺	封国		天子之玺		自己佩带
皇帝之玺	赐诸侯王		天子行玺		在符节台
皇帝信玺	发兵		天子信玺		在符节台
天子行玺	召大臣				
天子之玺	册封外国				
天子信玺	事天地鬼神				

同秦始皇刻制的那枚"传国玺"一样，汉朝皇帝的玉玺也早已失传，后人仅从清代吴式芬辑录的《封泥考略》中见到一枚"皇帝行玺"的封泥，既

第六章 千年容颜初露

然有封泥，就应有原物存在过。至于此原物的形制，从20世纪60年代在陕西咸阳发现的一枚"皇后之玺"中可以得到启示。

1968年9月的一天下午，陕西咸阳韩家湾公社小学生孔忠良放学回家，在路上行走时，偶然在狼家沟的水渠边发现了一个白色发光的东西，走近一看，有半截还埋在土里。孔忠良怀着好奇的心情把它挖了出来，待剔去上面覆盖的泥土一看，原来是一块方形的玉石，上面雕了个小动物，下面刻着四个字，好像是个大图章。回到家后，正好他父亲孔祥发要去西安办事，孔忠良就请父亲把这个大图章带到城里去刻字。孔祥发问明了玉石的来由，仔细端详上面的古字，觉得儿子捡到的这个东西不是一个普通印章，而是一件文物。第二天，他到了西安，找到陕西省博物馆，要求鉴定。经考古工作者鉴定，判断是汉代皇后之玺。鉴于这枚玉玺具有极高的文物研究价值，孔祥发就把它捐献给了陕西省博物馆。

"皇后之玺"印文

这枚现藏于陕西省博物馆的玉玺做四方形，高2厘米、宽2.8厘米、重33克，通体洁白晶莹，螭虎纽，四个侧面阴刻云纹，印文篆刻"皇后之玺"四字，其形制和印文与文献所载完全相同。玉玺出土地点距埋葬汉高祖刘邦的长陵仅1000米，长陵旁为吕后陵。按照汉代制度，帝、后陵园内有便殿和寝殿，放置他们生前的衣冠。根据专家们现场分析推断，这枚玉玺很可能就是吕后生前所用之印，她死后，这枚印玺便成为陵旁便殿内的供祭之物。西汉末年，赤眉军攻入长安，掘毁汉诸帝陵，吕后陵也被焚毁。玉玺所在的狼家沟是长陵山坡上

白玉螭虎纽"皇后之玺"

的第一道深水沟，或许长陵便殿被毁时，玉玺遗落土中，后被水冲到长陵山腰的水沟里，时隔两千多年才被重新发现。"皇后之玺"是目前所发现的唯一一件汉代皇后之印。按《汉旧仪·下》"皇后玉玺，文与帝同"的记载推断，皇后之玺的印纽也应做螭虎形。玺纽之所以为虎形，是因为虎为百兽之长，"取其威猛以执伏"。前面提到王太后怒摔"传国玺"，崩落玉玺上所雕螭虎一角，说明"传国玺"的造型应与汉代皇帝、皇后之玺相同。在陕西咸阳发现的这枚"皇后之玺"，为世人了解"传国玺"的形制提供了极好的佐证。

现在看一看象岗古墓出土金印的形制，这枚金印的印面有田字格界，"文帝行玺"为阴刻小篆，书体工整刚健有力，字画的文道很深，如一条直沟，沟壁垂直光滑，表明印文是铸后加工刻凿的。沟底像鳞片一样，满布一条条等距的小横划，由此可推断这是用利器刻凿之后留下的痕迹。经测量，金印长3.1厘米、宽3厘米、高0.6厘米，通纽高1.8厘米，重148.5克。经电子探针测定，此印的含金量为98%强。

按文献记载，汉印边长该是汉尺的一寸，即现在的2.2厘米，皇帝的印是否还要大些以示区别，由于没有发现汉代皇帝印，无从比较。但和此前在咸阳发现的"皇后之玺"那2.8厘米的宽度相比，还是比较接近的。

象岗古墓的这枚金印出土时，印面沟槽内及印台的四壁都有碰撞的疤痕与划伤，有些地方磨得特别光滑，这些地方正是抓印的手指经常接触的部位，由此可推断，这枚印是墓主生前的实用之物。不过有一点令人感到颇为奇怪，这就是按照史料记载，汉代皇帝在活着的时候，并没有自称为"某帝"的。那些"高帝""文帝""武帝"等等的称呼，全是在他们死后，由后代根据他生前功绩加拟的封号，叫作"谥"。如汉朝的"景帝"，是他儿子刘彻（武帝）继位时给追谥的。由此可知，汉代皇帝生前的印，不会有什么"高祖之玺""武帝之玺"之类的印文。另外，皇帝所用的印，也不是他死了便可带走的，有的帝王死后虽然也可能带印陪葬，但多是临时刻出来的，不是生前治理国家时用的那一枚。如此看来，"皇帝信玺"之类，可以从汉高祖一直用到汉哀帝。

很显然，象岗古墓这枚金印的印文并不符合汉朝的制度。汉代帝印是用"皇帝""天子"这类可以通用的字眼，象岗古墓的墓主为什么却用个

"文帝"呢？"文帝"是一个特定的称呼，只能指某一朝的其中一个皇帝。总不会是父亲叫文帝，儿子、孙子还自称文帝。若果真如此，这印以什么样的形式和说法能传给下代呢？

或许这正是南越国与中原不同的地方。从文献记载看，南越国的帝王，在生前就已经给自己上封号了。如开国的第一代王赵佗，自称是"武帝"。从象岗墓主人的印章可以看出，他自称为"文帝"。历史文献还说，南越国到了第三代王就不敢再称帝了。他把以前的武帝玺、文帝玺都藏起不用。其实即使他称帝，像"文帝行玺"这枚印，他也是不能用的。至于南越国是否有"传国玺"，后人尚不清楚，但像"文帝行玺"这样的金印无疑是特定属于一个帝王的印章。从形制上推断，这枚文帝印玺是南越国自铸的，它不同于汉朝皇帝的白玉螭虎纽。就金印这一点来说，它与汉朝颁赐的诸侯王、列侯和外藩首领印是一致的，但纽式不同。三十多年来，中国发现的汉印不计其数，质地有铜、玉、水晶等，但金印却十分稀少，仅有12枚，日本福冈也曾发现一枚汉代金印。已发现的汉代金印请见下表（按发现时间顺序）：

"广陵王玺"金印1981年，在扬州地区刊江县，一个妇女在甘泉二号汉墓附近挖地，发现一枚汉代诸侯印——"广陵王玺"。这枚印章也是纯金铸成，印体方形，长宽各2.3厘米，只是高为2.1厘米，龟纽，阴刻篆体字，上刻"广陵王玺"四字。这枚金印的字体以及文字的雕法与光武帝赐予日本委奴国王的金印几乎同出一辙，据专家考证很可能出自一人之手

印文	年代	印面边长 单位：厘米	纽	出土地点	发现时间
汉委奴国王	东汉	2.35	蛇	日本国福冈县志贺岛	1784年
朔宁王太后玺	东汉	3.3	龟	陕西阳平关	1954年
滇王之印	西汉	2.4	蛇	云南晋宁石寨山6号墓	1956年
平东将军章	东汉	2.4	龟	山东峰县陶庄	1958年
如心	东汉	1	兽	广西贺县铺门	1976年
诸国侯印	东汉	2.5	龟	山东即墨县王村公社	1977年
关内侯印	东汉	2.35	龟	河南省泌阳县	1979年

续表

印文	年代	印面边长 单位：厘米	纽	出土地点	发现时间
广陵王玺	东汉	2.3	龟	江苏扬州甘泉山二号墓	1981年
偏将军印	东汉	2.4	龟	重庆聚贤岩	1982年
石洛侯印	汉		龟	山东沂南（？）	1982年
文帝行玺	西汉	3.1	龙	广东广州象岗南越王墓	1983年
泰子	西汉	2.55×2.35	龟	广东广州象岗南越王墓	1983年
右夫人玺	西汉	2.1	龟	广东广州象岗南越王墓	1983年

　　1981年扬州甘泉山2号汉墓出土的"广陵王玺"和1954年陕西阳平关出土的"朔宁王太后玺"，都是金印龟纽。1973年长沙马王堆軑侯利仓墓出土的"軑侯之印""长沙丞相"印，都是镏金铜印，龟纽。两枚印的印文都是埋葬时草率刻凿，镏金是纯金的仿制品，可见列侯也是金印龟纽。1784年日本福冈县志贺岛上发现的"汉委奴国王"印和1956

滇王之印
西汉（公元前206—公元25年），高1.8厘米，边长2.3厘米，重89.5克，1956年云南晋宁县石寨山滇王墓（6号墓）出土

"滇王之印"正面

第六章 千年容颜初露

年云南晋宁石寨山滇王墓出土的"滇王之印"都是金印蛇纽。日本自1784年在福冈的志贺岛上村民发现"汉委奴国王"金印后,志贺岛声名大噪,出土处已建立"金印发光碑"和"金印公园"。由于缺乏中国方面的出土资料,近两百年来,日方对金印真伪一直争论不休。中国这几枚金印的发现,其造型、款式和"汉委奴国王"印相类似,有力证明了"汉委奴国王"金印是东汉光武帝中元二年(公元57年)汉朝廷颁赐给倭奴国王的。它是中日两国人民世代友好的历史见证。文帝印做龙纽,既不同于诸侯王、列侯的龟纽,又不同于外藩首领的蛇纽。咸阳出土的汉"皇后之玺"玉印和传世的"皇帝信玺"封泥,边长都是2.8厘米,约合汉制"方寸"(即一寸见方)。只有"朔宁王太后玺"边长3.3厘米,通纽高2厘米,重112.8克,与文帝印基本相同,"朔宁王太后玺"是东汉初公孙述割据四川时封隗嚣之母的金印。公孙述和南越国的这位文帝同是地方割据政权,在印绶制度上都有意逾越汉制。

通过以上比较,可以看到文帝金印略大于汉朝皇帝印,印文与汉朝皇帝印大体相同,但质料和纽式不相同。文帝金印的质料与汉朝诸侯王、列侯、外藩首领印相同,但纽式又不相同。这种情况,正符合文帝仿效汉朝但又要僭越称帝的身份。这位"文帝"不是历史记载中第二代南越王赵胡,又会是谁?

"汉委奴国王"金印

天明四年(1784年)的一天,在日本北九州地区博多湾志贺岛,名叫秀治、喜平的两个佃农,在耕作挖沟时偶然发现一颗纯金铸成的金印,金印印面正方形,边长2.3厘米,印台高约0.9厘米,台上附蛇形纽,通体高约2.2厘米,上面刻有"汉委奴国王"字样,阴刻篆体字。金印出土以后辗转百年,直至1979年一个家族的后人把它捐献给了福冈市博物馆。《后汉书·光武帝本纪》和《后汉书·东夷传》,皆有汉光武帝"建武中元二年(公元57年)倭奴国奉贡朝贺,使人自称大夫,倭国之极南界也,光武赐以印绶"的记载,这一枚"汉委奴国王"金印的出土,作为中日两国最早交往的证明,成了日本国宝

187

第七章 南越称王

越国之殇

中原大乱，岭南震动，南海尉死前密嘱赵佗兴兵绝道，割据立国。赵佗依计而行，绝道筑城。越人部族趁机叛乱。赵佗发兵征讨，百越降服，赵佗称王。战火纷乱中，西汉王朝派陆贾出使南越，汉越言和，赵佗臣服……

岭南割据

当陈胜、吴广在大泽乡揭竿而起后，整个中原山头林立、各路英雄豪杰虎争天下。就在这样一个大混乱、大拼杀的格局中，谁也没有时间、没有精力去考虑岭南这块土地在发生着怎样的变化。也就在这样一个契机下，偏于东南一隅的岭南，有两个至关重要的人物突兀而出，并使岭南最终走上了割据之路，这两个人就是任嚣和赵佗。

当秦始皇第一次派往岭南的大军受挫，秦越处于对峙阶段，秦始皇下令开凿灵渠之后，第二次被派往岭南的秦军将领就是任嚣和赵佗。当秦军攻占岭南后，鉴于此地偏于东南一隅，越人势力尚存，而岭南与中央朝廷的联系又较困难，于是，秦王朝便任命任嚣为南海尉，并授予政治、军事等专制一方的大权，而赵佗则为任嚣治下的龙川县县令。

当任嚣掌握了岭南的军政大权，并成为专制一方的"东南一尉"后，便逐渐萌发了脱离中央朝廷、划岭自治的一套割据构想。这个构想的产生，除了受秦朝建立之前的战国诸侯并立之局的影响外，更重要的还在于岭南具有可以实行割据的政治、军事、地理等方面的有利条件。就政治上而言，秦通过兼并关东六国的战争统一中原，到平定岭南，其间不过十余年。就在这个天下初定，社会尚不稳固的短暂时期，许多人，特别是原六国贵族，以极其悲伤、感怀的心情，企图恢复战国时期诸侯并立之局面。由于条件不够成熟，他们不得不在秦统一六国后暂时潜伏起来，以待时机。而作为极具雄才大略的秦始皇在天下初定后，也明显地感觉到了这股潜在力量的危险，并采取了多种有针对性的措施，如"收天下之兵，聚之咸阳，铸以为金人十二"，大修秦道直通关东六国腹地等，所有这一切，都是为了防止这股潜在的势力兴风作浪。但是，秦始皇苦心孤诣采取的这些措施，只是从表

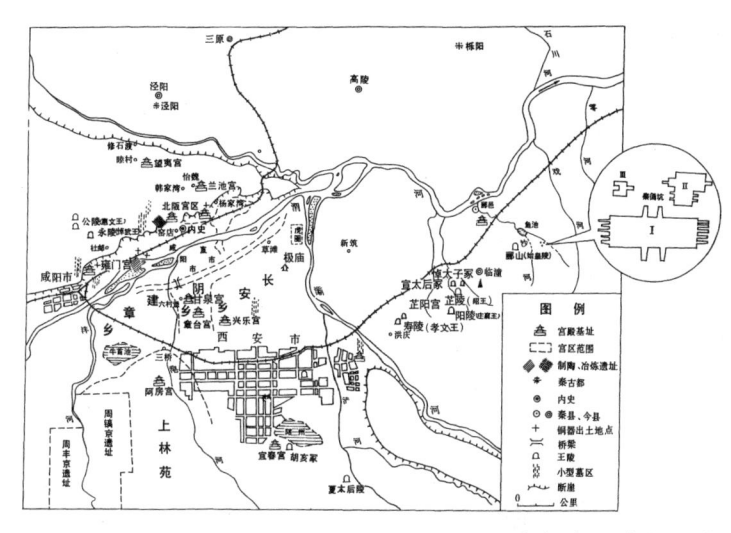

面上起到了一点作用，无法从根本上铲除关东六国的复辟势力，甚至就连秦中央政府官员骨子里的那种复辟思想也未能消融和根除。当时的秦王朝丞相王绾等人，就公然向秦始皇宣称：四方之地，"不为置王，毋以填之"，并积极主张"立诸子"以安天下。从这一点上不难看出，战国时期的诸侯并立局面对许多人仍有极大的吸引力，而作为在岭南独掌军、政大权的任嚣，也自然地会受到这种思想的影响，并渐渐萌生了据岭而守的割据念头。

秦都咸阳布局示意图（王学理绘制）

当然，要想在岭南实施割据，就要有割据的资本和条件，那岭南的资本是什么呢？

如前所述，岭南最重要的资本就是秦王朝派驻此地戍守的50万汉军，这股颇具实力和作战经验的军事力量便是称雄割据的根本。另外，随着秦对岭南地区的征服，源源不断而来的中原移民，也成为一股重要的力量。因为这些汉族军民，在中原时深受秦暴政的摧残和蹂躏，早就有离绝秦王朝挣脱锁链的想法，许多人自走向岭南的第一步，就抱定留居南疆不再言归的决心和志向。当这些人来到岭南后，不再像秦派往北方屯戍，防备匈奴的汉人，会趁天下大乱而"皆复去"。相反的是，面对在任嚣治理下相对宽松的政治、人文环境，使他们对这块土地渐渐产生了爱恋之情，并"未尝不深虑之而力卫之也"。如此一来，岭南便有了一个人心思定的社会环境和氛围。为了建设和保卫这个新兴的家园，一旦天下有变，他们自然会团结一心，全力支持任嚣。

当然，促使任嚣产生割据思想的另一个重要条件，便是岭南在地理上易守难攻。就当时的交通条件而言，"自北往南，入越之道必由岭"。也就是说，岭南地区北部的五岭成了阻挡南北行进的天然屏障。这道屏障难以逾越的程度，作为曾是秦军将领的任嚣以及所有南下的军民是领教过的。尽管在秦征服岭南的中后期，曾有灵渠的开凿以及新道的修建，但只要派少量驻军把守，灵渠和新道都将变成进退不得的死道，复成为难以逾越的屏障。除此之外，整个岭南地区多江河水道，这些江河水道又多急转直下，地理形势相当险要，若有不熟悉这里的船只过往，往往造成船毁人亡的悲剧。鉴于这样的地理形势，作为岭南的军民完全可据此守之。假如五岭的防卫已破，仅凭这些江河水道也可以步步为营，和敌军对垒抗衡。

任嚣像

老谋深算的任嚣在耐心地等待机会，令他有些出乎意料的是，这个机会很快便到来了。

当陈胜、吴广在大泽乡揭竿而起，并引爆了整个中原六国人民反秦的大起义时，任嚣闻知立即感觉到这正是天赐良机，在兴奋之余也加紧了割据岭南战略性计划的制定，准备付诸行动。但令他扼腕叹息的是，就在这历史大转折的紧急关头，自己却一病不起了。

为了让心中的构想得以顺利实施，躺在病榻上的任嚣派人将自己的心腹助手、时任龙川县县令的赵佗召来，秘密嘱咐道："闻陈胜等作乱，秦为无道，天下苦之，项羽、刘季、陈胜、吴广等州郡各共兴军聚众，虎争天下，中国扰乱，未知所安，豪杰畔秦相立。南海僻远，吾恐盗兵侵地至此，吾欲兴兵绝新道，自备，待诸侯变，会病甚。且番禺负山险，阻南海，东西数千里，颇有中国人相辅，此亦一州之主也，可以立国。郡中长吏无足与言者，故召公告之。"

第七章 南越称王

龙川县佗城保留下来的越王井，传赵
佗任县令时，由南下的大军所凿

越王井说明牌

赵佗原是真定人（今河北正定县），关于率军征伐岭南之前的经历史无明载。有记载的是他到岭南后，曾上书秦王朝，要求派三万名中原女子到岭南为驻守岭南的将士"缝补衣服"，最后秦始皇选派了一万五千名中原女子去了岭南，这些女人自然成了岭南将士的配偶。此时，作为同样具有雄才大略的赵佗，听了任嚣的密嘱，心中十分感动，当场答应按任嚣的构想予以行动。两人经过一番谋划，任嚣便假借秦中央王朝的命令，委托赵佗代理南海尉职务，为赵佗顺利实施割据构想迈出了关键性的一步。

就在赵佗代南海尉不久，任嚣撒手归天。这个时候中原的局势是，秦大将章邯的四十万大军，正和以楚军为首的六国反秦联军相峙在漳河地区（今河南省安阳市一带），而另一支由刘邦率领的起义军却趁机沿着黄河南岸向秦国首都咸阳急速进发。

面对如此纷乱的战局，继任的赵佗迅速开始了对任嚣计划的实施，其所做的第一件事便是向驻守在横浦、阳山、湟豁关的将领快马发出檄告，告知他们"盗兵且至，急绝道聚兵自守"。赵佗所说的"盗兵"，表面上指的是诸侯兵，实际上主要指的是中原可能派遣来镇压的秦军。因为横浦、阳山、湟豁关皆位于秦所开辟的连通岭南的两条新道上，系兵

193

赵佗任龙川县县令的治所佗城所处位置图

现在的佗城是一个古镇，隶属于龙川县。有关方面对佗城镇人员姓氏进行调查统计，仅拥有4.1万人的佗城镇发现有179个姓氏，其中有笔画最少的丁、刁、卜姓，也有17画的戴、鞠、魏等姓，还有僻姓占、米、农、官、院等。除单姓外，也不乏欧阳等复姓。而该镇仅有两千多人的佗城村竟然包容了140个姓氏，远远超过了此前在浙江省温州市龙湾区宁村发现的87个姓氏。佗城镇与佗城村复杂姓氏的流传，正是两千多年前秦朝50万南下大军与当地居民融合并落地生根的一条有力明证。

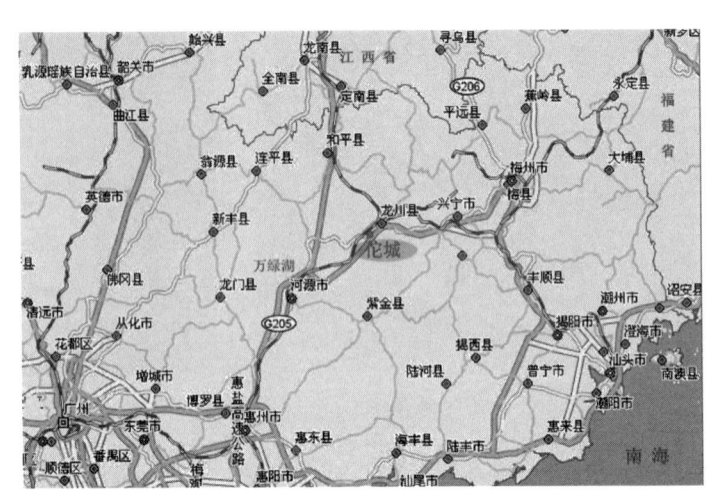

家必争的战略之地。绝了此三关道，也就断绝了秦军南下到岭南地区的通道。

当绝道闭关、聚兵自守的战略得以顺利实施后，赵佗接着采取了第二个步骤，这就是：诛秦吏代以党羽。此时的赵佗虽然代理了南海尉并已行使职权，但他深知自己这个官职是任嚣假传皇帝圣旨而骗来的，心中自然不怎么踏实。且此时的南海郡许多官吏都是秦王朝派来的，不是赵佗的嫡系，他们不一定全部听从赵佗的号令，即使听从也有阳奉阴违的现象。这些异己势力的存在，对赵佗割据岭南计划的实施十分不利，所以赵佗采取的第二个步骤就是要铲除他们。

如前所述，秦法苛严，可谓法网恢恢，无所不存，人民深受其害，官吏知法而犯法者也人数甚众。自秦到岭南的移民中就有相当数量的犯罪官吏，这就给深谙秦律的赵佗打开了一扇借刀杀人的方便之门。赵佗利用多种借口，声称那些不服从自己的秦吏违犯了这样或那样的秦律而尽杀之，正如《史记》《汉书》两书所言"稍以法诛秦所置长吏以其党为假守"。"长吏"，系秦在边郡之地所设置之官，隶属于郡尉，主要掌兵马等事务。诛杀了这些秦吏后，赵佗选拔拥护自己的心腹担任郡守、令、长吏之类的重要职务，赵佗真正成了岭南的最高长官。当以上两个步骤完成后，掌握了军政大权的赵佗趁热打铁，不失时机地下令军民迅速修筑关防城池，加强岭南的防御力量。从史料记载看，赵佗在此期间和稍后的时日，主要修筑加固的城池有：

一、乐昌"赵佗城"

乐昌，武水流经的重要地点，而武水是北江的重要支流之一，源于湖南南部的宜章，水流湍急，流入广东后，历乐昌、韶关，与浈水合流为北江。如果中原兵将进攻，可在湖南顺武水而下，逾岭达于北江，然后下至番禺等地。所以武水被认为是一条有战略意义的河流，乐昌傍武水，近南岭，其战略位置十分重要。

正因为如此，早在任嚣出任南海尉时，即在乐昌傍武水、抵泷口处筑城并置备戍兵，时称"任嚣城"。当赵佗出任南海尉后，又援故例，在任嚣城的河对岸（即今乐昌市南2.5公里处），又修筑了一座"赵佗城"，用以隔绝通往岭北的险要水道。

任嚣、赵佗之所以傍水筑城，除了河流为交通要道之一外，还在于越人习于水性，舟兵（即楼船兵）很有战斗力，水战对岭南有利。

当然，赵佗之所以傍任嚣城又修筑了一座"赵佗城"，除了水战的考虑外，还因为"秦新道唯此泷中（指武水的乐昌一段水域）最险，彼北从浈水、西从漓水以入者，险皆不及"。所以，于此筑城，不仅可以就近牢牢控制武水水道，而且还可以对湖南地理形势起一定的控制作用，阻止敌军由此南下；另外，"赵佗城"与"任嚣城"夹武水而筑，互为声援，不仅加强了乐昌附近的防卫力量，可以更

佗城百姓街上的宗祠之一——骆氏宗祠

佗城保留下来的生活用具，传为赵佗所带秦军定居此地后制作并流传下来的

有效地阻击敌军南下,还可以与附近的秦关防连为一体,形成较大区域的军事防卫区。秦三关中的湟豁关可阻击从湖南郴州沿湟水而下至广东边州的敌兵,乐昌两城则可阻击从湖南宜章顺武水而下的敌兵,收到"壮湟豁"的军事效果。

二、新筑仁化城

仁化也紧邻湖南,为防卫前沿之一,赵佗在仁化北130里而今城口处筑城。仁化之城,可以阻敌军南下,同乐昌两城可以"壮湟豁"一样,仁化城也可以达到"壮横浦"的军事效果。同时,乐昌、仁化两城的修筑还可防备从南安(今江西境内)间道和郴、桂直趋入粤的敌军。

三、广筑万人城

除了在毗邻边界之地修筑关防城池外,赵佗还命军民在稍靠五岭的岭南湟水、浈水交接处的湟浦关附近筑起了一座万人城。同时在清远筑万人城一座。

清远离番禺仅一天之路程,其北为英德,系两粤之孔道,北来之门户,地理位置也相当重要。为了守住这一门户,赵佗在此筑城,以利于清远的士卒北上驰援英德、南下屏藩番禺。

四、强化郡治番禺的防卫

番禺系南海郡郡治,也是岭南的政治、经济中心,赵佗要想割据岭南,势必要加强番禺的防卫。

首先,赵佗加固了任嚣时代所建筑的番禺城,这座城是秦汉时期岭南最早出现的城市。

其次,屯兵石门。石门是位于番禺西边北江的天然险要之一,明朝胡荣曾在《粤会堂记略》中称,"距番禺上流四十里,有山对峙曰石门"。可知石门系因两山夹江而得名,地理位置自然险要,也是交通(尤其是

赵佗征战塑像

第七章　南越称王

水路交通）的要冲，倘若石门被攻破，则番禺将无险可依凭，对如此险要之地，赵佗自然不会忽视，故他在石门驻屯了一支军队，以守卫番禺的北郊。

赵佗通过以上的举措，在岭南建立了以郡治番禺为中心的三道军事防线：最外面的一道防线主要是针对戍守边疆这一主旨而设，它以湟谿、阳山、横浦等秦关为主，又新建乐昌、仁化城，使得关、城连为一线，点面结合，交相呼应，互为犄角。这条防线的兵力最强。再往岭南内部为第二道防线，集中于南海郡中北部，以北江中游为中心，以英德、清远两座万人城与涯浦关夹江而布，形成了一个军事大三角，并配备了一定兵力。第三条防线则是石门要塞。

赵佗的防御，使得中原军队若要从北部陆地攻到番禺，就必须先破这三条防线，只有这三条防线得以突破，才可能抵达已经加固的番禺城下，由此可见赵佗在军事战略上的用心之良苦。

后来发生的战争证明，赵佗所构筑的军事防线是非常有效的。当赵佗称帝后，吕后即遣周灶等将领率兵前来征讨，而赵佗的南越国兵据岭上关防予以反击，终使汉军未能逾岭。

就在中原大乱，赵佗采取一系列措施实行割据构想时，处于桂林、象郡内的一些越人部族也随机而变，纷纷打出了独立的旗号。如后蜀王子建立了"西瓯骆裸国"，不再受南海尉的节制。同时，赵佗虽名为"东南一尉"，其实际控制之地不过为南海一郡，在桂林、象郡的统治力量则较为薄弱，这也是桂林、象郡越人部族趁天下大乱而纷纷自立旗号的重要原因之一。显然，若允许这些越人部族势力独立存在，就等于打开了岭南两侧的门户，使得赵佗已采取的绝秦关、守五岭等措施变得毫无意义，也将使划岭而守的割据计划化为泡影，面对这样的局面，必须对反对势力予以打击。

在经过一段时间的准备之后，公元前205年，赵佗正式发兵攻打桂林和象郡。关于这次战争的规模和酷烈程度，《史记》《汉书》两书未做细致的描述，倒是晋人的《交州外域记》曾做过这样一段描述：

交趾昔未有郡县之时，土地有雒田，其田从潮水上下，民垦食其田，因名为雒民。设雒王雒侯主诸郡县。县多为雒将，雒将铜印青绶。后蜀王子将兵三万来讨雒王、雒侯，服诸雒将。蜀王子因称为安阳王。后南越王尉佗举

197

众攻安阳王。安阳王有神人名皋通,下辅佐,为安阳王治神弩一张,一发杀三百人,南越王知不可战,却军住武宁县。越遣太子名始,降服安阳王,称臣事之,安阳王不知通神人,遇之无道,通便去,语王曰:"能持此弩王天下,不能持此弩者亡天下。"通去。安阳王有女,名曰眉珠,见始端正,珠与始交通。始问珠,令取父弩视之。始见弩,便盗,以锯截弩,讫,便逃归报越王,越进兵攻之。安阳王发弩,弩折,遂败。安阳王下船径出于海。

越王令二使者典主交趾、九真二郡民,后……路博德讨越王。……诣路将军,乃拜二使者为交趾、九真太守。诸雒将主民如故。

稍后的晋人著《广州记》亦载云:"交趾有骆田,……人垦食其田,名田骆人,有骆王、骆侯。诸县自名为骆将。……后蜀王子将兵讨骆侯,自称为安阳王,治封溪县。后南越王尉攻安阳王,令二使者典主交趾、九真二郡人。"

以上两书所言,其神话色彩相当浓厚,显然不能作为正史,而只是民间传说,且这传说在时间上也有与史实抵牾之处。不过,透过这两条据传说而作的传记,可以让后人触摸到一些早已湮没的历史线索。正如著名史学家、考古学家张荣芳、黄淼章两先生所言:当赵佗绝关自守后,曾派遣军队前往镇压岭南内不服从自己的地方势力,而正处于军事酋长制阶段的那个"安阳王"即是其一,这个"安阳王"和他的部族不服从赵佗的号令,甚至自举旗号,在一方小天地里称王称霸。对他的这个举动,赵佗心里感到很不舒服,于是出兵征伐,其结果自然是赵佗取得了胜利,并得以"击并桂林、象郡",扫除了反对势力,基本上恢复了秦所置的岭南三郡,实现了岭南地区的统一。

掎角之势

当岭南地区实现了统一之时,正是各路豪杰中原逐鹿之日。在这种天下大乱的情况下,赵佗趁机自称南越王,建立了南越国。

第七章 南越称王

关于赵佗何年称王，《史记》本传未载，只是说："秦已破灭，佗即击并桂林、象郡，自立为南越武王。"《汉书·两粤传》所记与《史记》相同，也未载明何年。后来的研究者，也就只好根据《史记》《汉书》两书留下的只言片语做推测揣摩了。若按公元前207年夏历十月（秦及汉初皆以十月为岁首），秦王子婴投降刘邦、秦朝灭亡算，赵佗称王应于秦已破灭之年，即最早不会在这一年之前。

《史记·陆贾列传》称："高祖时，中国初定，尉佗平南越，因王之。"从这段记载来看，可知刘邦"中国初定"之年，即赵佗称王之年。

秦亡以后，刘邦同项羽进行了为时近五年的楚汉战争。陆贾说："汉王起巴蜀，鞭笞天下，劫略诸侯，遂诛项羽灭之。五年之间，海内平定。"这场战争从汉元年（公元前206年）开始，至汉五年（公元前202年）以刘邦消灭项羽而告结束。所谓"中国初定"应是刘邦对项羽的斗争已取得决定性的胜利，而项羽尚未被完全打垮之时。那么这五年中，哪一年才算汉王平中国初定之年，亦即赵佗称南越王之年呢？

据《史记》《汉书》记载，楚汉战争经历了一个颇为曲折的过程。头两年（公元前206年、公元前205年）刘邦所处的境况并不理想。当时，项羽凭借兵力上的优势，一再挫败刘邦。汉二年四月，彭城（今江苏徐州）一战，汉军大败，刘太公、吕后竟被项羽俘获，留为人质。汉王之败彭城，诸侯皆复与楚而背汉。一些原来归汉的诸侯王纷纷投降项羽，刘邦率残部狼狈逃到荥阳（今河南荥阳市西南），形势对刘邦很不利。这两年对汉来说，当然不是"中国初定"之年。

楚汉战争在汉三年（公元前204年）应为双方相持之局。当时，刘邦依靠萧何着力经营的关中，征集兵员、粮草补充前线，与楚军相拒于荥阳一带。刘邦为了扭转楚强汉弱的形势，在政治上争取与项羽有矛盾的英布，重用有军事才能的彭越、韩信等，团结内部力量；在军事上制定了一个正面坚持、敌后扰乱、侧翼牵制的对敌作战方针，并用计离间项羽集团。但是，这一年，楚在军事上对汉仍然占有暂时的优势。项羽调动大军加紧对汉军发动攻势，并两次攻占了荥阳、成皋，使刘邦一再受挫。刘邦为了减轻正面战场的压力，出兵宛、叶（今河南南阳、叶县南）间，引诱楚军南下；派彭越攻占睢阳，汉政权在这一年尚处于胜负未卜之中，仍不能说是"初定"之年。

199

汉四年（公元前203年），战争形势发生了有利于汉的决定性转变。十月，汉军趁项羽主力东调、回击彭越之机，对楚发起反攻，一举夺回了成皋。这时，汉大将韩信已经破魏、赵，攻下三齐，占领了楚以北广大地区；"彭越将兵居梁地，往来苦楚兵，绝其粮食"。至此，汉军完成了对楚的战略包围，并发起全面反击的攻势，大大削弱了项羽的力量。项羽腹背受敌，损失惨重，陷于进退两难、一筹莫展的境地，败局难以挽回。对于刘邦来说，只有到了这一年，才称得上是"中国初定"之年。由此可以推断这一年是赵佗自立为南越王之年。因为赵佗在秦已破灭之后，"击并桂林、象郡"，必然要进行一系列军事、政治活动，只是这个过程史籍未留下多少记载而已。

根据史学家吕名中先生的研究，赵佗正式称王不会早在刘邦入咸阳或楚汉战争开始时。汉十一年（公元前196年）陆贾奉命首次使南越，赵佗起初高傲不恭，陆贾批评赵佗"乃欲以新造未集之越，屈强如此"。如果赵佗早在刘邦入咸阳之年就已称王，陆贾就不应称南越王国为"新造未集之越"。

《史记·南越尉佗列传》说，元鼎六年（公元前111年）冬，汉武帝派数路大军平定了南越王国的反叛。"自尉佗初王，后五世九十三岁，而国亡焉。"南越自赵佗称王到公元前111年被平定，共九十三年，这个年数《汉书》所记亦同。从公元前111年反推九十三年，恰是公元前203年，也就是汉军对楚发起反攻，并完成了对楚军战略包围的那一年。

清人梁玉绳《史记志疑》卷三十四，在论及《南越列传》问题中指出：赵佗"二世元年行南海尉事，高帝四年称王"。这个论断应当是合理而可信的。可见赵佗正式称王于汉高帝四年，即公元前203年，当确凿无误。

从史料记载看，赵佗建立的南越国疆域，基本上与秦在岭南所设三郡的辖区相当。在南越国疆域的东、西、南、北四向边界中，除东界濒南海外，其余皆为陆地。具体的位置是，向东与闽越相接，抵今福建西部的安定、平和、漳浦；向北主要以五岭为界，与长沙国相接；向西到达今之广西百色、德保、巴马、东兰、河池、环江一带，与夜郎、句町等国相比邻；其南则抵达越南北部，南濒南海。这个疆域基本上维持到南越国的灭亡。

赵佗称王后，考虑到一旦中原归于一统，朝廷很可能会派人前来征伐；同时也为了防备长沙国可能进行的突袭，遂再一次加强了边防力量，并在南越国北部边界地形险要之处再建关筑城，为南越国筑起了一条东西长达数千里的边防线。这条边防线东起今粤闽之交的蒲葵关，沿横浦关、阳山关、乐昌赵佗城，连一州关防，历桂岭而到广西的严关、秦城，其中关城互为犄角，又与岭南内侧第二条防线交相呼应，成为南越一条较为严密的军事防线。基本上具备了与中原军队抗衡的边防武装力量。

划岭而治

当岭南的边防得以巩固，赵佗建南越国并称王后，即着手治理这个王国。

但是，当他环顾自己的这个王国时，却未免有些心灰意冷。偌大的国土上，只有几条大河流的河畔，才各建有几座郡、县城。虽然尾随大军之后陆续来了几批商贾、谪吏、赘婿、罪徒及妇女等，但编入册籍的百姓跟中原任何一个割据势力相比，还是少得可怜，而他的王国就要依靠这些臣民做支柱。中央政府的庞大机构，众多的后宫妃嫔、内官、侍从人员，郡县的官吏，保卫边境的武将吏卒，等等，都由这些百姓创造的财富予以支撑。就连筑城修路、造船建屋、耕田纳赋、制作器物等，也还是由这些百姓负担。当然，在他的王国里，还有三两倍这个数目的土著瓯、骆族人民。可是，这些化外之民，都各自匿居在他们那些几乎与世隔绝的山洞里，靠渔猎为生，平时除了为一点小事相互攻打外，王国的盛衰与他们毫不相关。

面对此情，赵佗并没有气馁，他从春秋、战国时代列国的兴亡中悟出了事在人为的道理。乘着刘、项相争，无暇南顾的机会，尽力设法来建设自己的王国。一方面，他借鉴秦朝治理国家的得失，组织起一个中央集权、郡县分治的王国政府，但不仿效秦朝那样刻薄寡恩、滥施刑罚，而是有效地保护中原移民的政治、经济和文化传统，促进了生产力的发展；另一方面，赵佗采取了入境随俗，遵从越人风俗习惯等措施，加强了民族融合与团结。

岭南越族各部在历史发展过程中，逐渐形成了自己独特的文化体系与风俗习惯：在饮食上，喜食蛇蚌；服饰上，断发文身；居行上，干栏建筑，

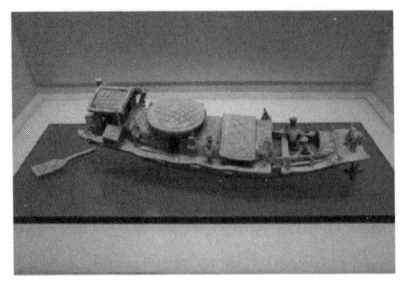

广州郊外出土的汉代陶船

此船于1954年在广州先烈路一座东汉墓中出土，高16厘米、长54厘米，为随葬明器。由于它是依照真船的结构、形状，按比例缩小制作的，所以，它仍然是我们研究中国造船史的重要标本

广州郊外出土的南越国时代遗物

水处舟行；宗教上，巫祝盛行，使用鸡卜；等等。这些风俗习惯，都源于一个民族共同的心理积淀，如果轻蔑地加以否定，无疑会伤害广大越族人民的民族感情，其结果只能是加深汉越之间的民族隔阂，不利于统治；而加以尊重，则会有助于汉越人民的相互了解与和睦相处。因此，赵佗对于越俗采取的态度是：良则从之，恶则禁之。

在服饰上，赵佗抛弃了孔孟之说，不用中原的"冠带之制"，而与越族"同其风俗"。当他在十几年之后，首次接见刘邦派来的使臣陆贾时，就从越俗，与中原的束发戴冠大相径庭，俨然以真正的蛮夷大长自居。在他的带领下，其他"居蛮中久"的中原汉族官吏也纷纷接受了越族的风俗习惯。

当然，对越人之俗，赵佗也不是完全遵从的，他曾明令禁止一些恶习。如越人好相攻击，这一点除了岭南越人各族发展程度不一样的缘故外，还代表着原始社会末期部族战争的残存形式。赵佗若遵从这个相互攻斗的恶习或对这个恶习视而不见，则南越必无宁日，并会妨碍经济、文化等各方面的发展。所以，赵佗下令禁止。经过多方努力，越人相互攻击、好勇斗狠的恶习渐渐得以改正，从而促进了岭南越族各支系之间的和睦共处，加速了岭南社会的经济发展。

有俑陶楼

东汉，高29.5厘米，长28厘米，宽23.5厘米，1957年广西贵县粮食仓库出土，广西壮族自治区博物馆藏。此陶楼为灰陶质，其结构为前屋、右厢房、后阁楼、中院落。前屋前后对称各有一门，正门上立一舂米桶，悬山式顶，瓦顶刻有"歺人青囗"四字。右厢房设有一门，门口躺着一只狗，房内也有一俑做舂米状。楼顶为悬山式。阁楼有两层。底层前后各有一门，左墙壁有一窦洞，洞口有一狗伸出头。上层分为三部分：中堂、左房、右披厦。中堂为庑殿式顶，左房有镂空三角形气窗，悬山式顶，右披厦为双脊斜坡顶。整座建筑有镂空直棂窗、横棂窗及刻画仿木构架纹装饰，建筑布局合理，说明汉代广西的建筑业已发展到相当水平，也反映出庄园经济的发展状况

与此同时，赵佗为促进民族融合，大力提倡汉越通婚。自古以来，两个民族通过联姻而消除隔阂，建立和睦关系，是一条重要的历史经验，这些历史经验无不给赵佗以教益和启示。

他不仅大力提倡汉人与越族通婚，并身体力行，做出表率。如南越国丞相吕嘉家族中"男尽尚王女，女尽嫁王子弟宗室"，使赵氏与吕氏两大家族的关系盘根错节，利益趋于一致。再如南越所封的苍梧秦王赵光就与吕氏家族联姻，第二代南越王的一位夫人赵蓝也可能是越女，第三代南越王赵婴齐也娶有越女为妻，并生子赵建德。

在赵氏统治集团的带动、鼓励下，中下级官吏兵卒及其他中原汉人与越族的通婚已相当普遍。尤其是数十万秦兵，他们除了极小部分与中原来的一万五千名女子组成家庭外，大部分秦兵士卒都与驻地的越族通婚。

除此之外，赵佗还采取了因地制宜，让部分越人自治的方针政策。岭南为百越聚居

之地，越族支系众多，各部越人的社会经济发展极不平衡。因此，这些支系、部族不同的越族，其势力也参差不齐。针对这些不同情况，赵佗采取了一些比较灵活、变通的统治政策，如赵佗在兼并象郡后，针对象郡一带的历史和现实情况，实行了由越人自治的办法；交趾一带，越族的部落势力十分强大，并且原部族的社会经济发展程度也比较高，已形成了比较严密的部落组织，面对此情，赵佗仅派二使者前往"典主"，同时又在交趾地区分封了一位"西于王"。这位西于王，正是组织杀死屠睢的原西瓯君译吁宋的后裔，在西瓯族越人中有着崇高的声望及广泛的影响。赵佗把他封为王，明显地是以安抚之策让其自治，并通过不断的经济援助，增强西瓯地区的向心力，以加强对西瓯地区的控制。

2000年，考古人员试掘发现的南越国官殿"散水"遗迹

在经济方面，赵佗从实际情况出发，着手改变落后的农业生产状态。他积极地把中原地区先进的农业技术引进越族地区，并教民耕种，大力传授使用铁器和耕牛技术，以提高农业生产水平。岭南越族人民逐步改变过去火耕水耨的粗放耕作方法，使越族地区农业生产发生了划时代的变化。那些百越土著对新建立的夯土城堡，堂皇的王宫、官舍，以及威武齐整的旌旗、仪仗等物，虽然感到新奇，但不甚喜欢。而对于官员们所佩带的青铜剑、铁剑，士卒们使用的铜戈、铜箭镞等，都非常羡慕。他们用惊奇的眼光，注视着戍卒及工役们使用铁斧、铁凿砍木造船，用铁锄、铁锹翻田掘地；注视着工役们驾着牛车、马车输送重物，驶着有帆的船舶在江河上疾驰……所有这些，在只有木耜、石斧、竹箭等武器和工具的土著居民们看来，简直是不可思议的东西。于是，为

第七章　南越称王

南越国官署遗址出土的野趣自然的曲渠出水闸口

了换取一把铜匕首或一件铜戈头，一柄铁斧或一具铁锹，越人不惜拿出大量的谷米、山货、翠鸟、孔雀，甚至用难得的象牙、犀角等来交换。鉴于这种情况，赵佗及其谋臣们便在各郡县、市镇设立"市官"，由官府直接与当地的土著居民进行商品交换，而把交换所得的象牙、犀角、翡翠、珠玑、香药等中原地区珍贵的宝货，成批地运到北边的关市去和汉帝国南来的商人贸易，并向他们购买了大批的牛、马、铜铁工具和器皿，然后又用这些货物与土著居民交换，由此形成了一个循环往复、连续不绝的商品交易渠道。本来在百越族人中间，早已出现了物物交换的贸易行为，但这只是在洞与洞之间，或在附近几个洞之间进行，因此彼此拿出去交换的物品，无论在品种或价值上，都是微不足道的。而有些东西，例如珍珠、紫贝、玳瑁等海产珍品，常常要通过多次交换，才辗转流传到岭北的商人手里。现在由南越国官家统一经营，不仅大大扩展了岭南地区与中原的贸易往来，而且也丰富了岭南地区市场的物品交换，百越族人很快便获得了他们所喜爱的铜铁武器和工具，而这些新的工具大大提高了他们的生产力水平。南越王国政府在这项贸易中获得了丰厚的利润，即使不向土著居民征收租赋也不愁财政匮乏；同时又通过这项措施，使一些土著居民感到大有收益，从而拥戴王国政府及赵佗本人，甚至有些邻近郡县的"化外之民"也撤

2000年，考古人员在南越国官署范围不足5000平方米的南越国官署遗址范围内，共发现汉代、晋、南朝、唐、宋、元、明、清和民国共八个历史时期的水井共一百四十多口。水井的形式丰富多样，有土井、竹篾井、木井、陶圈井、瓦状井、砖井、砖瓦合构井等多种，许多井的构造极其精致。图为考古人员掘的一汉代砖井，从井下淘出一百多件汲水罐

南越国宫署遗址出土的曲渠渠底，原用大型卵石呈"之"字形铺就

销了他们山洞的樊篱。

赵佗不仅重视发展生产，而且也很重视发展文化教育事业。他推行所谓以诗书而化国俗，以仁义而团结人心的措施，让越人读书认字，学习礼仪，灌输封建伦理道德，提高他们的文化知识，使越人"渐见礼化"。两广地区的少数民族很早就使用了汉文，这对越族文化的发展和越汉间的文化交流，有着积极的意义。

在赵佗积极提倡学习文化、发展教育，以及中原先进文化的有力促进下，岭南地区的文化艺术得以迅速发展起来。考古发掘表明，岭南地区出土的陶器，其色彩和造型，具有相当高超的水准，其铜器、漆器、玉器、银器等，不但产量大，而且工艺精细、造型美观，富有浓郁的民族特色，其中尤以漆器为突出。如广西贵县汉墓出土的大批打有"布山"（"布山"为古地名）戳记的漆器，说明秦汉时期这里生产的漆器，艺术水平甚高，盒的内外都有漆彩画，其画有奔马、手持武器的战士和各种花鸟等，形象生动，富有真实感，可与同时期中国其他地区生产的漆器相媲美。出土文物中还有秦汉时期越族人民的住房模型，即"栅居式"的陶屋和"黄釉阁楼"。它设计新颖，名曰"干栏式"建筑，这种建筑风格，岭南一些少数民族至今还保持并沿用着。

正因为赵佗对南越国采取了较为合理、现实的民族政策，也就比较成功地处理了民族关系，收到了较好的效果。他不仅"和辑百越"，使得岭南"粤人相攻击之俗益止"，同时也使"中县人以故不耗减"。在赵佗的有效治理下，南越国内民族关系和睦，汉越人民友好相处。这种和睦的民族关系为增强南越国的整体实力打下了基础，创造了条件。从

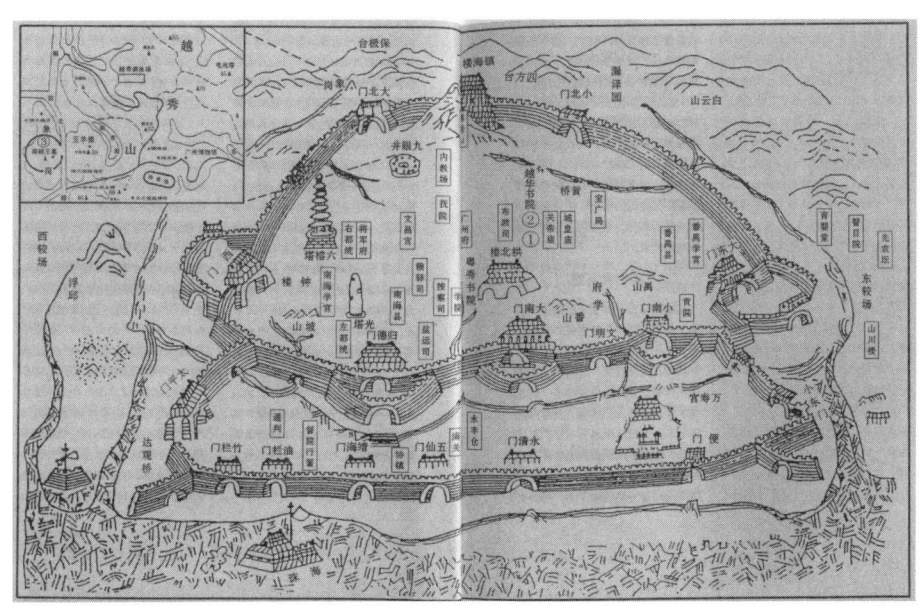

象岗南越王墓与城区史迹略图（引自《广州南越王墓》）
①秦造船遗址
②南越国官署遗址
③南越王墓

历史发展的角度看，赵佗的绝秦关道及称王建国，对于中原与岭南都是有益的。就当时的中原而言，加速了秦朝统治的瓦解，对岭南而言，则不仅保证了汉越人民过上和平、安定的生活，而且保证了汉越人民经济的持续发展。赵佗的划岭而治是有一定的进步作用的。

出使南越

南越王国在中原战火纷飞的大动乱中建立起来了，而作为继秦之后新建立的西汉王朝，在刚刚稳住了中原霸主地位之后，对这个偏处东南一隅的独立王国，既不予承认，又无可奈何。因为当时的西汉王朝，其内外形势相当严峻。就国内来说，呈现出一种凋敝、窘迫的景象，人口锐减，经济凋敝。经过秦朝内征外伐及秦末战争的消耗，汉初的人口较之秦时有大幅减少。据史料载，秦朝两千万人口的主要消耗有："北筑长城四十余万，南戍五岭五十余万，阿房骊山七十余万。十余年间百姓死没，相踵于路。陈、项又肆其余烈，故新安之坑二十余万。彭城之战，睢水不流，至汉祖定天下，民之死伤，亦数百万。是以平城之卒，不过三十万，东方之六国，五损其二。"当刘邦灭项羽后，大封群臣，陈平得封曲逆（今河北定县），后来刘邦过曲逆，看见曲逆的人口甚众，不由连声赞叹，认为曲逆是个"壮哉"之县，于天下唯洛阳可与比也！秦时曲逆有户三万，至汉初仅存五千，这么一点人口居然能获得刘邦的称赞，可见，汉初人口的锐减已到了何种程度。

人口锐减带来的直接影响是经济凋敝。从当时的社会经济状况来看，经过秦末农民起义，特别是长达四年之久的楚汉战争，给整个社会经济造成了严重破坏。人口锐减，土地大量荒芜使很多农民成了脱离政府控制的流民，而且粮谷缺乏、谷价腾贵，战乱最激烈的荥阳和关中一带，饥荒严重，每石米高达一万钱。史学家班固概括当时的经济形势是："自天子不能具醇驷，而将相或乘牛车，齐民无藏盖。"

北方民族控弦之士图

在长达四年多的楚汉战争期间，刘邦忙于逐鹿中原，未对匈奴进行抗击，而匈奴此时在冒顿单于的统治下，势力鼎盛如日中天，"控弦之士三十余万"，对汉朝的北部边境地区，乃至帝都所在的关中地区都造成了极大的威胁。楚汉战争后，刘邦开始将注意力转向匈奴，并在国穷民困、准备不足的情况下，于公元前200年，仓促率领20万大军往征匈

奴，结果被敌军围于平城白登山，七天七夜后用陈平之计方才解围。这次出征，使刘邦认识到了汉初国力的真正水平，之后他果敢采用娄敬的"和亲"之策，对匈奴采取了守势，不敢轻言攻战。

刘邦在楚汉之争中，为了合力击败项羽，先后分封了七个诸侯王，史称"异姓诸侯王"。他们是：楚王韩信、梁王彭越、淮南王英布、韩王信、赵王张敖、燕王臧荼、长沙王吴芮。这些异姓王的封国跨州兼郡，占据了战国后期东方六国的大部分疆域。他们手握重兵，各制一方，对中央权力的稳定与巩固形成了很大威胁。公元前202年，燕王臧荼反；公元前197年，赵相国陈豨反，勾结匈奴，自立为代王；公元前196年，彭越反。各诸侯王不断地反叛，使刘邦不得不把主要精力放在对付、镇压国内各地的叛乱上，根本没有余力顾及五岭以外的南越国。而这时的赵佗建立南越国及经营岭南，已有一段时间，也具有了一定的实力，这又迫使刘邦不得不慎重考虑对南越国这个棘手的关系问题。

对于这个问题，刘邦是如何看待和处理的呢？

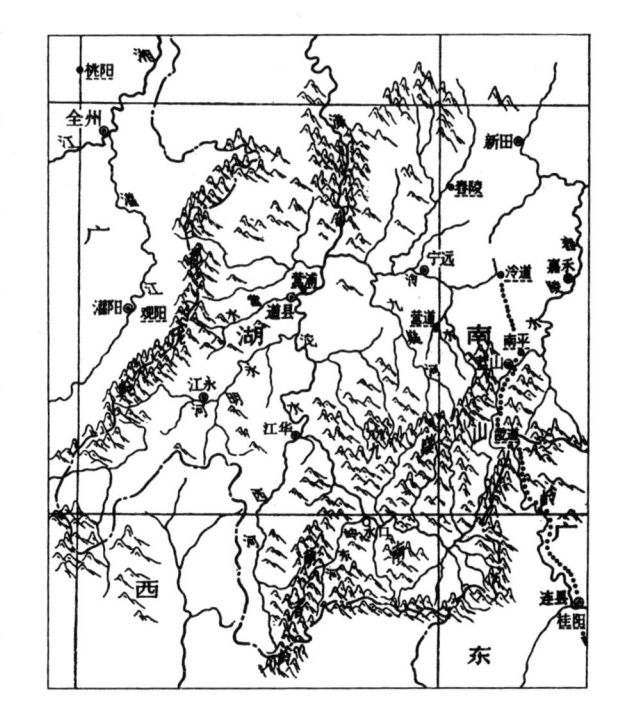

史载，汉高祖五年（公元前202年）二月，在南越国赵佗统一南越两年之时，刘邦传下诏书："以长沙、豫章、象郡、桂林、南海之五郡立番君吴芮为长沙王。"这份诏书表明：一是刘邦不承认赵佗的南越国，他要像秦始皇一样，把岭南百越统一到他的江山社稷之中。二是由于自己无暇、无力顾及

长沙国南部地形图（谭其骧绘）

南越国，便利用封侯的方式，即通过侯王的势力进行控制，依靠长沙王吴芮吞并岭南的南越国。

汉高祖六年（公元前201年）三月，刘邦又传诏，封齐信侯徭毋余为海阳侯，食一千八百户。海阳之地，属赵佗的南越国所辖的县地，自然这也是虚封。当时，齐信侯徭毋余握有重兵，本人又勇猛善战，自小熟读《太公兵书》，自谓刘邦属下文韬武略的全才。汉高祖刘邦的用意是故意给赵佗树立第二个敌人，让他的这个齐信侯率兵攻打南越国，进而把南越的疆土划归汉室所有。

刘邦的这个主意想得可谓不错，但现实情况就没有他想的那样美妙了。就当时的形势而言，赵佗立国后，占据了得天独厚的岭南之地，生产逐步发展，百姓的日子也慢慢好起来，军事方面已有带甲兵百万之众，天时、地利、人和都对赵佗有利。仅凭长沙王吴芮和齐信侯徭毋余，又怎么敢向南越国诉诸武力呢？对汉高祖刘邦的虚封，初时长沙王吴芮和齐信侯徭毋余受宠若惊，但随着时间的推移，齐信侯先悟出了其中之意，汉高祖想借他的手去夺取海阳之地。可当他权衡一下自己和南越王的实力，方感到南越的强大和自己的渺小，明白绝不可自讨苦吃，拿着鸡蛋去碰石头，做赔本的买卖。至于长沙王吴芮，在受封的五郡中，有三郡已被赵佗占有，他实际只得了两个郡的封地，以这两郡的军事实力他是不敢率兵攻打南越国的。相反，他还担心南越王赵佗会逾岭夺取他的封地。更为不幸的是，吴芮在受封长沙王的第二年，突发恶病，医治无效，一命归天了。世袭的王位由他的儿子吴臣继承，汉高祖封他为长沙成王。吴臣继位后，按照先父吴芮临终时的密嘱，一方面加强与南越国接壤的边境防御，一方面大肆招兵买马，防备南越军队逾岭北侵。

随着时间的推移和西汉王朝政治、经济状况的好转，刘邦在对待南越王国的问题上也有了变化。在汉王朝依然没有足够的能力征服岭南的情况下，为了不使岭南危害一方，刘邦开始顺水推舟，承认赵佗南越称王的既成事实，并于汉十一年，派陆贾出使南越，颁布自己的诏命。

《汉书·陆贾传》载："陆贾者，楚人也。以客从高祖定天下，名为有口辩士，居左右，常使诸侯。"陆贾是较早地参加到秦末农民战争行列中的知识分子。公元前207年，刘邦率起义军由武关入陕，进军咸阳，子婴派重兵拒于峣关，刘邦用张良之计，"'使郦食其、陆贾往说秦将，啖以利'，秦将果欲连和"。于是，秦军设防懈怠，士气大减，刘邦达到了预期的目的，陆贾在农民起义军中从此崭露头角。当秦王朝被推翻以后，陆贾继续跟随刘邦参加楚汉战争，并成为刘邦重要的亲随谋士之一。

秦王朝在农民战争的疾风骤雨中覆灭了，代之而起的西汉王朝究竟采取什么政策来进行统治，对这个迫在眉睫的重大问题，作为当时最高统治者的汉高祖刘邦，似乎并没有认真地考虑过。刘邦的内心深处，本来就是一个流氓无产者兼法家思想的崇拜者，在思想意识上并没有超出秦始皇时代的法治体系，重武轻文的文化传统在他的思想深处可以说是根深蒂固，他平时最看不起儒家，甚至鄙视到将尿撒在儒生帽子里。而陆贾却深谋远虑，对治国之道胸有成竹。围绕着如何治国兴邦的问题，陆贾以天下为己任，不顾个人安危，面折廷争，同刘邦展开了激烈的争论。史家司马迁在《史记》中曾描述当时的情况："陆生时时前说《诗》《书》。高帝骂之曰：'乃公居马上而得之，安事《诗》《书》！'陆生曰：'居马上得之，宁可马上治之乎？且汤武逆取而以顺守之，文武并用，长久之术也。昔者吴王夫差、智伯极武而亡；秦任刑法不变，卒灭赵氏。向使秦已并天下，行仁义，法先圣，陛下安得而有之？'"很明显，陆贾的这番议论，道出了一个夺取政权与巩固政权，必须采取不同的方式、方法的深刻哲理。先秦的法家思想是适应了当时社会变革的需要而产生的，在同旧势力进行殊死的斗争，以及为实现全国统一的兼并战争中，都发挥了积极作用。但法家思想也存在着致命的弱点，它的功利主义价值观只强调进取，而轻视守成，好比钟表的发条越上越紧，易致崩裂。它使人形成一种崇尚武功、贪狠强力、寡义趋利、刻薄寡恩的价值取向，忽视一切伦理道德的规范、调节与稳定功能。而儒家思想则是在充分吸取了商周文化精华的基础之上形成的，它提倡仁义道德，注重个人品德的修养实践，主张德行并把"修身齐家治国平天下"作为个人奋斗的最高境界。这套理论虽然很难用来夺取天下，却可以用来守成天下。正如汉初政论家贾谊在《治安策》中指出的那样："夫并兼者高诈力，安定者贵顺权。"

作为流氓无产者出身的刘邦，本人没有什么理论修养，但他也有他的英明之处，这个英明之处就在于他能够审时度势，及时采纳臣民的建设性主张。所以，他听了陆贾的严词批评后，不仅不恼，反而很惭愧地说："爱卿说得有理，那就请你写下秦王朝所以失败，我所以成功的原因，以及古时候国家兴亡的故事，拿给我看看吧。"

陆贾见刘邦愿意接受自己的政治主张，就将自己的理论见识做了概略的论述，以十二篇成书，名曰《新语》。其书主旨在于崇王黜霸，归本于修身用人，多引《春秋》《论语》之文。每成一篇，陆贾就讲解给刘邦听，刘邦听后对每篇都大加赞赏，左右侍从们见主子赏识，也就跟着高呼"万岁"，陆贾由此作为一颗治国安邦的政治思想理论新星在西汉王朝的早期升起了。

通观陆贾的《新语》，不能不让人感到作者确实是一位朝气蓬勃的政治家。他蔑视那些"君倾而不扶，国危而不持"的隐士者流，整个理论继承了荀况反对天命论的朴素唯物主义思想，并明确地指出："世道衰亡，非天之所为也，乃国君者所取也。"他强烈地抨击了泥古守旧、重古轻今的思想，主张"善言古者，合之于今，能述远者，考之于近"，"书不必起仲尼之门，药不必出扁鹊之方，合之者善可为法，因世而权行"，这些充分反映了陆贾锐意革新、进取的思想倾向。

陆贾通过对历史经验的反复比较和总结，认为凡"恃坚甲利兵，深刑刻法"治国的，其结果都是国灭身亡。他列举了历史上许多这样的例子："昔晋厉齐庄，楚灵宋襄，秉大国之权，仗众民之威，军师横出，陵轹诸侯，外骄敌国，内克百姓，邻国之仇结于外，臣下之怨积于内。……故宋襄死于泓水之战，三君弑于臣子之手，皆轻用师而尚威力，以至于斯……此乃去事之戒，来事之师也。"陆贾对秦亡教训的分析准确而深刻。他指出："秦始皇帝设为车裂之诛，以敛

陆贾《新语》书影

奸邪。筑长城于戎境，以备胡越。征大吞小，威震天下。将帅横行，以服外国。蒙恬讨乱于外，李斯治法于内。事愈烦天下愈乱，法愈滋而奸愈炽，兵马愈设而敌人愈多。秦非不欲为治，然失之者，乃举措暴众而用刑太极故也。"因此，陆贾认为，自春秋而至秦，"恃坚甲利兵，深刑刻法"是导致国家败亡的基本原因，值得警惕。与此相反，"虞舜治天下，弹五弦之琴，歌南风之诗，寂然无治国之意，漠然无忧民之心，然天下大治。周公作礼乐，郊天地，望山川，师旅不设，刑格法悬，而四海之内，奉贡来臻，越棠之君，重译来朝。"这就是陆贾提出"无为而治"治国方略的历史依据。经过将近十年战乱破坏而建立起的西汉王朝，其时社会经济极端贫困。这种破败不堪的局面，决定了缓和阶级矛盾和发展生产力必然成为汉初的突出任务。陆贾认为，"无为"是暴政的对立面。当时西汉政权应实行"无为"政治，别无出路。因此，他大声疾呼："夫道莫大于无为，行莫大于谨敬。"关于"无为"政治的理想境界，陆贾有一段颇为生动的描述。他说："是以君子之治也，块然若无事，寂然若无声，官府若无吏，亭落若无民；闾里不讼于巷，老幼不愁于庭；近者无所议，远者无所听；邮驿无夜行之吏，乡间无夜名之征；犬不夜吠，鸟不夜鸣；老者息于堂，丁壮者耕耘于田；在朝者忠于君，在家者孝于亲……强弱相扶，大小相怀，尊卑相承，雁行相随；不言而信，不怒而威。"陆贾的《新语》为汉初的"休养生息"政策奠定了理论基础，对汉初政局的稳定和生产的发展发挥了巨大的作用。

据《汉书·艺文志》载，陆贾曾著有《楚汉春秋》和赋三篇，均已散佚。世传《新语》十二篇，与《史记》及《汉书》本传所记篇数相符，而与《汉书·艺文志》所载二十三篇不合。其篇目及内容，自唐以来大抵如此，是否系陆贾作品，历来人们认识不一。应该说，陆贾原作者有之，后人掺杂者亦有之，但基本上反映了陆贾的思想。

陆贾曾在刘邦面前时时说称《诗》《书》，在《新语》里也大谈仁义，似乎是一个儒家之徒。从班固的《汉书》开始，旧史家均把陆贾置于儒家之列。《四库全书》在谈到《新语》时也说："汉儒自董仲舒外，未有如此之醇正也。"这个论断现在看来也不尽然，应该特别注意的是陆贾所说的"仁义"与孔孟的"仁义"并不完全相同。特别是与孔孟仁义相联系的那烦琐的礼仪，陆贾几乎没有提及。比较起来，陆贾则更重视老学。秦汉以前，

"无为"同"仁义"是互不相容的。陆贾根据汉初社会现实的需要,却把这两个分属于道家和儒家的东西结合在了一起,但主次是分明的。西汉史学家、思想家司马谈在评论道家时说:"其为术也,因阴阳之大顺,采儒墨之善,撮名法之要,与时迁移,应物变化,立俗施事,无所不宜,指约而易操,事少而功多。"综观《新语》,陆贾的思想正与司马谈所言之道家相合。显然,汉初道家与先秦道家并不完全相同,陆贾的思想并非老庄思想的翻版。陆贾在继承老学"无为"思想的基础上,加以发展,并掺入了儒、墨、名、法、阴阳各家及黄帝之学的思想,使老学变得比较符合汉初社会的需要,形成了著名的黄老学派。这是道家发展史上的一个转折,也是老学思想的一次重大改造。而这个任务正是由陆贾完成的。汉初,在君主和大臣之中,崇尚黄老思想者不乏其人,黄老思想成为汉初统治阶级的统治思想。陆贾则是汉初黄老学派最有影响的代表人物,同时也是汉初第一个有政治著作传世的杰出政治家。

云梦睡虎简秦简局部

陆贾的思想体系得到刘邦以及众多臣僚的赞赏。以此为转折,汉王朝君臣反复总结秦王朝灭亡的教训,并引以为戒,逐渐认识到,秦始皇并非不欲为治,秦的速亡,正是由于举措(兵役徭役)太暴,用刑太过的缘故。要想实现长治久安,在当时的条件下,只有轻徭薄赋慎刑,才能缓和社会矛盾,巩固政权。在这一思想方针的指导下,以刘邦为首的西汉统治者,陆续采取了如下一些重要措施:

一、罢兵士归家乡。规定跟随刘邦入关灭秦的关东人愿意留在关中为民的,免徭役十三年,回关东的免徭役六年。军吏卒无爵或爵在大夫(五级爵)以下的,一律晋爵为大夫;大夫以上的加爵一级,并一律免除本人及全家的徭赋。归农的军吏卒，按照爵级高低，授予田宅。这些被遣散的军吏卒，除少数高爵的上升为地主外，大部分还是一般农民。这些农民由于在和平安定的环境中获得了一份土地，又不需要服徭役，提高了生产积极性，成为汉初稳定农村封建秩序、恢复农业生产的一支重要力量。

二、命令在战乱中聚啸山泽的人各归本土，"复故爵田宅"，使地主归乡，农民返籍。"故爵"无疑指秦代的封爵，秦爵与田宅密不可分，"复故爵田宅"是对秦代中小地主既得利益的法律承认，有利于消除秦朝吏民的反抗情绪，这项安抚政策在汉初稳定封建秩序方面是成功的。

三、宣布因饥荒自卖为奴婢者，一律"免为庶人"。这里限定的"自卖"只是当时奴婢买卖的一种形式，其他还有"略卖""出卖"等。如果再从自由民沦为奴婢的渠道论之，形式就更多了。因此，这项法令并不是要废除奴隶制，而是有限地释免一些"自卖"者，尽管如此，它对解放社会生产力还是有益的。

四、重农抑商。中国自古就是一个农业大国，重农有其历史必然性。重农抑商作为国家的一项基本国策始自商鞅变法，商鞅认为工商业严重妨碍"重农"政策，因为在商品经济获得一定发展的前提下，从事工商更容易获利。对此，史学家司马迁曾概括指出："以贫求富，农不如工，工不如商，刺绣文不如倚市门。"在工商业的利导下，大量农民纷纷脱离农业转而从事工商，这在农业生产力不甚发达的情况下是有害而无益的。正因为如此，刘邦君臣继承了这一政策，并具体规定：不许商人衣丝、操兵器、乘车骑马，不许商人从政做官，并加倍征收他们的人头税。

陆贾持节赴岭南像

五、减轻田租，十五税一。据《云梦秦简·田律》可知，秦代的田赋征收禾稼（粮食）、刍（饲料）、粟（禾秆）等，即每顷收刍三石，粟二石。后来，董仲舒批评秦政说，秦代"田租口赋，盐铁之利，二十倍于古"，说明秦朝

南越国宫殿（复建）

的赋税很重，汉初则力求轻徭薄赋。

刘邦君臣通过上述"与民休息"的措施，总算把秦末以来动荡不安的社会局面稳定下来，陆贾成为汉初政治舞台上的一位重要人物，刘邦认为陆贾是出使南越的最佳人选。据史料记载，陆贾到达南越国的都城番禺后，只见赵佗态度傲慢，头发束成一撮，竖在头上，伸开两腿，像簸箕一样坐在大殿里。作为一位有着长期出使经验的政治家和辩士，陆贾对赵佗的这番举动好像早有预料。他不动声色，先将赵佗与中原的关系作为会谈的切入点并进言道："你本是中国人（指中原地区），亲戚兄弟、祖先坟墓都在真定（今河北正定）。而今你一反天性，背叛父母之国，不念祖宗，放弃中国传统装束，想要靠区区弱小的南越跟天子对抗，成为敌国，大祸怕就要来临。自从秦王朝失去控制，诸侯豪杰纷纷起来，只有汉王刘邦率先入关，占领咸阳，项羽背叛盟约，自立西楚霸王，诸侯成为他的臣属，可以说甚为强大。然而汉王刘邦从巴蜀出兵，用皮鞭笞打天下，遂诛灭项羽，仅仅五年时间天下平安。这不是人为的力量，而是天意如此。天子（指刘邦）已知道大王在南越称王，却不出兵协助诛灭暴秦和西楚，朝廷文武官员都主张派出大军，向大王（指赵佗）问罪，但天子怜悯百姓在战乱频仍中已经十分痛苦，才消原意，并且派我前来授给大王王印和互相通好的符节。大王应该恭恭敬敬地到郊外迎接，北面称臣。想不到你竟想凭借基础未稳的南越，倔强到底。汉朝廷如果得到报告，恐怕要挖掘焚烧你祖先的坟墓，屠杀你宗族，然后派一位偏将军，率领十万人马南下进攻，到那时，你的部下杀你投降，易如反掌。"

赵佗茅塞顿开，赶紧跳起来，规规矩矩地坐下，道歉说："我在蛮夷中生活得太久，忘了中国礼仪。"然后向陆贾请教说："我比萧何、曹参、韩信如何？"

陆贾说："大王的贤明和能力，跟他们相仿。"

赵佗接受汉廷册封雕像

赵佗又问："我跟皇帝相比谁贤明？"

陆贾说："皇帝起自丰、沛，讨伐暴秦，诛灭强楚，为天下百姓兴利除害，继承五帝三王的伟大勋业，统治天下，中国人口以'亿'为单位计算，土地方圆万里，物产富饶，号令统一，自从开天辟地以来从未有过。而大王之众不过数万，而且遍地蛮夷，不是山峦崎岖，就是海滨水涯，一片荒凉，不过是汉的一个郡而已，大王怎么能跟汉相比。"

赵佗朗声大笑说："可惜我不在中国（指中原），所以在这里为王。假使我在中国，安知不如刘邦？"

此时赵佗自比于刘邦的夜郎自大与他见陆贾之初的"魋结箕踞"以及接着"蹶然起坐"等都是一致的，他满足于独霸岭南，但又不能得罪汉廷，他以这种井底蛙式的表现，向汉廷暗示他"欲自外乎蛮夷"，"无远大志"，以此求"杜兼并之祸于无形"。可见赵佗还是相当明智的。

最后，赵佗接受了汉朝的册封，"愿奉明诏，长为藩臣"。赵佗钦佩陆贾的才干和"威仪文采"，挽留他在岭南住了几个月，并对陆贾说："南越这个地方，我连个谈话的对手都没有，自先生来此，让我听到了许多闻所未闻的新鲜事。"当陆贾临走之时，赵佗送陆贾价值二千金的财物，算是钱行。

陆贾出色地完成任务回到长安，刘邦很是高兴，升陆贾为太中大夫，以资奖励。

南越国臣服

陆贾出使南越，使赵佗接受了汉朝的册封，南越国对汉朝称臣，遵守汉朝法律的约束。自此，南越国也就正式成为西汉的一个诸侯王国，双方在经济、文化等方面的联系大大加强，贸易互有所补，各获其利，中原地区获得了南越国的物产，丰富了中原人民的生活，而南越国也获得了发展农业生产所必需的工具及马、牛、羊等牲畜，有利于南越国社会经济的发展。

从此，南越王赵佗岁修职贡，向汉天子奉献鲛鱼、荔枝、龙眼、珠玑等珍品。汉王朝则以蒲桃、锦缎等物报之。赵佗又常使贡石蜜五斛，蜜烛两百枚，白鹇黑鹇各两双，亦厚报遣其使。

然而，到了汉高祖十二年三月，刘邦想到南越国赵佗虽然表面接受诏封，称南越王，但他有带甲兵百万，又有五岭阻隔，终是一件难事。加上朝中部分大臣及长沙成王吴臣又上书进献谗言，刘邦遂生疑惧之心。南越之地不能真正划归到汉廷的版图之中，和当年秦始皇相比，终是一件憾事。为抑制南越王赵佗，刘邦又故技重演，封南武织为南海王。这个南海王虽是虚封，但却像当年封长沙王吴芮和齐信侯徭毋余一样，再次给南越王赵佗树立了一个敌人。

就在刘邦苦心孤诣地想方设法要彻底让南越国臣服时，他治下的淮南王英布又谋反了。英布的谋反，不仅使南越国彻底臣服的构想成为泡影，就连刘邦本人也走上了黄泉之路。

英布原是六县（今安徽六安东北）人，秦王朝统治时，只不过是一介庶民，且有点乡间地痞流氓的习气。在有关他的记载中，史家总是不肯漏掉这样一个故事，说英布少年时，有一个算卦先生对他说："你受刑之后就能称王。"到他壮年时，果真因为触犯大秦律法被处以黥刑（脸上刺字）。

第七章 南越称王

于是，英布笑着对别人说："以前有人说我受刑以后就能称王，大概就指的是今日之刑吧。"周围的人听了不禁哄堂大笑，皆把他当作马戏团的小丑或不知好歹的疯子来看待。

就在这次受刑不久，英布被押至骊山修造秦始皇的陵墓。也就在此期间，英布结交了不少同为刑徒的豪壮之士，并瞅了个机会，率领一帮患难弟兄逃出骊山工地，流落到长江一带做了强盗。陈胜起义时，英布见天下已乱，正是施展本领、实现政治抱负的大好时机，便率众投靠了番阳令吴芮，跟其一道举兵反秦。吴芮见英布威猛机智，是难得的英雄豪杰，遂将女儿许配与他，两人结成了亲缘关系。

在这天下纷乱的若干年内，英布先是转归项梁。项梁死后，又归属项羽，再后来又弃项投刘，跟随刘邦转战各地，骁勇无比，屡建奇功，直至西汉王朝建立初年，被刘邦封为淮南王，成了一个诸侯国的小皇帝。至此，英布当年在受刑后的妄言竟真的变成了现实。可惜好景不长，到了高祖十一年（公元前196年）三月，刘邦在其妻吕后的挑唆和主谋下，继谋杀了楚王韩信之后，又将梁王彭越送上了断头台。为达到杀一儆百的效果，刘邦竟命人将彭越的尸体剁成碎块，熬成肉酱，分别派人送给各诸侯王品尝。

英布与韩信、彭越在楚汉战争中曾立下了汗马功劳，刘邦称帝后，他们三人的命运紧密相连，可以说一损俱损、一荣俱荣。如今当英布得知韩、彭两人先后惨死的消息，并意外地收到了彭越的肉酱这一极其血腥和暗伏杀机的"赏赐"后，不禁惊恐万状，立即部署军事力量，以备不测。恰在这时，淮南国中大夫贲赫因和英布的姬妾偷情东窗事发，深知大事不妙，便仓皇逃往长安，向刘邦诬告英布谋反。英布知道贲赫一旦逃到

淮阴侯韩信绣像

长安，必然将自己的军事部署和意图报告刘邦，生性多疑的刘邦自然不会放过置自己于死地的机会，必然带兵前来征讨。于是，英布干脆一不做、二不休，遂屠杀了贲赫全家，起兵叛汉。

英布起兵后，先向东攻击荆国，荆王刘贾（刘邦的叔父）大败而逃，死于富陵乱军之中。英布合并了荆国军队，乘胜北上，渡过淮河，又将楚国刘交（刘邦的弟弟）军队击溃，然后率大军向西挺进。一时，淮南国军队声势浩大，锋芒所及，无人能敌，西汉中央政权受到了极大威胁。在这危急关头，刘邦不得不强撑病体，亲自统率大军前来征讨。高祖十一年（公元前196年）冬十月，刘邦大军跟英布军队在蕲县西面的会缶乡遭遇。刘邦见英布军锋芒甚健，不敢贸然迎战，便在庸城（今安徽宿州市蕲县集西）固守营壁，英布也排兵布阵，欲与刘邦决一死战。刘邦骑马从城中出来，望见英布的布军阵，跟项羽当年的布阵很是相似，内心不免有些畏惧，便想用说服的办法劝英布罢阵息兵，但刚说了句："我平日待你不薄，你何苦要反叛呢？"想不到英布却极不买账地说："什么反叛，我不过也想尝尝当皇帝的味道罢了。"

刘邦听后大怒，纵兵攻击。英布军抵挡不住，向后撤退。当渡过淮河后，双方又经过几次激烈的拼杀，由于多种原因，英布失利，只好退到长江以南。正当英布欲寻机会重整旗鼓，再度反攻时，刚好长沙王吴臣（吴芮之子）派人前来，声称要接他到长沙国去休整。英布想到吴臣的姐姐是自己的妻子，两家关系素来交好，这吴臣应是真心实意地对待自己，便怀着感激之情，率部跟随说客向长沙国而去。但英布万万没有想到，当他刚走到番阳县兹乡时，就被长沙王吴臣事先埋伏在那里的兵丁杀死了。

当刘邦平息了英布的叛乱，于次年返回长安后，因箭伤发，病情甚危，吕后为其请良医，医者入见刘邦，刘邦问道："朕疾可医？"医者答道："疾可医。"

不知刘邦处于怎样的一种心情和想法，他听了医者的话一反常态地大骂道："朕以布衣提三尺剑取天下，此非天命乎？命乃在天，虽扁鹊在世又有何益？"拒绝医治。

汉高祖十二年四月二十五日，刘邦崩于长乐宫，死时年62岁，在位12年。

或许鉴于异姓王相继叛乱的教训，或许是出于对其妻吕后的芥蒂和防范，就在刘邦行将归天的弥留之际，他召集列侯群臣一同入宫，命人杀了一匹白马，一起盟誓道："从今以后，非刘氏不得封王，非有功不得封侯。如违此约，天下共击之！"这个时候，原来分封的八个诸侯王，除长沙王外，全部被除，其封地渐渐被九个刘姓王瓜分。

刘邦去世后，太子刘盈继位，是为惠帝，尊吕后为皇太后。惠帝年刚17岁，秉性懦弱，身体不好，由其母吕后临朝称制，掌握了实权。尽管刘邦生前为刘氏天下的稳定久远，想了种种招数，做了种种限制，但吕后掌权的时代还是不可避免地到来了。

吕后掌权之后，做的第一件事就是背叛刘邦杀白马与群臣歃血为盟的誓约，培植起一个吕氏外戚集团，希望通过封诸吕为王来进一步巩固自己的权力和地位。从惠帝七年（公元前188年）刘盈病死，到高后八年（公元前180年）吕后去世，八年之中，吕后在其宗族至亲中先后封了张偃、吕台、吕嘉、吕产、吕通、吕禄等六人为王；封吕种、吕平、吕委、吕他、吕更始、吕忿、吕庄等十余人为侯，再加上其他异姓的亲信封侯者二十人左右，共封了三十余人。这些王、侯中，除个别属刘氏宗族心向刘氏集团外，其余绝大部分都是吕后的私党。这些私党连同朝廷内外一些攀龙附凤的文武官员，组成了一个强大的外戚集团。这个集团很快就掌握了汉中央王朝的绝大部分权力，成为当时政治的轴心。重权在握的吕后除对刘氏集团及其相关的各色人等大施淫威外，在对待南越国的问题上，也犯了战略性错误，致使南越王赵佗盛怒之下，兴兵犯境，汉越双方的关系再度变得复杂、麻烦起来。当然这是后话，暂且不提。

第八章 来自岭南的震撼

越国之殇

后三室的发掘齐头并进，四位殉葬夫人依次出现。一枚龟纽金印的出土，引发了关于一个女人身份的争论。凄惨的殉人制度，漫长的文明发展史。"蕃禺少内"与乘舆之谜，关于象岗古墓形制的探讨。新华社向世界播发消息，来自岭南的震撼……

◉ 神奇的龟纽金印

当主棺室的清理工作即将进入尾声时，考古队决定对东、西侧室和后藏室分头进行清理。其人员布置为：黄淼章、古运泉负责发掘东侧室，杨式挺、陈伟汉、吕烈丹负责发掘西侧室，杜玉生、冼锦祥负责发掘后藏室。其他人员协助三个室发掘，摄影、录像、电影拍摄仍分别由姜言忠、吴继东、韩悦担任。

东侧室位于主棺室东边，与西侧室相对称。室内呈南北向，长方形，中部有一过道和主棺室相通。此前工地挖掘墙基时已将东侧室的部分顶盖石揭掉，所以无论是从中部还是从顶盖石的部分塌陷处，都可以窥见室内的大体情况。

东侧室出土器物的分布情形

整个东侧室有五块顶盖石平铺在两壁的岩石上，南起第一石、第二石已断裂。东墙头的第四块、第五块岩石断裂后掉入墓室内，致使部分随葬器物被砸坏。清理工作开始后，考古人员仍按照白荣金创立的"悬空作业"的方法，先在过道向室内伸入一块横板，头部用砖块支起，然后以这块横板为中心，分别向南北端各架一木板，以此贯通全室。

经测量，此室通长6.95米、宽1.61米、高2.24米，室内地面原用木板铺垫，清理时木板已全部腐朽，只从残存的木痕迹中隐约看出。木板呈南北向排列，室内的墙壁上有多道水痕，其中顶盖石面处还黏附有漆皮及朽木痕迹。由此可以推断，室内曾多次遭到水浸，并至少有一次积水灌满全室。水的浸

第八章 来自岭南的震撼

入,使随葬的器物多数已漂动移位,最明显的是一件双耳罐,由于室内积水而浮起后,漂移到断裂落下的一块岩石面上。

当测量、绘图、拍照等系列工作完成之后,考古人员搬掉断裂掉落的石块,开始由南向北渐次清理。从整体上看,东侧室的随葬器物多数器体较小,但很精致,器物的分布也很有规律。随葬器物多是各式铜镜和组玉佩。当清理工作开始不久,考古人员就在位于墓室南部靠近过道处,发现了一具殉人的骸骨,骸骨早已散架腐朽,仅存部分脊椎骨、肋骨、脚趾骨和数枚残缺不全的牙齿。脊椎骨上有铜镜、带钩等器物,近旁有一枚龟纽、龟头的镏金铜印,印面方形,阴刻,上有篆文"左夫人印"四字,刻凿工整,有边框和十字界格。龟纽、龟头略伸出印面外,龟背平素无纹,四足,尾向左垂,腹下中空,可系绶。印面边长2.4厘米、印台高0.6厘米、通高1.7厘米。由这枚镏金铜印推断,这具从殉者的遗骸当是左夫人。根据出土状况观察,这位左夫人,入葬时以漆棺装殓,漆棺内髹红漆,外髹黑漆,黑漆上可能还施以彩绘,由于棺木全朽,色彩形状已无法知晓了。

就在"左夫人"铜印出土不久,考古人员又连续发现了两枚铜印,印的形制与"左夫人"印相同,一枚阴刻篆文"泰夫人印"四字,一枚阴刻篆文"口夫人印"四字,由于此印在出土时锈蚀严重,部分已成粉末,第一字残损难辨,考古人员不便妄加推断猜测,只好空下来,留待日后再做观

"左夫人印""泰夫人印"与"口夫人印"

察研究。

在一个侧室内连续发现了三枚夫人印章，大大出乎考古人员意料。当古运泉将这一信息报告给麦英豪和黄展岳时，麦、黄两人立即赶来观察。从室内分布的器物和出土的印章推断，情况很明显，这应是墓主姬妾的藏所。在无法确切得知此室到底有几位姬妾殉葬的情况下，麦英豪对三枚印章观察了好一阵子，然后对古运泉说："既然有左夫人的印章，那么按理也应有右夫人，这右夫人应比左夫人地位更高，你们清理时要多加注意。如果真的发现了右夫人印，我请你们吃东江盐焗鸡。"

麦英豪的一番话使黄淼章、古运泉大受鼓舞和启发，于是古运泉半开玩笑地回答："为了吃上你的东江盐焗鸡，说什么我们也要把这位高贵的右夫人请出来见你。"

麦英豪的预见很快得到证实。几个小时之后，考古人员在东侧室中部，发现了多组由金、玉、玻璃等质地制成的组佩饰，其中不少玉器雕刻精致，华而不俗。由此推测，这可能属于一位贵夫人的殉葬品。考古人员仔细地清理着每一件器物，唯恐有半点遗漏。突然，古运泉手中的竹签触到了一件硬物，他轻轻地剔去周围的泥土封尘，一只金光灿烂的小龟凸现在眼前。

"呵！一枚龟纽金印！"古运泉抑制不住内心的激动，脱口叫喊起来。

众人听到叫喊，纷纷围拢过来观看，古运泉所言不虚，确是一枚龟纽金印伏卧在一堆零乱的器物之中。在一阵紧张而有序的绘图、照相之后，有人又将摄影师韩悦请过来，拍摄这枚金印出土的全过程。在明亮耀眼的碘钨灯下，只见古运泉轻手捏住翘起的龟纽，缓缓将金印翻转开来，就在这一刻，

"右夫人玺"金印。此为墓中出土的第三枚金印，龟纽，印文为阴刻篆文，文道略有深浅，刻凿痕迹明显，字体庄重。长宽2.15厘米，印台高0.5厘米，重65克

第八章 来自岭南的震撼

"右夫人玺"四个阴刻篆书的字映入众人的眼帘，与此同时，"沙沙"转动的摄影机也将这一幕从头至尾地收入镜头。"没错，是右夫人玺，看来老麦的推测是正确的，咱这只东江盐焗鸡也算是吃定了。"古运泉手捧金印反复端详着，两眼放光，神情兴奋地对众人说。

"先别得意，看看周围还有没有更重要的印信。"黄淼章对志得意满的古运泉提醒着。

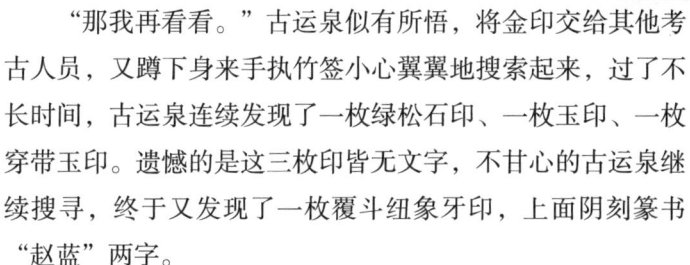

"那我再看看。"古运泉似有所悟，将金印交给其他考古人员，又蹲下身来手执竹签小心翼翼地搜索起来，过了不长时间，古运泉连续发现了一枚绿松石印、一枚玉印、一枚穿带玉印。遗憾的是这三枚印皆无文字，不甘心的古运泉继续搜寻，终于又发现了一枚覆斗纽象牙印，上面阴刻篆书"赵蓝"两字。

"赵蓝"象牙印

至此，整个东侧室已发现了四位夫人的共五枚有文字的印章。这些印章的出土，为研究象岗古墓的葬制以及南越国的后宫制度提供了新的视角。从历史发展的角度看，"夫人"称谓因时代不同而异。《汉书·外戚传》载："汉兴，因秦之称号……适称皇后，妾皆称夫人。"诸侯王妻称王后，妾亦称夫人。这样的称谓，在《史记》《汉书》中屡见。例如《史记·淮南衡山列传》云："淮南王王后荼"，"衡山王赐，王后乘舒"；《史记》《汉书》两书都在《南越（粤）列传》中载，南越王赵婴齐嗣位，"上书请立摎氏女为后"；《汉书·武五子传·燕刺王刘旦》载，刘旦"迎后姬诸夫人之明光殿"等，这些记载皆可为证。由此可以推知，象岗古墓出土的印文中四位夫人身份，皆为南越王后宫的姬妾。而关于这四位夫人，又分为右、左、泰夫人或其他名号，只不过是反映封建等级制度而已。汉时贵右卑左，故称所重者为右。据《汉书·灌夫传》载："夫为人刚直，使酒，不好面谀。贵戚诸势在己之右，欲必陵之；士在己左，

227

愈贫贱，尤益礼敬，与钧。"颜师古注："右，尊也；左，卑也。"又如《史记·陈相世家》载："平曰：'高祖时，勃功不如臣平。及诛诸吕，臣功亦不如勃。愿以右丞相让勃。'于是孝文帝乃以绛侯勃为右丞相，位次第一；平徙为左丞相，位次第二。"这个左右丞相的调换，又可证右尊左卑。南越国的宫室百官礼仪制度皆仿效汉朝，当亦以右为尊。从四枚夫人印来看，右夫人是金印，印文称"玺"，其他三夫人皆鎏金铜印，印文称"印"，可见右夫人在诸夫人中应居首位。但汉廷后宫的夫人皆直呼其姓，如高祖的戚夫人、武帝的李夫人；或以其爵位称之，如武帝的尹婕妤、成帝的赵昭仪，并没有"右夫人""左夫人"这样的称号。夫人分左右的事例仅见于《汉书·西域传下·乌孙传》，内有"汉元封中，遣江都王建女细君为公主，以妻焉。……乌孙昆莫以为右夫人。匈奴亦遣女妻昆莫，昆莫以为左夫人。"照汉人的理解，细君为右夫人，地位应在匈奴女左夫人之上，其实不然。《史记·匈奴列传》载："置左右贤王……匈奴谓贤曰'屠耆'，故常以太子为左屠耆王。……其坐，长左而北乡""其座北向，长者在左，以左为尊也"。乌孙与匈奴同俗，长期服属匈奴，亲匈奴疏汉廷，当亦以左为尊。汉武帝时，乌孙对汉廷的态度有所改变，"使使献马，愿得尚汉公主为昆弟"，但仍不敢得罪匈奴。乌孙昆莫以汉女为右夫人，以匈奴女为左夫人，这可以看作是乌孙对汉朝和匈奴采取"对等外交"的一种手段。既尊重汉人尚右，又尊重匈奴人尚左的制度，可谓不偏不倚，汉廷与匈奴双方都无法挑剔。

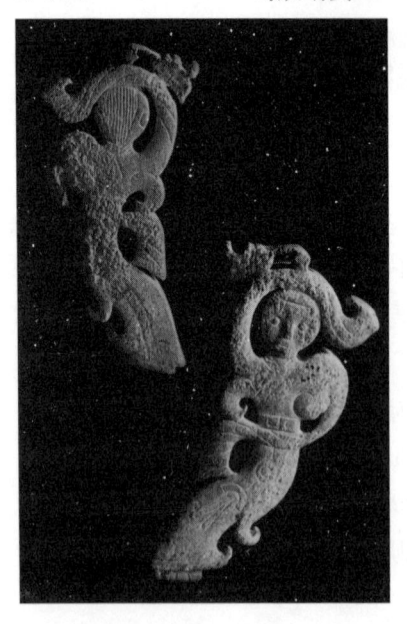

象岗古墓"右夫人玺"出土之后，在引起世人瞩目的同时，也引发了一场学术论争，有的学者认为这个"右夫人"应是墓主

右夫人B组玉佩上的舞人，呈扁平体，女性，高4.8厘米。由头顶到脚底有一对穿小孔，可以和其他佩饰串系联结

第八章 来自岭南的震撼

的正妻。其立论的依据，除了误解乌孙昆莫的右夫人为"第一夫人"和随意发挥汉人"贵右卑左"观念以外，另一重要理由是，右夫人独有黄金印，印文称玺；其他三位夫人却是鎏金铜印，印文称印，以此作为划分妻妾的依据。这个论断公之于世后，立即遭到了包括麦英豪、黄展岳等众多学者的反对。按麦英豪等人的观点，以上看法混淆汉制"适称皇后（王后），妾皆称夫人"的界限；而更重要的是，任何历史时期（包括汉朝）并不存在殉妻制度。四位夫人同殉葬于东侧室，右夫人除了有比较华丽的组玉佩和较多的随葬品以外，很难看出她同另外三位夫人有什么区别，所以也很难用"合葬"来解释。而汉代印文称玺，仅见于帝、后及部分诸侯王，右夫人印文称玺，确属罕见。这只能看作是南越国后宫制度的一种特殊现象，而不能做其他附会和猜测。

当右夫人、左夫人的名次已被考订以后，另外两位即泰夫人和□夫人的身份也就不难推断了。泰通大，即大夫人，位次似在左夫人之下。□字，字迹已极模糊，经考古人员仔细观察，发现左旁为"邑"，右旁似"音"，钤印当为"部"字。如果这个观察结果不误，此印文就应是"部夫人印"。部，小阜。《说文通训定声》有"部，假借为培"。《风俗通义·山泽·培》载："部者，阜之类也。今齐鲁之间，田中少高印，名之为部矣。"引申可作少、小解。夫人称部，其义称部，其义或许即少夫人之谓。又《集韵》载："部，姓。"所以也有可能指其姓。在四位夫人中，部夫人似居末位。

当然，也有学者不同意以上关于"□夫人"的这个推断，其中广州外语学院的许国彬教授则认为这个"□"应是"否"字，而不是"部"字。他的看法是：中国自古以来，阴阳八卦盛行，一切事物都用阴阳加以概括，均被列为成双成对。"左""右"为方位名，相互对立。君王既授有左、

右夫人A组玉佩

229

右丞相，也配有左、右夫人，这并不奇怪。古时有两妻室的主人，出入坐卧往往主在中间，两位夫人左右陪伴，并有严格的规定，至于哪个有较高的地位，那就取决于当时人们的观念。

从印章的品质看，右夫人的印是金质，其他几枚是镏金铜印，可见右夫人的地位在四位夫人中最高。

"泰"可作六十四卦之一，乾上坤下与其相对的是"否"，从方位角度来看，"泰""否"，可以表示前后或上下，这样便可以和左右相对。四位夫人围绕在君王周围，以"左右泰否"四者形成方阵，既符合古时人们喜欢把事物以方圆排列的习惯，又能表达君王的高贵尊严。

"泰""否"在六十四卦中的原意是通与阻，表示了对立两方互相转化的关系。在《周易》中，"泰"谓"天地高而万物通"，"否"谓"天地不交而万物不通"。《序卦传》对在泰卦之后为什么接着就是否卦做解释道："泰者，通也。物不可以终通，故受之以否。"其意就是说："泰"是通达的意思，事物不可能永远是通达的，到一定限度就要变为不通达了，所以泰卦后面要继之以否（阻塞）卦。

"否"并不是坏事，如果一开始就很安泰，必将丧失生物继续进化和社会不断发展的活力，所以《周易》还提到过"先否后喜"。从另一个角度来讲，处于泰、否之中就不通不阻，万物一成不变。象岗古墓墓主授有"泰夫人""否夫人"之称，可当作他希望自己实现长治久安一统天下的愿望。

正如上述分析，完全有理由认为□夫人就是否夫人。

右夫人玺"金印与"赵蓝"牙章拓本

第八章 来自岭南的震撼

许国彬的这个论断，在得到部分人认可的同时，也遭到了不少学者的反对。看来关于这个"□夫人"的问题，还要在学界争论下去。

至于发现的"赵蓝"象牙印，因与右夫人龟纽金印同出，应属右夫人名章，章上的"赵蓝"两字当是右夫人的姓名。学者们发现，这位右夫人竟和南越王家族同姓，这个现象是偶然的巧合还是有意安排？关于这个问题，考古学家麦英豪、黄展岳等做了以下两种解释：

东侧室平面图
A．器物分布 B．左夫人骨殖
1、57、62、82、83.铜盆　2.陶壶　3、72.陶瓿　4—6、16、19、26、29、46、60、75、76、80（在78内）、87.陶罐　7—12、48—50、67—69、73.陶三足盒　13、77.陶鼎　14.陶盆　15.陶釜　17、71.陶瓮　18、24、34、35、47、58、94、98、101、117、121、126、152.铜镜　20.陶盒　21、22、116.铜牌饰　23、65、79（在78内）、88、89.铜熏炉　25、92.银带钩　27、55、95、106、120（在117下）、127（在121下）、147、154、156.铜带钩　28.陶熏炉　30.铁码钉　31、36、37、61.陶瓿　32、33、41、43、102、139.玉佩　38、52、53、96、97、99、104、124、144.玉璧　39、40、43、44、54、100、103、105（在101下）、128、134.玉璜　42.玉片饰　45、56、123."左夫人印""泰夫人印""□夫人印"　51.玉块 59、91、146、149、153.铁削　63、64、70、74.陶双耳罐　66.铜鏊　78.铜提筒　81（在78内）.铜匜　84、85（在78内）、161、162.封泥　86.银匜　90."右夫人玺"金印　93、108（在101下）、145.残漆盒　107.残漆器　109.铜凤首形饰　110、150.玻璃牌饰　11.金珠　112、113.博局铜框　114.象牙棋子　115.金牌　118（在117下）.铁刮刀　119（在117下）.玉觿　122、129、130.铜环　125、135、158（在150下）.玉舞人　131.铜伞柄箍　132.铜盖弓帽　133、144.玉环　136.玉管饰　137、157.串珠　138.残木　140.玉印　141."赵蓝"象牙印　142.玻璃珠、金珠　143.组玉佩　148.铜镦　151.金泡饰　155.铁镊　159（在112下）.铜矛

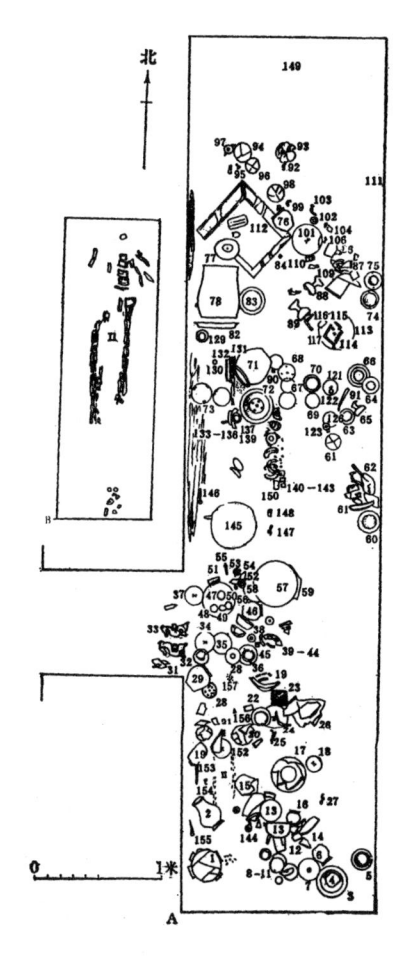

231

1. 同姓通婚。《左传》哀公十二年有鲁昭公娶吴孟子事；吴王光鉴铭有吴王光女嫁蔡侯之孙事。鲁、吴、蔡同为姬姓。汉人同姓通婚亦不乏其例，如《汉书·王诉传》云，"宜春侯王诉死，子谭嗣，谭死，子咸嗣，王莽妻即咸女"。又《通典》吕后妹嫁于吕平之事，也是同姓通婚的一个例证。

2. 越女从夫姓。《史记·南越列传》载，南越统治者提倡汉越通婚，南越国丞相越人吕嘉"男尽尚王女，女尽嫁王子兄弟宗室"可证。赵蓝有"右夫人玺"金印同出，应以后说较为恰当。

有的学者根据"赵蓝"印的质料问题提出异议，不同意麦、黄等人的说法，如历史学家黄新美认为：在封建等级制时代，印之质料是有严格规定的。汉朝规定："乘舆，诸侯王、公、列侯以白玉；中二千石以下至四百石，皆以黑犀；二百石以至私学弟子，皆以象牙。"象岗古墓中之"右夫人"，其印文和随葬品的质量均为夫人中之佼佼者，但"赵蓝"覆斗纽印之质料仅与二百石以至私学弟子相同，为地位之最下者。"右夫人"与"赵蓝"这一尊卑上下悬殊之别，该如何解释？黄新美据此认为，若"赵蓝"为"右夫人"之姓名，那么，"右夫人"赵蓝该是从一般宫女得宠而贵为右夫人的。若"赵蓝"不是"右夫人"的姓名，那么，"赵蓝"当是"右夫人"近侍婢女之印，藏之"右夫人"棺内，或许取殉人以侍奉死者之意。

就在东侧室清理时，考古人员还发现"衍"字封泥五枚，大小字体全同，阴刻篆体，笔画纤细略显造作，印面也较小。从这枚封泥分析，"衍"当为人名。汉人名衍者不少，最为知名的要算毒害宣帝许皇后的女医淳于衍。东侧室为姬妾之藏，而且只出"衍"字封泥，由此考古人员认为，这个"衍"当为南越宫廷中女官名，东侧室的随葬器物正是由这位女官衍检封入葬的。

凄惨的人殉制度

象岗古墓的人殉，从最早在墓道中发现的守门人，到东耳室中的乐师，以及后来发现的四位夫人等，其殉葬人数之多、类别之杂，这在汉代考古中

第八章　来自岭南的震撼

是一个颇为特殊的现象，这个现象引起了考古人员的高度重视。从此前已发掘的中原诸侯王墓来看，未见人殉和人殉的残迹，两汉诸帝陵因尚未发掘，有无人殉还不明了，但《史记》《汉书》均无相关的记载。汉代封建统治者是否已不用人殉？象岗古墓的人殉又说明了什么？

商代统治阶级用奴隶做人牲的模拟场景

综观人类的历史，自从出现了阶级以来，作为生活在社会底层的劳动者，几千年来过着艰辛的生活，一幕幕的悲剧不断出现，而最为悲惨者莫过于奴隶社会。在奴隶社会里，奴隶等同于牛马，奴隶主对奴隶可以任意买卖、赠送或宰杀。而人类历史舞台上最为悲惨的一幕，则反映在奴隶主的"人殉""人祭"之中。就当代从殷、周墓葬的考古发掘中所看到的情形，真可谓惨绝人寰，目不忍睹。如像安阳侯家庄西北冈的一座殷代大墓，经发掘后得知，墓室中央底部埋有一名执戈奴隶和八条狗。奴隶埋好之后，奴隶主的棺椁才开始下葬。椁顶上排列着奴隶主的兵器和仪仗队，使用兵器和充任仪仗队的奴隶也同时殉葬。在墓室四周上下以及墓道内，都埋满了奴隶，发掘时，整个墓内尸首遍地，白骨累累。根据墓中殉葬的情况得知，殉葬的奴隶常常被十人一行或二十人一行反绑牵入墓道，强迫他们东西成排地面向墓室跪着，逐个把头

殷墟王陵区M1550大墓内有成排的人头骨，用于祭祀（台湾"中研院"史语所提供）

233

砍下。然后先埋好无头尸体，填土夯平，把人头一个个面向墓室东西成行摆着，再填土夯平。通过发掘得知，仅一个墓中就发现被砍了头的躯体共八排59具，头颅二十七组73个。还有一些破碎了的尸骨，无法详细统计。经科学鉴定，这些被杀殉葬的奴隶大多是不到二十岁的青少年，有的甚至是脑门未合的儿童。在安阳殷墟，处处都可发现王陵大墓中人殉的惨景，有的是被活埋，有的是被杀死再埋，一般一个大墓中都要殉葬三四百名奴隶。如武官村的一个大墓中，在椁室两侧殉葬男女奴隶41人，墓室四周又排列着头颅52个，墓的南边还发现了四排殉葬坑，每坑埋着十具无头尸体，其墓已经发现的总殉葬人数达152具。

除了人殉之外，还有"人祭"。奴隶主对他们的祖宗和神灵进行祭祀的时候，也要杀掉许多奴隶。如一块甲骨文上记载一次祭祀先王的"多妣"，就用了"小臣（男奴隶）卅，小妾（女奴隶）卅"，共达60人。在武官村殷墟王陵区内的发掘中，至1976年时已发现了181个祭祀坑，每坑八到十具人骨，共近两千人。奴隶主平时还把成百上千个奴隶和牲口牛马一起关养在牢里，专供祭祀和殉葬之用，随时可从中抓出一个活埋或杀掉。

这样的悲剧在中国历史上曾经延续了一千多年，直至封建社会才开始逐渐停止下来。在春秋战国时期，人们还记录了这一情况。如墨子的《节葬篇》中就说道："天子杀殉，众者数百，寡者数十；将军士大夫杀殉，众者数十，寡者数人。"并对这种人殉进行了谴责。

奴隶社会后期，一些奴隶主感到用大量的奴隶和牛马殉葬未免耗费生产力，损失太大，于是便想出了一个用明器替代的办法。

明器是殉葬品的忌称，最早见于《周礼》的记载，主要由两部分组成，一是模仿的"俑"或"偶"，一是实用品。俑有各式各样的人物、禽兽、用具、房屋、武器等等，实用物品更无所不包。从奴隶社会后期到封建社会的两三千年中，形成了一套极为繁杂的埋葬礼仪，殉葬物品也极为庞杂，其中俑和偶是相同的东西，最初是用木头或其他质料仿制成人形，用以代替活人殉葬，后来又扩展到牲畜动物家禽和各种器物。

在安阳殷墟的墓葬中，曾发现有灰青泥质制作的戴着桎梏的男女俑，但数量不多，看来这种方法在当时尚未盛行。事实上，直到孔子的时代还用活人、活兽来殉葬。一生呼吁仁善的孔子对人殉固然痛心疾首，对以俑代人的殉葬方法也不赞成。他曾说过："始作俑者，其无后乎！为其像人而用之也。"孔子见这些之乎者也的语言仍不足以引起众人的注意，干脆直言不讳地说："为俑者不仁。"

这位孔老夫子未免有些糊涂，真正创造和推行以俑代人制度者，在今天看来仍是一个十足的大仁大智之士，此举不知使多少生命幸免于难，实在是一个极其重要的进步之举。

人殉葬俗是奴隶社会中盛行的野蛮陋习，但进入封建社会以后，随着生产力的提高，劳动者作为"人"的价值也随之提高。因此，封建国家在法律上承认奴婢作为"人"的社会地位，不允许地主阶级一般成员随意杀害他们，也不能随意用人殉葬。西汉时就有诸侯王因擅令奴婢从死而获罪除国的记载。这是秦以后一般诸侯王以下的墓葬罕见人殉的原因。

但是，封建等级制度规定君主拥有至高无上的权力，作为全国人口的所有者——帝王，当然可以用人殉葬，或者把它作为一种殊宠赐给臣下，人殉葬制逐渐成为专制君主的一种政治特权和等级特权。这是封建社会中人殉葬俗继续偶见于帝陵或皇帝特许的高官墓葬的政治原因。如在秦都咸阳所发掘的任家嘴秦木椁大墓，便有一成年男子与一小孩殉葬。秦始皇的陵寝，是否也有人殉，因未发掘，尚不清楚。然据《史记·秦始皇本纪》载，秦始皇死，胡亥袭位葬其父时所云："先帝后宫，非有子者，出焉不宜，皆令从死；死者甚众。葬既已下，或言工匠为机，藏皆知之，藏重即泄。大事毕，已藏，闭中羡，下外羡门，尽闭工匠藏者，无复出者。"如果这条记载不误，那就说明当时秦朝宫中那些无儿无女的宫娥、工匠与陵墓营建者，都成了殉葬的牺牲者。

从流传下来的史料典籍看，三国、唐代仍有妃妾殉葬的悲剧发生。当历史进展到明代，随着资本主义萌芽的出现，人的思想及生活习俗有了很大发展变化，就在这样一个社会急剧变革的时代，仍然残存着人殉制度。不过，这时的帝王将相、史官笔吏，自感这种残酷的做法不甚光彩，为掩盖事实，宫廷文献极少记载，只是从零星的史料中透露出一点信息，让后人窥视到其中惨相。

明朝用人殉葬和奴隶社会不同的是，不采用战俘或奴隶，而是以妃嫔宫女殉葬。其方法也不再是活埋或砍头再埋，而大多是先吊死，再埋入陵内或别处。明景泰帝时所载"唐氏等妃俱赐红帛自尽",便是一例。若殉葬的妃嫔人数多(如为朱元璋殉葬的有四十六人),就让她们集体上吊自杀。临刑前还在宫内摆设宴席,请她们盛装打扮后赴宴。可想而知,再好的盛宴恐怕也难使这些行将结束青春和生命的女人下咽,只听得哭声响彻大殿,哀泣之音弥漫深宫。宴席结束后,她们便在指定的殿堂内,分别站在木床之上,将头伸进预先拴好的绳套中,随后太监撤去木床,一个个年轻的生命便告别尘世、芳魂远去了。

朱元璋的儿子明成祖有一个朝鲜妃子韩氏,在成祖死后被指定殉葬。她明知自己将死,但却无法抗争。当她站立木床,将要把头伸进帛套的刹那间,却猛地回首呼唤自己的乳母金氏道:"娘,吾去!娘,吾去……"其凄惨之状、悲恸之声,连监刑的太监都潸然泪下。太监将其头颅强按进帛套中,抽掉木床,韩氏挣扎了几下,就魂归地府了。金氏是韩氏从朝鲜带来的乳母,后来被放回故国,才把这段详情公之于世,并载入朝鲜文献《李朝实录》中。

为掩人耳目,帝王常采用加封和追谥的办法安慰殉葬者的亲人,以显示皇恩浩荡。为宣宗皇帝朱瞻基殉葬的宫女何氏、赵氏等十人,就分别追封为妃嫔并加谥号;对死者的父兄,也施以优恤,授给官职,子孙可以世袭,称为"朝天女户"。

让我们回过头来看一下,象岗古墓的人殉制度是怎样的状况。从清理的迹象看,大多数是人殉死后埋入的,而且都有随葬品。其中有的器物相当精美。这些殉者是墓主的妃妾、近幸、仆役,而并非从事生产的奴隶。殉葬的表现形式与封建社会人殉葬俗的一般特点相吻合。上面已经提到,封建社会中用人殉是中央帝王的一种政治和社会等级特权,象岗古墓的人殉,当不例外。此一人殉现象,在岭南无独有偶。汉初曾是南越国一辖地的广西贵县罗泊湾,一座西汉早期大型木椁墓的棺椁底下,也发现有七个殉葬坑保留;辨其性别,则为一男六女。这些不幸者,当是墓主生前近身的侍从与奴婢。据报道,这些殉葬者的盛尸棺具分有长方形与独木棺形两种形状。其独木型棺在岭南,与独木舟的形制相似。在今海南岛黎族群中,既用于藏尸(称独木棺),又用作水上交通用舟(称独木舟)。在贵县罗泊湾毗邻的广西横县,据《古今图书集成·方舆汇编·职方典·南宁府杂录》载,乃是古代以善于

第八章 来自岭南的震撼

"刳木为舟"而驰名的地方。据此,其中以独木棺殉葬的不幸者,可能属于越族人。

应当特别提及的是,在象岗古墓的人殉中,有六人是可以确知用铜镜覆面的,其余的人骸因为骨殖腐朽已无从分辨了。这种用铜镜覆面的葬习,在其他地区未曾见过,不知这是南越人特有的一种葬习,还是具有某种宗教意识,此点尚需专家们进一步研究。

七名女人之死

就从纯粹的考古发掘方面而言,东侧室的收获颇为丰硕,尤其是那枚龟纽金印的出土,令考古人员在大出意料的同时又惊喜万分。由于东侧室和西侧室几乎是同时开始发掘的,那么这个西侧室的收获又会是一种怎样的情形?

西侧室刚打开时情形

西侧室位于主棺室西面,与主棺室并列,并有一门道相通。此室为长方形,经测量,长7米、宽1.62米。考古人员清理时,首先在过道内侧中间和北面中部墙根处,发现了两个铜环。由此推断,过道原有木门,但不知是由于年深日久还是另有原因,竟没有发现安设痕迹。考古人员将过道内遗存的器物做了清理后,开始进入室内工作。在此之前,大家已从录像资料中观察得知,西侧室内覆盖的土层很少,故随葬器物多暴露在外,不难辨别,且四周尚有空隙可落脚清理。针对以上情况,考古人员

237

人殉尸骨排列情形

采取了从上而下，由外及里，先易后难，保留重点的清理方法。在清理过程中，除发现较少的金、玉、银、铁以及漆木器之外，还发现了七个殉葬人遗迹。从安葬的位置看，其中有五人位于室内的南半部，另外两个殉葬者在北半部，部分骨骼和牙齿已混在其他随葬品之中。由于两人的残骸已被水浸后产生浮移，出土时考古人员只是根据人牙、铜镜和小玉饰等器物确定了人殉的大体位置。从室内的遗迹推断，以上七个殉葬人均无棺具，都是直接放置于木板之上的。木板的黑色朽灰厚约1厘米，呈南北走向铺就，根据这些殉葬人的随葬品比较简单且质地较差等特点来看，殉葬人生前的身份可能是墓主的奴仆、隶役之类。经后来鉴定得知，七人中，年龄最大的是四十岁左右的中年女性，其余六名年龄在20—35岁。从其随身陪葬的小玉饰、带钩及铜镜等饰物看，这几个人属于女性的可能性较大。

继七个人殉之后，考古人员在室内还发现能辨明字样的封泥五枚，印面皆方形，其中打印"厨丞之印"的三枚，形状为小篆阳文，有田字格。据《汉书·百官公卿表》载，詹事属下有厨，厨有长丞。詹事的职责是"掌皇后太子家"，顾名思义，厨丞当是掌管皇后太子家饮食之事的长官。"厨丞之印"的出土，说明南越王国也设有厨官署，置厨丞。这个室的随葬器物应是厨丞检验缄封的。

在此之前，广州考古队曾在广州1120号、1121号两座汉墓出土的陶罐、陶瓮上发现过"大厨"的戳印。经研究，这两座均为南越国高级官吏墓。戳印"大厨"的陶器，应是南越王国少府属下司陶工官专为"厨"官署所监造，后由南越王室赐予或赗赠与墓主的。而贵县罗泊湾1号墓随葬针刻"厨"字和烙印"布山"的漆器，则又说明南越王国册封的西瓯君家也有厨官署的设置。

除"厨丞之印"外，西侧室还出土了两枚"泰官"封泥，其大小书体皆同，阴刻篆书，印面有竖隔，有边框。

据考古学家麦英豪、黄展岳等人研究，泰官即太官、大官。古籍中，泰、太、大三字互通但以写作"太官"为常见。《通典·职官·光禄卿》载："太官署令丞，于周官为膳夫、庖人、外饔，中士、下士盖其任也。秦为太官令丞，属少府，两汉因之。"《汉书·百官公卿表》载，"少府"属下有太官令丞，颜师古注："太官主膳食。"《续汉书·百官志三》载：少府属下"太官令一人，六百石"。《汉旧仪（补遗）》载："太官令一人，秩六百石，掌鼎俎馔具。"《汉官仪》载："太官主膳馐。"由此可证太官是掌管皇帝饮食的职官，其衙署称"太官署"，其长官称"太官令"。从出土文物看，大多写作"大官"，少数作"泰官""太官"。

南越王墓出土的"泰官"封泥，表明南越国也有"泰官"设置，其职责也掌管南越王的饮食。挂有"泰官"封泥匣标签的器物，应是南越国泰官令署检核缄封，然后放入墓中随葬的。

❀ "蕃禺少内"与乘舆之谜

与东、西两个侧室齐头并进的，是后藏室的清理。当主棺室内"头箱"和"足箱"的随葬器物全部起取之后，在靠近后藏室门道处已腾出一小块地方，从而大大方便了后藏室的清理。

239

后藏室略呈方形，东西宽1.8米、南北长2米，与主棺室之间仅用两条石柱分隔。作为门道，从残留的痕迹看，门道原来安设木门，只是当发掘时早已腐朽成灰，仅有两个铜门环遗落在两根石柱的附近。从门环扣有铁片折叠而成的销钉以及钉上残留的木痕推知，门板原厚4厘米。

后藏室随葬器物

据初步观察，后藏室曾数次进水，并使一些小型器物浮漂移位，散落在室内各处，东壁顶上一块石条断裂并塌落下来，将一件越式大铜鼎的口沿砸塌变形，一些陶瓮也被砸破。由于此室面积较小，随葬的大小铜、陶器等一百余件堆

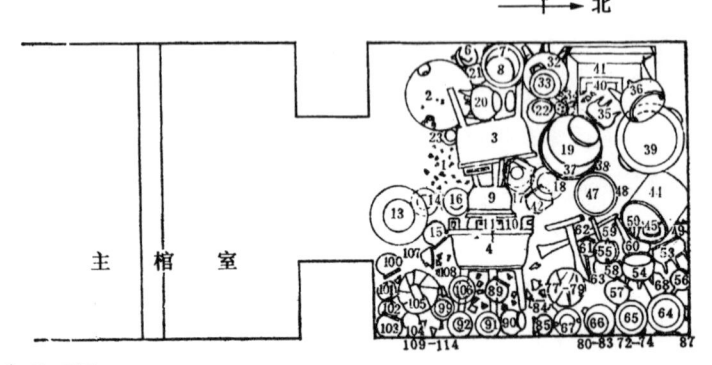

后藏室器物分布平面图

1.残漆器　2.铁鼎　3、4、6—10、32、33、35、36、53—55、58、61、64—66.铜鼎　5（在3内）.陶瓿　11.铜煎炉　12（在11下）.滑石烤炉　13、17—19、105、107、110—112.陶瓮　14—16、21、22、23—31（在7、32下）、42、89—92、93—98（在90—92下）、99—104、106、108、109、113、114.陶罐　20、60.陶鼎　34.铜盉　37、44、47、48.铜提筒　38、39、68.铜鉴　40、41.铜烤炉　43（在41下）、88（在64下）.铁钩　45、49、50、51（在44下）、71（在54下）.陶三足盒　46（在44内）.铜异形壶　52（在44下）.陶双耳罐　56.蒜头瓶　57、63、67、69（在68下）、72—74（在65下）、75、76（在66下）、83、85.铜鍪　59.铁三足架　62.铜灯　70（在66下）.铜釜、甑　77—79.铜盆　80、81.铜锅　82.银洗　84.铜匜　86（在85下）.铜铎　87.陶鱼响器

第八章　来自岭南的震撼

叠在一起，塞满全室，已无立足之地。所幸的是此室因未受人干扰，顶部落下的泥土也不多，器物全部露出，稍加清扫即可绘图、拍照。

清理工作开始后，主要考古队员杜玉生、冼锦祥决定先起取门道位置处3—5厘米厚的木炭，然后按白荣金创立的老办法，搭起木架伸入室内，把从东墙头上断落掉下并砸在越式大铜鼎上的那块断石移出室外，然后由外至内渐次向前推进。

后藏室地面纵铺木板，清理时可见到少许的朽木与板灰痕迹，随葬器物以炊器、储盛器和盥洗器为主，如鼎、鍪、烤炉、提筒、鉴、盆以及陶瓮、陶罐等相互叠置，共有一百三十多件。从各种器物的用途推断，此室应为储藏食物、放置炊器和储容器的重要库藏。以此类推，那最早在门道边清理和后来在室内东南角地板上发现的木炭堆，应是与其他随葬品一同放进墓内，作为象征性烧煮食物的燃料而储备的。

在出土的器物中，最有特色的当属盖刻"蕃禺少内"的几件铜器。据推断，铜器上的"蕃禺"应专指南越国时期的称谓。根据《汉书·地理志下》关于南海郡的记载，班固自注："秦置。秦败，尉佗王此地。"辖县六，番禺居首，班固自注："尉佗都。"由此得知番禺在秦汉时为南海郡治，南越国时为都城。但是，明确写作"蕃禺"地名的仅见于此前发掘的广州1097号南越墓出土漆奁烙印和象岗古墓出土的部分铜器铭刻。《淮南子》《史记》《汉书》及以后各种版本的书籍都写作"番禺"，此前在广州、九龙东汉墓出土的墓砖模印文字也写作"番禺"。看来上

刻有"蕃禺"的汉式铜鼎

241

面加草头的"蕃禺"似乎只用于南越国时期,汉武帝灭南越后,便通用"番禺"两字了。

至于"少内"铭刻,在后藏室出土的五件铜器之上全部为阴刻古隶体,与"蕃""蕃禺"互见或连文,这表明它们是南越国少内官署所使用或专门为少内官署所制作的器物。

从史料记载看,少内为秦置,属内史,分掌财货,有中央少内和县少内之分。汉因之,若周之"职内"。《汉书·丙吉传》载:"少内啬夫白吉曰:'食皇孙亡诏令。'"颜师古注:"少内,掖庭主府臧之官也。"《周礼·天官·序官》职内,郑玄注:"职内,主人也,若今之泉所人,谓之少内。"据《史记》《汉书》载,南越国有内史藩,这批刻有"少内"的铜器,进一步揭示南越国的百官制度如同汉朝,少内也应是内史的属官。

除铭刻的铜器外,还有一件上刻"乘舆"的银洗一件。此器物出土于东墙根下层,出土时与铜锅放在一起,并压于一个铜鼎之下。其形状为直口、平沿、折腹、圜底、素面。底部画五道波线,平沿处的正面和背面都有铭刻,其中正面刻"三"字,背面刻"六升界(共)左今三斤二两、乘舆"共11个字,从字面上看,刻画浅细,不规整。考古学家麦英豪对其书写内容的解释为:某地(或某官署)共(供)献的"乘舆"用器,重"三斤二两",容"六升"。"共"下右侧刻一"左"字,似为"左工"省文,口沿上的"三"字,应是器物编号。

至于铭刻"乘舆"两字,原指皇帝、诸侯乘坐的车子。《孟子·梁惠王下》载:"今乘舆已驾矣。"贾谊《新书·等齐》也有"天子车曰乘舆,诸侯车曰乘舆"的记载。随后泛指皇帝用的器物,并作为皇帝的代称。蔡邕《独断上》中曾有"车马衣服器械百物曰乘舆"。又"天子至尊,不敢渫渎言之,故托之于乘舆。乘犹载也,舆犹车也。天子以天下为家,不以京师宫室为常处,则当乘车舆以行天下,故群臣托乘舆以言之,或谓之车驾"等句。此银洗錾刻"乘舆"两字,表明这是南越王室的专用器;"乘舆"喻御服器械百物,也袭用汉廷称谓。

继铜器、银洗器的铭刻之后,后藏室还出土了一枚字样看起来有些特别的封泥,封泥近长方形,长2.3厘米、宽3.5厘米、厚1.5厘米,出土时一角崩损,泥块底部有木匣痕和穿绳凹沟。右侧隐约可见指纹痕迹。印面方形,田

第八章　来自岭南的震撼

字格，边长2.1厘米，印文篆书"邻乡侯印"四字，其中"侯印"两字较清楚，"邻"字右侧残损，而"乡"字几被抹平，只从残痕中隐约可辨。"邻乡侯"到底代表或说明了什么，史籍无证。据考古学家黄展岳推断，"邻乡"当为地名。侯，《汉书·百官公卿表》载：卫尉、中尉、将作少府、属国都尉、城门校尉属官皆有侯，掌武职，司守卫，与此封泥"邻乡侯"皆不合，故疑为南越国自置。十几年前，著名历史学家陈直先生据传世封泥"临菑守印""济北守印""即墨太守"等郡名皆非汉廷设置，故推定为齐国自置之郡，并谓西汉初中期王国，皆分割各县，自置郡名。陈氏又据汉印有"胶西侯印""菑川侯印""苍梧侯印"和封泥"豫章侯印""临菑侯印"等，推定郡守属官有侯，此皆汉表所失载。

"邻乡侯印"封泥的发现，为陈氏之说增添一例实证。据陈氏说以此类推，"邻乡"应是南越国自置之郡名，侯乃邻郡守之属官。"邻乡"地望不详，从南越国与长沙国长期为敌，以及"邻乡"属汉化地名等方面考虑，推测"邻乡"可能在南越国北境，与长沙国毗邻，邻乡侯之职责似应与汉代边郡太守都尉下之侯官相近。

由于"邻乡侯印"封泥出于后藏室，可知室中部分器物应为"邻乡侯"所赠送。整个后藏室，里面全是各种日常用具，除煮食的鼎、烤炉、银洗器外，还有盛物的陶罐等。有些罐里头还放有剁得大小相似的猪骨，有去了头和爪的禾花雀，还有鱼、海贝、虾等等，称得上是山珍海味俱全。显然，这些都是为墓主人在另一个世界的生活准备的。

经过一个多月的努力工作，整个象岗古墓地下宫殿的秘密终于揭开了。从出土的各种实物分析判断，象岗古墓的墓主，就是司马迁在《史记》中记载的南越国第二代王赵胡。

南越王墓的形制

当发掘工作完成之后，关于整个南越王墓的构筑格局也随之显现出来。从总体上看，这座古墓先在象岗小石山的山顶向纵深劈开20米，凿出一个平面如"凸"字形的竖穴，前端两侧再加掘洞以建造耳室。全墓用红砂岩石砌筑，分前后两部分，共七个墓室。前部为前室和东、西耳室；后部正中是主棺室和后藏室，两侧为东、西侧室。前室顶部及四壁均有彩绘云纹图案，装饰富丽，象征墓主生前的宴乐厅堂，

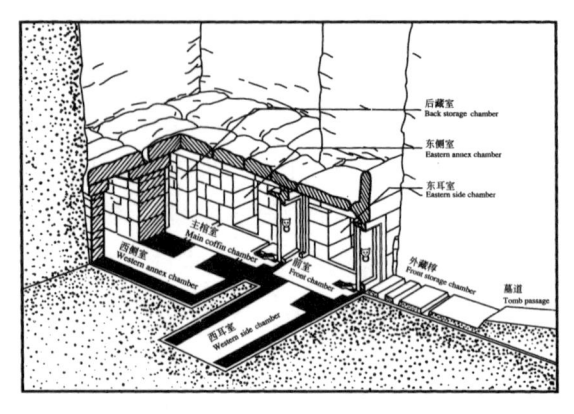

南越王墓内部结构立体示意图

室中置帷帐、车具。东耳室是礼、乐、宴饮用器藏所，置编钟、编磬及大型酒器。西耳室置青铜礼器，各种铜、陶生活用具、兵器、甲胄、铁工具、车马帷帐、金银珠宝、象牙、漆木器及丝织品、五色药石与砚石丸墨等等，数量达四五百件，是全墓储藏器物最多、最丰富的一个库藏。墓主棺椁置于后部主室正中，墓主身着丝缕玉衣。后藏室储放着膳食用具和珍馐。东侧室为姬妾藏所，西侧室为从死的庖丁厨役之室。全墓的构筑格局以及随葬品陈置都是仿照人生前前朝（堂）后寝（室）居处布局设计的。

据《史记·南越列传》载，南越第一主赵佗自尊号为"南越武帝"，"乘黄屋左纛，称制，与中国侔"。南越王墓是否可视作"按天子葬制"而营建的帝陵？只要就汉代天子诸侯葬制与南越王墓的形制做一个简要的比较便见分晓。

汉宣帝杜陵

秦之后的西汉共有11座皇帝陵，除文帝霸陵和宣帝杜陵分别位于西安市东部的白鹿原和杜东原外，其他9座分布在咸阳。西汉帝陵的地面建制内容基本相同。以宣

第八章 来自岭南的震撼

帝杜陵为例，高大的封土堆呈覆斗形（所谓覆斗形，是一种形象的说法，意即将斗覆置，下大上小，顶部和底部都呈方形），封土下部和上部都呈方形，边长分别为175米与50米，高29米。封土周围夯筑围墙，为陵园。杜陵陵园平面方形，边长430米，墙基宽8米，陵园四面墙垣正中各开辟一门，杜陵园东南是杜陵寝园，陵园四面墙的平面呈长方形，长173.8米，宽120米，在东、西、南三面开门。寝园内有大型殿址，文献上称为寝殿和便殿。寝殿和便殿都是祭祀场所，其中寝殿要"日上四食"，天天如此，就像皇帝还活着一样伺候。

帝陵附近的建筑，除了寝园外，还有庙园。庙园的中心是陵庙，四周筑有围墙，围墙四面各开一门，陵庙也是举行祭祀的场所，每年都要在这里举行频繁的祭祀。

"陵"，意为高大的土山，汉代坟墓称"陵"者其墓主身份除皇帝、皇后、太上皇外，还有诸侯王、王后等。《后汉书·礼仪志》中就曾称诸侯王墓为"陵"。从1970年考古人员发掘的山东曲阜九龙山3号墓来看，系葬于西汉中期的鲁王或王后墓，在此墓道内填塞的大石块上，发现有"王陵塞石广四尺"的铭刻，这个铭刻说明当时确实称诸侯王墓为"王陵"。

结合历史典籍和考古发掘，王陵的地面建制内容包括高大的坟丘、围绕坟丘的坟垣以及祠庙等形制。汉代坟丘的高度与墓主的身份密切相关。文献记载，西汉帝陵坟高十二丈（约合今28.8米），武帝坟高二十丈（约合今48米）。《周礼·春宫·冢人》郑玄注曰：汉律列侯坟高四丈（约合今9.6米），关内侯以下至庶人各有差。从这段文献记载可以看到，汉代坟丘的高度由当时的法律予以规定，是非常严格的。文献中还有

杜陵保护碑

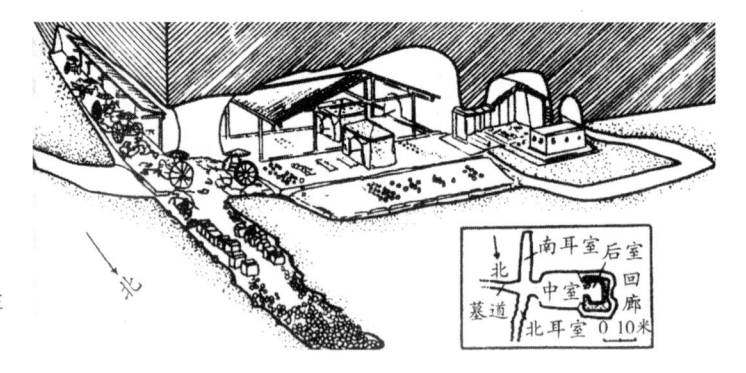

满城中山靖王刘胜夫妇墓线描图

这样的记载，说有人死后，其家人将死者的坟丘修建得超过了法律规定的高度，结果，有的人被削去了官职，有的人不得不将坟丘高度削低以符合当时的礼制。广陵王陵高13米，河北石家庄北小沿村赵王陵高15米，定县40号中山王陵高16米，定县北庄中山王陵高16米，山东临淄齐王陵高24米。王陵坟丘底部呈圆形或椭圆形，与帝陵覆斗形封土有别。坟丘是用黄土一层层夯打起来的，夯打用的黄土，一部分是挖墓穴时取出的，一部分则要从其他地方运来，由此可见建筑王陵的工程是浩大的。不过，这样的制度也有例外，如汉文帝就别出心裁地规定他的霸陵"因其山，不起坟"，为的是"欲为省，毋烦民"。另据考古发掘所见，汉初诸侯王仍沿袭旧式的穿土为圹的墓圹形式。汉武帝时，出现了在山崖内开凿巨大的横穴式洞室做墓圹，这种墓一般称为崖洞墓。崖洞墓是在山脚或山半腰较平坦的地方开凿露天墓道，再于墓道底部向山体中开凿出洞室而成。崖洞墓一般由墓道、墓门、耳室、墓室、侧室组成。不管是竖穴墓还是崖洞墓，墓的规模都是巨大的。修建如此巨大的陵墓，需要花费很长的时间，因此，诸侯王活着时就要动工修建自己的陵墓，文献中一般把这种现象称为"豫作寿冢"。

徐州北洞山楚王陵开凿在一座海拔54米的石灰岩山体中，筑陵者觉其不崇，又在山顶上夯起高大的封土堆。另外，河南商丘永城梁王陵区已发现的数座崖洞墓，如夫子山

第八章　来自岭南的震撼

1号墓、南山墓、黄土山墓、西黄土山墓等，它们所在山体的顶部也都夯筑有10米以上的封土，其中黄土山墓的封土呈马鞍形，夫子山1号墓封土呈覆斗形。自高祖刘邦建汉（公元前206年），到献帝刘协失汉（公元220年），若将王莽新政权存在的16年计算在内，两汉（西汉和东汉）前后共存在了426年。西汉早期（高祖—景帝），王陵兼用竖穴墓和崖洞墓，竖穴墓中以"黄肠题凑"墓居多，崖洞墓刚刚出现。西汉中晚期（武帝—王莽），竖穴木椁墓和"黄肠题凑"墓继续使用，崖洞墓非常流行，数量大增。东汉时期，木椁墓不用了，"黄肠题凑"墓被"石题凑"（用石代替木材筑砌椁室）墓代替，崖洞墓被砖室墓代替。砖室墓成为最主要的一种墓葬形制。

南越王墓是在挖掘机的轰鸣声中露出盖顶的。发现时，象岗已被下挖了17米多，墓坑的开口情况已不可知，封土情况就更不清楚了。类似于南越王在岩石上建造竖穴墓室的，还有湖南长沙象鼻嘴1号墓、陡壁山汉墓以及山东巨野红土山汉墓。红土山汉墓在发掘前仍保存有高出岩石面约10.2米封土堆。建于岩石山丘上的竖穴墓，或于其上再筑封土，或不筑封土。如前所述，南越王墓地点非常隐秘，孙权派数千兵士南下岭南寻找赵佗等南越王陵墓，欲掘冢盗取墓中财宝，结果只找到了三主赵婴齐墓，盗走了墓中的玉玺、金印和宝剑等珍品。这些记载从侧面说明，南越王陵在岩石小山（亦即象岗）上没有再夯筑封土，否则，如此明显的地面标志，数千人遍地搜寻，不会不被发现的。象岗汉墓系南越国二主赵胡（眜）的陵墓，下葬于武帝时，当西汉中期。从建筑格局看，受中原王陵形制的影响，修建在象岗山体之中，而象岗在西汉时期，处于南越国都城——番禺城的西北角，属于都城的近郊。赵胡（眜）选择此地建墓，符合王陵建于国都附近的时代风尚。但它又不完全照搬中原王陵的形式，采用了以竖穴墓的形制为主，兼用崖洞墓的形制，是一座形制独特的陵墓。至于象岗古墓为什么采取了既类似于中原又有别于中原王陵的建筑形制，这一点可从象岗山本身的自然条件来分析推断个中缘由。

象岗山的原生岩为石英砂岩，在大自然的风雨侵蚀下，原生石英砂岩逐渐风化成砂质黏土。南越王选中这里建造陵寝，想必本意是要建一座豪华气派的崖洞墓。但环境不由人，风化特甚的象岗，其强度已大幅度降低，有些地方使用普通的镐、铲即可挖开，是无法凿成坚固的崖洞的，因此只好在总

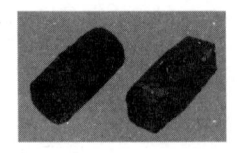

铁锤。据发掘者推测，墓内出土的铁凿、铁铲、铁锤等工具，当与修筑陵墓开山凿石有关，具有纪念性质

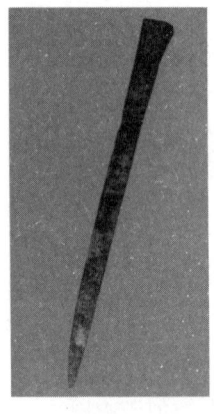

铁铲

南越王墓内出土铁器锈蚀严重，多为常见的劳动用具。铁器的出土，为研究南越国生产、生活水平提供了第一手资料。此为开山劈石的铁凿

体规划上采用了竖穴墓的形式。墓葬的修建次序是：先在象岗顶部风水好又便于造墓的比较平坦的地方，规划出墓口的平面形状、尺寸，然后向下挖掘，到一定深度（约20米）停止，在竖穴岩坑底部南端两侧横向掏洞成东、西耳室，在岩坑北部建造前室、主棺室，以及东、西侧室和后藏室。

赵胡（眜）墓的墓室建筑实际坑位面积只有100多平方米，仅相当于中山靖王刘胜墓（502平方米）的1/5，连长沙国王后曹㛗的墓（128平方米）也比它大得多。这无论从墓主作为外藩封国之王，或僭称"文帝"的身份来说，似乎都很不相称。这个差异应和南越国当时的社会历史和经济发展程度紧密相关的。在汉初，岭南地区要比中原落后，处于广种薄收的落后生产方式阶段中，生活水平很低。汉兴几十年，经过秦代留戍岭南的五十万大军和南越人民的共同辛勤劳动，到武帝时，岭南地区社会经济才有了飞速发展。新中国成立后广州近郊发现的南越王国时期的墓群也反映了这一史实。南越王国前期，墓的规模一般较小，随葬器物也少，大墓很少发现。那些规模较大、随葬器物丰富的大墓，几乎都出于南越王国的后期——汉文、景以后到武帝元鼎六年南越灭亡这一个时期。象岗赵胡（眜）墓与中原王侯墓相比虽显得过小，但在当时的南越境内却绝不算小，相反，却是一项巨大的工程。整座墓修在石英岩的地基上，这地基离山顶超过20米。也就是说，在动工建墓以前，先要从山顶向下挖一个20米深，面积略大于墓室底面的大坑。从已发掘出的墓室底部面积100多平方米来看，假设当时挖的大坑坑壁垂直，这个大坑的体积也有2000立方米左右。实际上，在施工时，垂直下挖一个20米深的大坑是很困难的，尤其象岗的石英岩，有些地方已经风化，如果垂直挖20米，几乎肯定会出现塌方。因此，挖坑过程中必须采用不断扩展坑壁，阶梯式扩方的方法，墓坑的实际工程量肯定要大于2000立方米。可以想象，在两千一百年前钢铁工具还很不普遍的岭南地区，

第八章 来自岭南的震撼

要在石山里凿出一个这样的大坑,该是何等艰巨!

我们的祖先在刚刚学会造房子的时候,是用小棍组成房架,用兽皮做挡风的墙壁。到青铜时代,中国北方的房子,主要是用夯土的方法来建墙,以木为柱;而南方的房子则主要是小结构的,用石头做建筑的材料,在岭南地区,目前只见到南越王墓一座。

考古人员清理随葬的铁器,从左至右:李季、杜玉生、白荣金

经考古人员计算,南越王墓的墓室,一共用了七百五十多块石头。这些石料后来经过广东省地质测试中心以及社科院广州地质新技术研究所施纯溪、朱照宇等专家的鉴定分析,其岩性主要是砂岩,其次是少量玄武岩,还有一两块花岗岩。砂岩比不上玄武岩和花岗岩这些火成岩坚硬耐久,但却容易凿打加工,在完全靠手工凿石的时代,它自然是首选的材料了。

象岗南越王墓所用的全部石料,包括砌墙石、挑檐石、柱石、顶盖石板等,都经过了不同程度的凿打。在墓室一些砌墙石块上,考古人员还找到了比较清晰的凿痕。根据这些凿痕,估计当时用来加工石料的工具,是一种金属的凿子,刃口宽2—3厘米。至于是用青铜器凿还是用铁器凿的已很难确定。在加工时,是依着石块的对角线进行斜向凿打的,这与现代石工用手工凿平石坯的取向相同。墓中的砌墙石,至少有三面是平整的,其中有的六面平整,呈规整的长方形,石头表面打磨得相当平整。不仅较小的砌墙石如此,盖在前室顶部的那块全墓最大的石板,面积有5.5平方米,石板的两面也都凿得异常平滑。根据现代手工打凿石料的经验,每开一立方米石料要两三天,而加工一块1.3米×0.3米×0.15米的石料六面平整,一个工人也要干两天左右。参考现代打石工

249

人的工作定额，仅采石和凿石加工两项，南越王墓至少需要100个工人工作100天以上。运输石料的工作就更艰巨。根据地质科学工作者朱照宇先生的研究，南越王墓所用的砂岩来自番禺莲花山。那里有一个古老的采石场。采下的石料，据推测是沿珠江运到广州再到象岗的，这样，运送这批石料，估计100个工人要花两个月以上的时间。合起来估算，仅石料的开采、加工、运输，就需要100个工人工作半年左右。那时不仅没有起重机械，没有汽车，连锤、凿也不如现代的工具那么坚硬。用人力打下这些硕大的石板，再用人力运送到墓室所在的工地，可以想象其困难的程度。

从整体来看，象岗南越王墓石墙的砌造，质量是较高的，每一面墙都砌得平直规整。在各个墓室连接的转角处，还特意用长、宽一米多的大石砌成"石柱"，既支撑沉重的顶盖石板，又保证转角位置的稳定性，从而保证了墓室结构的稳定。

墓室墙壁的建造，大部分是用"干砌法"，即将凿打好的石块，一块一块地叠砌起来。完成之后，用手抹上草拌泥浆，填补比较明显的缝隙。在有的砌墙石之间，考古人员发现了薄薄一层类似"砂浆"的东西。"干砌法"是一种比较原始的工艺方法。当然远古时代也有用"干砌法"砌出非常伟大的建筑，像著名的埃及金字塔，那些干砌的巨大的石块之间，连刀片都插不进去，可见其严丝合缝的程度。但要达到这么高的质量，首先要把石块修整得十分规整。象岗南越王墓的石墙，远没有那么高的水平。有的石块还没有加工成规整的方形，因此在砌墙时出现了一些小洞，砌墙工人用小石块填进洞里去。这显然既不好看，也会影响墙壁的牢固性。另外，在摆放石头时，还没有完全注意错开上下层石块，于是有些地方就出现了"通缝"，即一道垂直的石缝贯穿好几层石块。

一般来说，大块石头应该砌在墙壁的底下一层或顶上一层以及转角处等地方。但这个墓在砌墙时似乎没有特别注意到这一点。除了在转角和门洞过道懂得用大块石之外，砌墙时有时是大石在下小石在上，有时却又倒过来，这显然在工艺上不够规范，让人感到像是一群聪明但还不够成熟的工匠的作品。象岗古墓尽管有如此多的缺憾，但就整个基本结构而言，却做得很好。全墓的17面石墙，在一千六百多个土方和三十多个石方（盖顶石板）的重压之下，经受住了时间的考验、地下水的侵蚀，墙上的石块虽有风化，却未脱

第八章　来自岭南的震撼

落，墙壁也无一倾斜倒塌，这证明了古代工匠了不起的成就！

需要特别提及的是，在这座王陵的建筑材料中，最沉重的，就是盖在墓顶上的石板。这些大石板，一般都有2米多长，1米多宽，二三十厘米厚，重量达一千五百多公斤。最大的一块铺在前室顶上、一面绘有花纹的那块顶板，面积达5.5平方米，重量为两千多公斤。这么沉重而庞大的石板，在没有起重设备的古代，是怎样吊起来，放到墓顶上去的呢？这成为研究者一个难解之谜。尤其困难的是前部东、西两侧那两个像隧道一样的耳室。这两个耳室是向山腹掏挖修成的，长6米多，宽只1.8米，顶部就是石山，铺顶的大石板重一千五百公斤以上，要把它抬起2米多高，架到活动空间极小的顶部，又是多么地不易！

尽管象岗古墓在建造等方面的谜团一时难以解开，但有一点却是清楚的，那便是在岭南地区已发现的汉墓中，这是营造工程最艰巨、规模最大、出土遗物最丰富的一座汉墓。就整个中国而言，也是目前已知的年代最早的一座有彩绘装饰的石室墓。事实再一次告诉人们，象岗汉墓的形制、规模与赵胡称帝的身份还是相符合的。

鉴于以上诸问题已基本弄清，1983年11月10日，新华通讯社向世界播发了如下消息：

我国考古发掘又一重大收获
广州发现西汉南越王墓

新华社11月10日电：广州市越秀公园西边的象岗发现一座西汉南越王墓，墓中出土遗物是岭南汉墓中出土数量最多、收获最大的一座。其科学价值，可与满城陵山汉中山靖王墓和长沙马王堆汉轪侯墓相比拟，在全国汉墓考古工作中占有重要地位。

今年6月，广东省有关单位在这里建宿舍楼，发现此墓，经文化部和中国社会科学院报请国务院批准，于8月开始由文物考古部门进行科学的发掘。

这座墓葬构筑在象岗的腹心，距岗顶深20米，南北向。墓室分前后两部分，共六室，墓室全长10.85米，最宽处12.43米，墓顶全部用大石板覆盖，

251

最大的一块是前室顶盖石，长2.5米、宽2.2米、厚24厘米。前室、后中室有石门封闭。墓室深邃阴森，俨然地下宫殿。

随葬器物计有礼器、兵器、生产工具、生活用品、装饰品和药石等。依质料可分为青铜器、陶器、铁器、玉石器、金银器、象牙器、竹木器、丝织衣物等十多类。数量很大，目前已知的就有一千多件。其中以青铜器占多数，约五百多件，其次是玉器，约两百多件。

重要的随葬器物有铜编钟（三组、27件）、石编磬（两组、18件）、南越式的鼎和提筒、匈奴式浮雕斗兽纹的铜牌饰、长达3米许的铜架大屏风、直径41厘米的人物画像镜等等。

墓主置后中室，葬具一椁一棺，骸骨、棺椁已朽。墓主着玉衣，腰间两侧十把宝剑，头部放金钩玉饰，胸前戴金玉玻璃珠串，玉衣上下铺盖数十件大玉璧，直径大多在30厘米左右。足端棺椁之间还堆放100多件仿玉的陶璧。外椁头端平叠7件大玉璧，玉璧下有盛满珍珠的漆盒，还有雕刻精美的角形玉杯，等等。

墓中出土19枚印章，是全国汉墓中罕见的。最大的一枚是龙纽金印，文曰："文帝行玺。"可确定墓主是第二代南越王。另有封泥铭刻和陶器上的戳印文字，也为墓主身份提供了重要依据。

南越国是西汉前期岭南地区的割据政权，传五世93年。关于它的历史，《史记·南越列传》和《汉书·南粤传》都有简明记载，但有缺佚。象岗第二代南越王墓的发现，对研究秦汉期间岭南地区的开发、物质文化的发展、南越国史都提供了重要的实物资料，同时为探寻第一代南越王赵佗墓提供了重要线索。

这次墓葬发掘以后，各方单位拟就地筹建博物馆加以永久保护，供国内外学者和人民群众参观。

随着新华社消息的播发，全世界在强烈感知来自中国岭南地区古老文化震撼的同时，也勾起了人们对早已逝去的两千年南越国兴亡的回顾与追思。

第九章 南越国的兴亡

越国之殇

吕后下诏，割断汉越经济联系。南越王赵佗震怒，发兵攻掠长沙。吕后归阴，举朝震动，吕、刘两个政治集团的纷争由暗转明。未央宫刀光剑影，长安城血水涌动。新天子即位，"文景之治"再展大汉雄风。南越国的再度臣服与叛乱，汉武帝大军兵发岭南，天下一统归大汉……

越国之殇

🔵 五岭起烽烟

吕后篡权画像

河北正定赵佗先人墓

就南越与汉王朝的关系而言，在惠帝执政期间，汉王朝和南越国的友好往来得以继续发展。惠帝在位七年而崩，接下来由吕后执政。吕后执政的前四年，汉越双方的关系还能勉强维持原状，第五年（高后五年，即公元前183年）春，汉越关系发生了变化。

吕后第五年春，吕后突然下诏禁止中原铁器及雌性马、牛、羊等运往南越国，并颁布所谓"别异蛮夷，隔绝器物"的政令，不但有断绝与南越国贸易的内涵，而且有歧视南越国的意味。

秦平岭南，推动了岭南经济的发展，在岭南许多地区逐渐推广了先进的生产工具，使岭南地区对这些生产工具的需求量日渐增大。但由于社会经济发展水平的差异，岭南地区发展到了南越国时期，仍然不能制造这些用于生产的工具，而必须从中原输入，在经济领域，南越国对中原有着相当程度的依赖关系。如今吕后突然下诏禁止向南越国输出这些生产工具与牲畜，无异于对南越国实行了经济封锁，给南越国的经济以重大打击。面对吕后这突如其来的打击和歧视，南越王赵佗迅速做出反应。在没有得到确切情报，也不知道吕后为什么下这道诏令的情况下，赵佗凭着自己的政治嗅觉估计，"今吕后听谗臣，别异蛮夷，隔绝器物，此必长沙王计也，欲倚中国，击灭南越而并王之，自为功也"。也就是说吕后听信了长沙王的谗言才颁布这道诏令的。谙于政治的赵佗明白,在这种情况下,只有派人向汉廷说明才是上策。如若此时反汉,则未必能取得胜利。想到这里,赵佗强按心中的怒火,先后派遣南越国的高级官员"内史藩、中尉高、御史平凡三辈"前往汉都长安,请求吕后改变政策。但令赵佗意想不到的是,吕后不但毫不讲理地扣留了赵佗派去的三位南越国的高级官员,不久还派人诛杀了赵佗在中原的宗族,并捣毁赵佗父母在老家真定的坟墓。

正定赵佗公园中的赵佗先人墓

自古以来,对葬礼的重视已成为各民族发展中的共同规律之一。在孔子时代就强调孝事父母的中原,汉族人民更是这样,焚毁别人父母坟冢之举被认为是不共戴天之仇。这一点,早在以前的战国之时就有实例可证。如燕昭王与其他几国联合进攻齐国,占领了齐国的绝大多数城池,这时齐仅剩下即墨、莒两城。攻即墨的燕军十分残暴,公然在即墨城外"尽掘垄墓,烧死人",焚毁即墨人民逝去亲人的遗体,使守城的"即墨人从城上望见,皆涕泣,俱欲出战,怒自十倍"。由此可见人们对祖先坟冢的重视程度。

当吕后残忍、暴戾无常的做法传到岭南后,赵佗怒不可遏,愤然说道:"先前高皇帝任命我当南越王,准许两国自由贸易往来,而今吕后采纳奸臣的建议,把我们视为蛮夷,不准卖给我们东西,这一定是长沙王进献谗言所致。"悲愤交集的赵佗终于忍无可忍,决心拒汉称帝。

这年春,赵佗自尊号为南越武帝,并"恨长沙王图己",而发兵攻打长沙国,连破数县而回。

吕后听到赵佗竟敢抗汉称帝,并进攻长沙国的消息后,大怒。立即下令削去赵佗以前受封的南越王的爵位，并派遣汉朝将军隆虑侯周灶、博阳侯陈濞率兵征讨南越国。由于赵佗在南岭战略要点早已派兵据险筑城，严加防守，所以汉军进军受阻。加之由于此时天气酷热，汉军士卒因水土不服而多染疾病，汉军的攻势始终未能越过南岭，致使汉越两军在以五岭为主要争夺地的战略区域形成了长期的僵持对峙局面。这种局面直到第二年吕后死后，汉军见难以获胜，才开始罢兵休战。

从史料记载中可以看出，造成汉越关系紧张，甚至兵戎相见的局面，完全是由于吕后政策失误所致，究其原因，则是她缺少对东南地区形势进行充分认识的缘故。南越的反叛不仅使汉朝在东南边陲战火重燃，而且留给后世许多隐患和亟待解决的难题。其中最大的隐患是，汉伐南越，不但没有达到降服赵佗的目的，反而使赵佗以一个抗击汉中央王朝的叛逆者的形象而获胜。这个结局使得南越国在它周围地区的威望陡然升高，许多邻国不得不对南越国谨小慎微地另眼相看。不仅如此，赵佗借着他在汉越战争中的余威和汉王朝无暇南顾的机会，以兵威边，迫使相邻的闽越、西瓯、骆等王国和部族向南越国臣服，由此建立起一个东西万余里的庞大王国，对汉王朝的南部边陲构成了极大的威胁。

血溅长安城

高后八年（公元前180年）春三月，吕后在霸上主持祈福驱灾大祭，回宫途中，经过轵道（古亭名，在今陕西西安东北），看见一个东西，像一只青毛狗，前腿微屈，流星般直扑吕后腋下，惊愕之间，那个东西忽然不见。吕后心里发毛，就命令巫师占卜，巫师说："那是赵王刘如意的冤魂。"吕后听罢毛骨悚然，立刻就觉得腋下痛楚，与日俱增。

这年秋七月，吕后病情越来越沉重，预感到自己将不久于人世，在这生命的最后时日，她清楚地知道刘氏集团绝不会甘心屈居吕氏集团的淫威之下，似乎已经感觉到山雨欲来风满楼的阵阵凉意，因而精心做了应变的准备。她任命外戚集团中的箭垛式亲信人物赵王吕禄为上将军，统率北军；梁王吕产统率南军，控制了首都和宫廷的卫戍部队。

吕后临死前，觉得有件事总是放心不下，又把吕禄、吕产等人找来，谆谆告诫说："高皇帝平定天下以后，曾和大臣们订立盟约'非刘氏子弟而封王的，天下共击之'。现在吕姓的封王，大臣们都不服气。我死之后，皇帝年幼，大臣们恐怕要发动变乱。你们一定要牢牢地掌握兵权，严密保卫宫廷，千万不要为我送葬。否则，一旦离开军营，万一有变，你们就要为人所制了。"吕后的一番话，吕禄等人信以为然。

不久，吕后死去，遗诏大赦天下，任命吕产为相国，以吕禄的女儿当皇后，审食其为太傅，为巩固吕氏集团政权做了最后的努力。

吕后大肆封王诸吕的活动，势必排斥刘氏贵族及其他功臣宿将的仕途，自然要引起他们的不满与反抗。当然，吕后健在之时，凭着她的权威和智谋，暂时谁也无可奈何。但是，这个靠山却不能构成永久的防线，一旦吕后死去，这些靠裙带关系受封或升迁的吕氏宗族成员，必然要遭受到刘氏集团的猛烈反击。

吕后之死，为刘氏集团向吕氏集团发动进攻创造了一个

未央宫前殿模拟图

257

难得的契机，借助这个机会，刘氏集团加快了准备发动政变的步伐。吕禄、吕产也感到形势严峻，一场血战不可避免，便打算先发制人，利用手中掌握的南北军向刘氏集团发难。

南北军是西汉初年设置在长安城内的禁卫军。南军归卫尉统领，分别驻扎在未央、长乐两宫之内的城垣下，负责守卫两宫。北军归中尉（后改名为执金吾）统领，负责掌管宫城以外、京城内的治安。未央、长乐两宫位于长安城南部，所以卫尉统率的军队称南军；长安城北部归中尉，所以中尉统率的军队称北军。南军从各郡国选调，总数约有一两万人；北军由三辅（京兆尹、左冯翊、右扶风）选调，总数达几万人，实力上超过南军，成为护卫和稳定京城秩序的重要力量。

诸吕暂时控制着关中和京城的局势，把持着朝廷大权，但他们也深知刘氏集团具有很大的潜力，因而对于是否立刻在首都动手以诛杀刘氏集团还犹豫不决。而此时以太尉周勃、丞相陈平以及刘章等人为首的刘氏集团，也正加紧密谋着诛除诸吕的行动计划。在刘氏集团的计划中，最为关键的一点就是让太尉周勃设法取得对南北军的控制、指挥权。但北军营门森严，无法进入。这时，刘氏集团中的襄平侯纪通担任尚符节（负责掌管皇宫印信），他想出了一个办法，那就是冒险派人"持节"假传圣旨，诏令吕禄控制的北军接纳太尉周勃。同时，周勃又让自己的心腹郦寄和典客刘揭骗吕禄说："皇上令太尉接管北军，叫你回到封地去。你赶快把将军大印交出来吧，否则就要大祸临头了。"

周勃像

吕禄不知是计，他跟郦寄号称是生死之交，相信这位哥们儿不会欺骗、出卖自己，一念之差，就痛快地解下上将军印信交给刘揭，让他转交周勃。

吕禄离去后，周勃迅速集合全军将士，大声宣布："效忠吕氏的人请袒露右臂；效忠刘氏的人，请袒露左臂。"霎时，全军将士一律袒露左臂。由此，周勃掌握了北军的统率权。

此时南军还控制在吕产手中,因而,周勃还不敢贸然发动对吕氏集团的进攻。陈平得知周勃控制了北军的局势,就让刘章去协助周勃,敦促他迅速发动兵变。周勃一面命令刘章守卫辕门以防南军突袭,一面令曹参向卫尉(南军主帅)传达他的命令:"阻止相国吕产进入殿门。"

这时,吕产还不知道吕禄已经离开北军,仍然按原计划准备入据未央宫发动政变,当他来到殿门口时,殿门紧闭,不得入内。吕产一边在宫门外徘徊,一边思谋对策。曹参不敢行动,飞报周勃。周勃仍没有必胜的把握,担心吕产劫持少帝(刘弘),使形势发生逆转,于是命令刘章:"快进宫保护皇上!"

刘章率领1000人赶到未央宫时,看见吕产正在庭院,遂下令将他团团围住。双方僵持到傍晚,刘章开始发动攻击。正在这时,天空忽然刮起大风,吹得吕产的卫队和随行官员乱作一团,丢盔弃甲,无法跟刘章交战,纷纷跪地投降。吕产眼看大事不妙,就逃进郎中令府的厕所里躲藏起来,可还是被刘章发现,冲过去一刀砍死。接着,刘章又带兵冲进长乐宫,斩了长乐宫卫尉吕更始,然后直奔北军,回报周勃。周勃肃然起立,向刘章拜谢说:"我所担心的就是这个吕产,如今把他杀掉,天下大事定矣。"

随后,周勃分别派出军队,搜捕诸吕在京城的宗族,不论男女老幼,全部屠杀。于是,一场血腥的大屠杀迅速展开,长安城一时鬼哭狼嚎,血流成河。吕禄从北军回到府上,正兴致勃勃地拥着爱姬喝酒,忽听喊杀声四起,还没回过神来,士兵已冲杀进来,将他团团围住。这些士兵以前都归他指挥,不忍下手,就请求他自裁。吕禄平时作威作福,从来没见过这种场面,手里提着佩刀,却怎么也举不起来,还是他的爱妃性格刚烈,夺过刀,闭着眼睛就是一剑,正好从吕禄的心窝穿过,然后她自己也伏剑而死。

在京城的吕氏集团被屠灭后,周勃又派人诛杀了燕王吕通以及其他吕氏集团的各色人物。

至此,以周勃为代表的刘氏集团,几天之内通过一场宫廷军事政变,便痛快淋漓地扫荡了吕氏集团。在他们举杯庆祝胜利的时候,又考虑到对少帝(刘弘),以及淮阳王(刘武)、常山王(刘朝)、济川王等人的处理问题,大臣们共同商议后做出决定:少帝、淮阳王、常山王等,都不是惠帝的亲生儿子，是吕后取别人的儿子，杀死他们的生母，送到皇宫养育，命令惠帝收作儿子，立为皇太子，晋封王爵的，目的是加强吕姓家族的力量。而今吕姓家族已全部屠灭，而皇帝也好，亲王也好，年龄一天天长大，一旦掌握了权柄，那么诛杀诸吕的这些人就要付出代价。与其冒这种风险，不如从刘氏诸王中选择一位品德贤明的人为天子，以绝后患。

继这个决定之后，众大臣又经过一番商量，秘密派出使节，前往晋阳（代国都城，在今山西太原西南）迎接刘恒继登大位。

刘恒是汉高祖刘邦与薄姬所生的儿子。薄姬又称薄夫人，吴郡（治今江苏苏州）人。秦朝的时候，薄姬的父亲跟故魏王宗室女子魏媪私通，便生下了她。秦末农民战争中，魏豹被项羽封为魏王时，魏媪把薄姬献进魏宫做宫女。楚汉战争之初，有个叫许负的人给薄姬相面，说她能生一个天子。魏豹本来和刘邦合纵攻楚，听了许负的话，暗想自己会取得天下，所以一面把薄姬带在身边，加紧临幸，一面背叛刘邦搞中立，与楚连横。不久，刘邦派韩信等讨伐魏豹，结果魏豹兵败被俘，薄姬被输到织室（王宫中的纺织工场）劳作。魏豹死后，刘邦有一次到织室寻欢，见到薄姬，很是喜欢，就下诏把她选进后宫。薄姬原以为会得到刘邦的宠幸，可刘邦在织室逢场作戏后早把她给忘了，竟使薄姬一年多没有机会接近刘邦。

薄姬小时候，和管夫人、赵子儿都是密友，曾在一起相约说："将来谁先富贵了都不要忘了好朋友！"这时，管夫人、赵子儿都先于薄姬成为刘邦的姬妾，而且很受宠爱。汉四年，管夫人、赵子儿在成皋服侍刘邦，闲来无事便互相窃窃私语。说起了跟薄姬儿时的约定，觉得很好笑。刘邦隐约听到了她们的对话，就询问是怎么回事。两人不敢隐瞒，遂说了实情。刘邦听后，顿生爱怜之情，觉得薄姬很可怜，当天就召薄姬侍枕。薄姬喜不自胜，对刘邦说："昨暮梦龙据妾胸。"刘邦听后兴奋地说："是个好梦，我今晚就成全你。"薄姬由此怀孕，生下刘恒。薄姬有孩子以后，逐渐失宠，刘恒在皇子中也不得势，因此从小就养成了宽仁、随和的性格。

刘邦死后，吕后嫉恨刘邦生前宠爱的戚夫人等姬妾，把她们统统囚禁起来，不准出宫。而薄姬因为失宠，因祸得福，被允许前往儿子的封国代国，尊称代国皇太后。

长安的使节到了代地，向刘恒递交了秘密信件。时年23岁的刘恒，对这个飞来的洪福，且喜且惊，举棋不定，于是召集谋臣们商议。郎中令张武等抱怀疑态度说："汉中央大臣都是高皇帝时代的将领，精通战阵，长于谋略。他们不会满足现有的地位，只是畏惧高皇帝、吕太后的威望，才不敢轻易表现。如今，他们已诛灭吕氏家族，喋血京师，此时前来迎接大王，不可轻信。我们建议大王声称有病，静观京城的变化。"

中尉宋昌持不同意见，他说："大家的判断似是而非。当初，秦王朝失去控制，六国王族后裔和英雄豪杰，风起云涌，有数万人之多，都以为可以夺取天下。然而，天下终于归于刘姓，大家早已绝望，此其一。高皇帝把子弟们封王各地，犬牙交错，互相牵制，已像磐石般地稳固，再没有人可以起来对抗，此其二。汉王朝建立以来，废除秦朝的暴政，法令简单，广施恩德，人民相安，任何煽动都难以动摇，此其三。以吕太后的严厉，强立吕氏三王，擅权专制，然而周勃一旦'持节'进入北军，登高一呼，将士们都袒露左臂，愿为刘氏而战，吕氏家族终归灭亡。这是天意，并非普通人力可以办到。如今即使大臣们想发动政变，人民不听驱使，他能靠一小撮党羽就干起来吗？现在，首都长安之内，有朱虚侯刘章、东牟侯刘兴居（刘章之弟），是皇族血亲；在首都长安之外，有吴王刘濞、楚王刘交、淮南王刘长、琅邪王刘泽、齐王刘襄以及我们代国，都使大臣们畏惧。现今高皇帝儿子中，只有你跟刘长，而你是兄长，人们又知你仁爱忠厚，所以大臣们顺应人望，迎你登极，请不要怀疑。"

刘恒觉得宋昌说得有些道理，便把此事报告给母亲薄太后，同时派人到长安探听虚实。当派去的人回来相告长安方面的举动完全出于诚意，可以相信后，刘恒才放下心来，日夜兼程，赶奔长安。

公元前180年闰九月二十九日傍晚，刘恒进

汉文帝像

入长安,并于代邸正式即天子位,这便是享誉古今的汉文帝。

汉越罢兵再言和

文帝即位不久,便颁诏大赦天下,修改苛刑酷罚,以松弛自秦王朝以来过分紧张的政治局面,缓和对民众的压迫程度,促进生产的恢复和发展。他与大臣们商议说:"一人犯法,定罪即可,为何要把父母、妻子连同治罪?诸位可议改此法!"众臣经过一番讨论,很快废除了一人犯罪全家连坐的法令。不久,又废除了诽谤妖言罪。同时,文帝还颁出一道诏命,救济各地的鳏、寡、孤、独之人。规定80岁以上的老人按月发给米、肉、布帛,地方官吏必须按时按节去慰问年老的人。各地官吏在宣布这道诏命时,老弱病残者都扶杖驻听,拍手称赞。与此同时,还规定了赦免官奴婢为庶人的办法。

多少年来,百姓被称为黔首,绝对不允许谈论政治,更不用说对皇帝的所作所为提出批评。针对这一情况,文帝颁诏,允许百姓向皇上进谏。如此一来,上奏章的,当面规劝皇帝的日益增多。除在朝廷中接纳众人的进谏外,就是在道边路旁,凡有人上书,文帝也总是停下车来,把奏章接过去审看。对于这种做法,有些臣僚提出异议,但文帝却对大臣们说:"可采用者则采用,不可用者搁在一边,这有何不好?"文帝还很注意发展农业生产,强调农业是天下之本,百姓赖此生存。他一方面仿照古代的"籍田礼",做出带头耕田的样子,以鼓励农耕;另一方面还多次减免田租,有时减一半,有时全免。口赋和徭役也减少2/3。他还倡行俭约,有效地控制朝廷上下的开支,不新建宫室苑囿,并陆续撤销旧有的苑囿,将土地赐予贫民。除了自己带头节俭以外,文帝又坚持保境安民的原则,尽量避免用兵作战。这就使得百姓的徭役负担大为减轻,并得以安心生产,社会经济逐步恢复发展,粮食价格降到十多钱一石,全国呈现出一派和平繁荣景象。

在对待附属国的关系上,文帝采取了"使告诸侯四夷从代来即位意,喻盛德焉",并开始酝酿纠正吕后对南越采取的错误政策。正在这个时候,善于审时度势的赵佗考虑到南越国虽然成功地阻击了汉军的南下,但南越国与

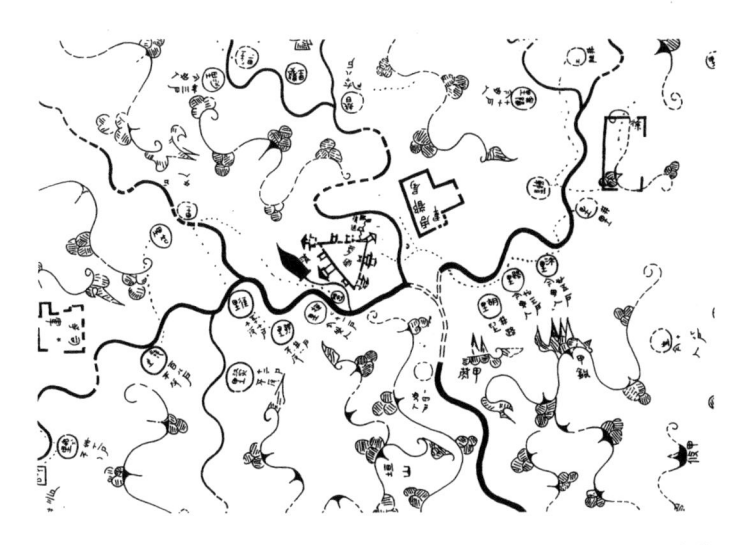

长沙马王堆三号墓出土的长沙国驻军图

汉的对峙，对南越国尤为不利，鉴于此情，赵佗采取主动措施，派人送书给驻守在长沙国边境的汉将周灶，"请罢长沙两将军兵，求还兄弟之在真定者，将与汉和"。周灶接到赵佗派人送来的这封要求汉越和解的书信，不敢怠慢，立即送入汉朝廷请文帝定夺。

文帝接到赵佗的和解书，马上做出反应，除表示同意外，并以实际行动"为佗亲冢在真定置守邑，岁时奉祀"，又"召其从昆弟，尊官厚赐宠之"，同时，还"罢将军博阳侯"，表面上解除了与南越国的武力对峙。汉文帝采取的这些非凡举动，为汉越双方紧张关系的解冻以及走向正常化开辟了道路。

为进一步达到赵佗解除帝号，俯首称臣的目的，文帝再次派陆贾出使南越。

此时陆贾已是一位七十五六岁的古稀老人了，他本来完全有理由推辞这个差事，但是为了汉越两族化干戈为玉帛，毅然受命，带上文帝的诏书、一名副使以及文帝赐给南越王赵佗的礼物——"上褚五十衣、中者三十、下者三十"，踏上了通往岭南的道路。

陆贾作为汉朝使者的到来，虽然是赵佗预料之中的事，

263

但是他没有料到新即位的文帝会这么快就做出了相应的答复,这个举动反而使他有些惊慌不安,带着既有所希望又"甚恐"不安的心情接见了陆贾。

双方见面后,陆贾即递交了文帝的诏书,诏书大意是:

陆贾再次出使南越与赵佗会谈模拟像

皇帝谨问南越王,非常苦心劳意。我是高皇帝姬妾的儿子,被放逐到首都之外,在北方的代郡建立封国。由于道路遥远,而我又是愚鲁朴实,见闻有限,所以没有向你修书问候。自高皇帝逝世,孝惠皇帝即位,皇太后吕雉主持朝政,不幸身体患病,日进不衰,以故悖暴乎治。诸吕为变故乱法,不能独制,乃取他姓子为孝惠皇帝嗣,并乘隙企图颠覆政权。幸赖宗庙显灵,功臣们出力,才把他们诛灭。我因为王侯及元勋大臣们的坚持,不准推辞,不得不继承帝位,现在已经即位。

不久前,接到报告说,你派人送信给隆虑侯周灶,要求遣送你的亲人兄弟前往南越,并要求撤退驻扎在长沙国的两支汉军,我已依照你信上的意见,调回博阳侯陈濞所率领的驻防长沙国的军队。你在故乡的亲人兄弟,已派人照料,并整修了你祖先们的坟墓。

前几天,又接到报告说,你再度发兵出击,在边界造成灾难,长沙国受害很重,而南郡更苦。问题是你的国家,难道因此受到好处了吗?战争一旦发动,必然造成士兵将领的死伤,使人的妻子成为寡妇,儿女成为孤儿,父母无依无靠,得到一分而丧失十分,我不忍心做这种事情。我准备重新划定两国边界,调整犬牙交错不规则的分界线,并为此询问主管官员,主管官员说:"这是高皇帝厘定的界线。"我不敢擅自变动。事实上,中国得到贵国土地,并大不了多

第九章 南越国的兴亡

少，夺取贵国的财物，也不会使中国更为富有。但愿五岭山脉以南地区，贵国自行治理，中国决不干预。不过，你称"皇帝"就有了两个皇帝，而又缺少使节来往，这才发生争执。只知道争执而不知道让步，不是有仁爱之心的人的行为。我建议我们共同抛弃以前的怨恨，从今天起直到永远，互相派遣使节。

从历史留给后人的史料来看，文帝给赵佗的诏书是比较客观的。诏书中文帝首先承认了吕后对南越国的政策是"悖暴乎治"的，过错在汉朝方面；其次，又告诉赵佗，汉朝为恢复与南越国的关系也采取了一些措施，如撤去了靠近南越国边界的一支汉军，修葺赵佗父母坟冢等；诏书中还认为，汉越交兵，"必多杀士卒，伤良将吏，寡人之妻，孤人之子，独人父母，得一亡十"，对汉越双方都是不利的；最后文帝委婉地告诉赵佗：南越国与长沙国一样，都是高祖所封，其土地界限不能更改，希望赵佗"分弃前患，终今以来，通使如故"。

面对文帝的诏书，赵佗将做出怎样的反应呢？前文已述，赵佗在秦时就进入岭南，后又任南海尉以至划岭而王，此时执政已达38年，他对岭南的政治、社会经济等十分了解，他深知岭南虽然有了四十余年的开拓史，而且社会经济水平比秦平岭南时增强了许多，但与中原汉朝相比，仍是绵力薄材，不可同日而语。所以南越国对汉的抗衡也是不能持久的，一旦中原"贤天子继出"，则完全可能趁势消灭南越国。故赵佗深知南越"诚非汉之敌"，可谓"明哲炳于几变，故能变逆为顺，以相安于无事耳"，自然也就"固不待贾之再来，而帝号之削，在佗意中久矣"。赵佗唯一没有料到的是，陆贾如此之快就到了南越。直至陆贾来到，交代清楚了汉朝天子的意图后，他深表恐惧与歉意，当即表示愿意接受中国皇帝的诏书，作为藩属，按期进贡。同时说："我听说两雄不俱立，两贤不并存。汉皇帝（刘恒）是一位贤明的天子，从现在开始，我不再称皇帝，撤销黄绫车盖、左侧大旗。"于是给汉文帝写了一封回信，他在信中自称"蛮夷大长、老夫、臣佗，昧死再拜"，并在信中说：

我是故秦南海郡的一个官员，蒙高皇帝赐给印信，封我为南越王。后

265

来孝惠皇帝即位，在道义上不忍舍弃，赏赐给我的礼物，至为厚重。可是等到吕雉当权，听信佞臣谗言，跟邻国蛮夷划清界限，下令说："不可以把下列东西卖给他们：金、铁、耕田用具、马、牛、羊。即令卖给他们，只准卖给他们雄的，不准卖给他们雌的。"我的国家十分荒僻，马牛羊都要老了，我以为是自己祭祀不周，有死罪，就派内史藩、中尉高、御史平，三次前往长安，上书请求宽恕，想不到全被扣留，不准他们回国。接着又听说我父母的坟墓被破坏削平，亲人兄弟全被屠杀。这才自称皇帝，只不过对内使用，并不敢伤害天下。可是吕雉却大发脾气，撤除南越王称号，断绝使节，阻塞交通。我疑心是长沙王吴芮从中挑拨，所以才出兵骚扰他的边境。

我在南越四十九年，于今已有孙儿。然而凌晨即起，深夜才睡，卧不能安枕，食不知滋味，眼不看女人的美色，耳不听欢娱的音乐，只为了不能侍奉汉室。而今陛下哀怜我，恢复南越王的封号，又准许交通来往，我已如愿以偿，即令死亡，名声不灭，我已除去帝号，不敢与汉室匹敌。

陆贾这次出使南越，赵佗对他格外看重，相待有加礼。陆贾还朝时，赵佗"因贾献文帝白璧一双，翠鸟千、犀角十、紫贝五百、桂蠹一器、生翠四十双、孔雀二双"等岭南地区的特产。赵佗一次上贡，即达一千多件物品、珍禽，可见赵佗与汉友好是诚心实意的。

陆贾胜利地完成了使命回到长安，向文帝详细汇报了出使经过，文帝十分满意，设宴庆贺陆贾的第二次出使安抚取得了圆满成功，

汉文帝霸陵

达到了使赵佗再次对汉称臣的目的。由此开始，南越国与汉恢复了以前的关系，完全实现了双方关系的和好，赵佗对汉称臣，行诸侯之职，时时遣使入贡。

文帝在位期间，宫室、苑囿、车骑、服御，无所增益。死前遗诏："厚葬以破业，重服以伤生，吾甚不取。"要求丧事从简，"出临三日，皆释服"，"治霸陵，皆瓦器，不得以金、银、铜、锡为饰，因山为藏，不复起坟"。

汉文帝刘恒是以勤俭节约著称的皇帝，他开创了被后人称为"文景之治"盛世的先河。

文帝刘恒于后元七年（公元前157年）六月，崩于长安未央宫。在位24年，死时年仅46岁。葬于陕西霸陵，庙号太宗，谥曰孝文皇帝。

孝文皇帝刘恒驾崩后，由子刘启即皇帝位。刘启生于惠帝七年（公元前188年），母窦氏。文帝在代地所生三子皆早死，文帝前元元年（公元前179年），以现子刘启居长，刘启又纯厚慈仁，遂立为太子。即位后是为孝景皇帝。

刘启继位后大赦天下，启用申屠嘉与周勃之子周亚夫为左右丞相，景帝承文帝节俭之风，继续采取与民休养生息政策。他把文帝的"三十税一"正式定为朝廷法令，徭役也由一年服一月改为三年而一事。重农抑商，兴修水利，发展农业生产，减轻刑罚，为黎民百姓所拥戴。

自高祖刘邦到景帝刘启，历经六十余年治理，已是天下太平，家富衣足，太仓之粟充溢露积，京师之钱累巨万而不可计，居官者世代相传以为姓号。历史上把文帝刘恒与景帝刘启两帝共治的四十年称为西汉著名的盛世兆年"文景之治"。

景帝后元三年（公元前141年）正月，刘启晏驾于长安未央宫内。在位17年，崩时年仅48岁。二月，葬于阳陵，谥曰孝景皇帝。

汉景帝像

南天支柱轰然倒塌

继景帝之后，年仅16岁的刘彻于景帝后元三年正月即皇帝位，这便是历史上著名的一代雄主汉武帝。刘彻于景帝前元元年（公元前156年）生，是景帝刘启的第九个儿子，母王氏。公元前153年封为胶东王，公元前150年四月，刘彻七岁时被立为皇太子。

刘彻即位的翌年，定年号为建元，中国封建时代帝王年号由此开始。

武帝刘彻建元四年（公元前137年），南越王赵佗无疾而终，享年101岁，成为迄今为止中国封建帝王中唯一的一位大寿者。

赵佗像

赵佗自秦始皇时代率军入岭南起，到汉武帝刘彻建元四年薨，在前后总计八十余年的漫长历程中，称王称帝达六十余载，在这个特殊的历史时期内，赵佗以自己的仁德、宽厚之心和满腔热情，统一了岭南，缔造了南越国，使南越各族人民摆脱了刀耕火种的原始生产方式，向中原社会发展水平推进。经过半个多世纪的努力奋斗，使岭南百姓富庶，国泰民安，成为一撑华夏大地的南天支柱。

南越王赵佗仙逝后，长孙太子赵胡继王位。他与丞相吕嘉，为其祖父赵佗举行了自立国以来规模最大的国葬。国中所分封的王侯、朝臣、将士、郡县之吏以及黎民百姓，纷纷从南越的四面八方赶至京都番禺，为其吊唁，连都城郊外十几里的村寨都住满了前来吊唁和送葬的人群。南越之地，可谓家家吊唁，人人万分悲痛。

发葬这天，南越国中听有鼓号齐鸣，送葬之车驾、人役绵延数十里之遥。赵胡按祖父赵佗遗嘱，将其葬于都城番禺城外，南自鸡笼岗，北至天井，连冈接岭的群山之中。为了

第九章 南越国的兴亡

使祖父赵佗永远安逸、静静长眠于黄泉之下。赵胡安葬祖父赵佗遗体时，多置疑冢。发葬的灵车从番禺都城四个城门同时出来，四具棺柩皆一模一样，下葬时又棺棚无定处。除丞相吕嘉和赵胡等少数几人外，其他人全然不知南越王赵佗棺柩的真正下葬之处。

在南越国民众与朝臣官员及赵佗家人送葬的号啕大恸之中，丞相吕嘉是最年老的朝臣。他披麻戴孝，被两个家人搀扶着，曾几度哭得昏死过去。吕嘉昔日只是越族的一个少年，但他自幼聪慧好学，办事机灵，渐成大器。赵佗怜其才，拜吕嘉为军师，立国后又拜他为南越国的丞相。吕嘉在与赵佗相处的六十余年的漫长岁月中，深受赵佗仁德、宽厚的影响，对赵佗敬重万分。今赵佗晏驾，巨星陨落，他自是悲痛欲绝。送别赵佗亡灵之后，吕嘉独居一室，仰望赵佗长眠的城外山冈悄然跪下，抚胸顿足大呼道："上邪！圣王一去，从此南越国将不复存在矣！"

正如吕嘉所叹，南越国经历了69年风风雨雨之后，赵佗的仙逝，确实给这个号称东西万余里的庞大王国带来了厄运。

当南越王赵佗讨伐长沙成王时，赵佗威名大振，闽越王一时役属于南越王。但到了汉武帝建元四年，即南越王赵佗仙逝的公元前137年，闽越国趁赵佗亡故，新君刚立，国内人心未定之机，出于自己狭隘的私利，竟悍然发兵侵略越、闽相倚边界的蒲葵关，并向南越国境内逼近。

闽越王城遗址局部
闽越王城遗址位于福建省武夷山市的武夷官景区南24公里处的兴田镇城村南部。建于公元前202年，系闽越王无诸受封于汉高祖刘邦时营建的一座王城，面积48万平方米，夯土城墙2896米，轮廓依稀可辨，是中国南方保存最完整、规模最大、出土文物最多的重要考古遗址，被列为第四批全国重点文物保护单位，1999年12月作为武夷山境内自然遗址被联合国教科文组织列入《世界遗产名录》

福建省南平市出土的闽越汉王城遗址　　闽越王城宗庙遗址碑

269

闽越王像

闽越地区出土的汉代蛇坛子

由古代流传下来的近代闽越地区居民的干栏式建筑

显然，闽越此举是一场毫无任何理由、乘人之危的侵略性战争。战争发起突然，南越人无法预料。

就地理位置而言，闽越王国位于南越国的东方，以闽江流域为中心。在秦汉之际，闽越人的活动范围为东及于今台湾、澎湖、琉球等海岛，西则直达赣东北等地，但以今福建省境内为最多。

秦统一中国之前，就存在着闽越王国，由首领无诸统治。后来，秦平闽越，以其地置闽中郡，将无诸废为君长。相传是"越王勾践之后"的无诸对此不满，盼望有一天能恢复王位。秦末，天下大乱，无诸趁机率领闽越人，投奔鄱君吴芮而"佐汉"，及至刘邦称帝，建立西汉王朝，无诸也因佐汉有功，得以在公元前202年复立为闽越王，恢复了在闽越地区的统治地位。公元前196年，赵佗也受汉朝册封，建立了南越王国对汉的臣属关系。所以，两国在名义上是平等的，这种平等关系是两国关系史上的初期阶段。

闽越王城遗址旁的古村落

高后五年（公元前183年）春，吕后下诏禁止与南越交往，赵佗遂抗汉称帝并发兵攻长沙国，败数县而去，又阻击南下的汉军，终使汉军未能逾岭。赵佗这一对抗中央的行动获得胜利，提高了南越国的威望，赵佗也就在以兵威边的同时，趁机对闽越、夜

郎等国施以"财物"，闽越国不得不予以接受，因而对南越国产生了一种役属的关系。也就从这个时候开始，两国的平等关系结束，闽越国开始了向南越俯首称臣的历史。也就是说，闽越国开始了对汉王朝、南越国的双重依附关系。文、景两帝时，这种关系仍保持不变。

意想不到的是，这次闽越国竟乘人之危，突然向南越发动了侵略战争，这标志着闽越对南越役属关系的结束，也标志着一个新的政治格局的形成。

由古闽越武士演化的门神像

面对闽越国发动的突然袭击，新继位的赵胡身穿孝服临朝，同臣僚们紧急磋商御敌方案。赵佗临终时曾把赵胡托付给丞相吕嘉，用赵佗的话说，凡遇大事不决时，就问丞相。此时的赵胡看了看仍处在悲痛中的吕嘉问道："丞相，闽越王率军攻打蒲葵关，并劫掠边境村寨，守将告急，怎么办？"

颇有文韬武略的吕嘉果断说道："自古兵来将挡，水来土掩！闽越王乘人之危，攻打蒲葵关，吾王不须多虑，发兵击之！"

赵胡又问众文武大臣道："列位爱卿，闽越王率兵来犯，本王当以何策御之？莫非也与丞相相同？"

文武百官齐道："正是，请吾王发兵击之！"

赵胡听了丞相和辅佐大臣之言，犹豫了好一阵子，然后说道："列位爱卿，以本王看，恰恰相反，本王决定不发一兵一卒。我南越今为汉臣，武帝陛下临朝不足五年，闽越与南越均为汉臣，今闽越发兵于边侵我南越，我南越当上书奏明朝廷，由朝廷派兵击之。这样，朝廷既不会怪罪我南越，又可以将闽越兵击退，我只需一书一帛，便可御敌，何须与之兵戈相见……"

丞相吕嘉听罢大惊，遂怒目圆睁强谏道："启禀大王，此事万万不可如此！先武帝奠基南越，如今带甲之众百万有余，只需三万人马，便可将入侵南越之敌击退，何必上书

271

汉武帝像

于汉廷。再说，从上书到汉兵至，需要多少时间？兵贵神速，如我不发兵击之，则闽越当视我惧怕其势，必然得寸进尺，步步紧逼，边关之害可就大矣。再者先武帝在世时，一再叮咛吾等群臣，南越之事当由南越自己决断，若自强可以立国，若倚他人者必贻害于国！大王若不听吾等逆耳之言，南越将岌岌可危矣！"

赵胡听罢，正色质问道："我们如果与闽越兵戈相见，则朝廷势必乘机发兵，取渔人之利。以本王看，闽越人攻打蒲葵关，只是为了抢夺些财物而已，与我国本体并无大碍。不如一书一帛，汉兵至，则闽越人必退！"

尽管众臣僚对赵胡的主张极不赞成，但最后还是无可奈何地看着这位新主给汉王朝发出了求援书。书中称："两越俱为藩臣，毋擅兴兵相攻击，今闽越兴兵侵臣，臣不敢兴兵，唯天子诏之。"以赵胡的想法，如此上书，不仅向汉武帝表明了南越国忠于臣属之职，不兴兵互相攻击，同时又可使汉朝廷出面干涉。这样，就巧妙地把难题推给了汉廷。

汉武帝接到南越国使臣送来的求援书后，对赵胡的举动表示赞赏，认为南越国重信义、守职约。于是，汉武帝传诏曰："王子多南越义，守职约，为兴师，遣两将军即大行王恢率军出豫章、大农韩安国率军出会稽，南北夹攻往讨闽越。"

汉王朝的直接发兵干预，大出闽越国统治者的预料之外，面对大敌当前的紧迫形势，闽越国上层统治集团发生了分裂。继无诸之后的闽越王郢之弟余善杀郢而降，"使使奉王头驰报天子",汉军于是停止进攻,上报汉廷,武帝乃改立无诸之孙"繇君丑为越繇王,奉闽越先祭祀"。但在闽越国统治集团的内讧中,余善以杀其兄而"威行于国,国民多属",拥有了相当的支持力量,因而"窃自立为王"。面对闽越国出现的这种情况,汉王朝采取了分而治之的策略,下令立余善为闽越王,从此闽越国一分为二,越繇王、闽越王并存。

在这场战争中,闽越出于掠夺财物的企图而发起侵袭,显然不是正义之举。而南越国既未损已之兵,又使敌军退却,看上去这是件一举两得的好事,但就在这件好事的背后,却暗藏着极大的隐患,这个隐患所导致的严重后果是赵胡始料不及的。

就在汉武帝派大将王恢出兵轻取闽越时,曾以兵威为后盾的番阳令唐蒙,奉诏来到南越国都城番禺,让南越王赵胡亲自入朝向皇帝谢恩。赵胡接到诏谕后,不知汉武帝到底是何意图,对这个诏谕采取了不冷不热的处置态度,没有立即奉诏前行。汉武帝见南越王赵胡无动于衷,接着,再次传诏,令严助赴南越说服赵胡前往长安。严助,会稽人,"严夫子子也。郡举贤良,对策百余人,武帝善助对,由是独擢助为中大夫"。严助在汉廷是屈指可数的善辩之士,曾"与大臣辩论,中外相应以义理之文,大臣数诎",所以汉武帝对他另眼看待,并委以重任。这次出使南越的任务落到严助的肩上。严助到达番禺后,告诉赵胡汉天子已将闽越的事摆平。赵胡听后顿首,认为:"天子乃为臣兴兵讨闽越,死无以报德!"表示了对汉的感激之情。当严助接着传谕让赵胡入汉朝亲自向皇帝谢恩时,赵胡这才回过味来,认识到问题的严重,不免大惊失色。原本南越号称有百万带甲之众,击败昔日役属的闽越易如反掌,但赵胡却故作聪明地要请汉廷出兵。岂不知,古往今来,凡立国者,皆以已强而服众,一旦自己强盛起来,别人才会俯首帖耳,唯命是听。而一旦你弱小,即使礼仪再周全、再诚实、再厚道,在强者眼里,你也只是形同粪土。赵胡过分看重汉廷的实力和约定,而忽略自己百万带甲之众和据岭自守的天然屏障,想做个唯命是从、百依百顺的顺臣,这恰恰是汉武帝所期待的。

赵胡面对诏令并慑于汉朝廷的威势,他不敢予以拒绝,也不敢跟严助入长安晋见天子。情急之中,只好和几个近臣商量,称自己本愿同严助一同入朝晋见天子,以示谢恩,无奈自己继位时间不长,身体多病,不能去往长安，一旦病情有所好转，即刻赴长安晋见天子。为了表达自己的诚意，特命太子赵婴齐跟严助一同赴长安为皇帝"宿卫"。

严助见赵胡如此说，不便强求，只好带上太子赵婴齐返回长安。严助走后，赵胡同朝臣反复商量是否亲自去长安晋见天子之事。以丞相吕嘉为首的臣僚不同意赵胡亲赴长安，并劝谏说："汉兴兵诛郢，亦行以惊动南粤。先王言事天子期毋失礼，要之不可以怵好语入见。入见则不得复归，亡国之势也。"

臣僚们的劝谏，勾起了赵胡对亡祖父赵佗当年所留遗训的回忆，想起了汉、越几十年来相互存有戒心和敌视的历史。从此之后，他对汉廷一直称自己有病在身，不肯去长安入见皇帝。

汉武帝见赵胡迟迟不肯入朝晋见自己，便以牙还牙，以种种借口，把太子婴齐质于长安不肯放回。赵佗当年的遗训应验了。

后来，丞相吕嘉用计，设法使太子婴齐返回南越。但赵胡自太子入朝后，萎靡不振，如同大伤了元气一般，不再见辅佐大臣。吕嘉等群臣以国家基业为重，数次入王宫进谏，总算使赵胡有了些起色，但已无力挽回南越国江河日下的颓局了。

在这种危机四伏的格局中，赵胡勉强支撑了十余年便抑郁而死，死后谥为文王。

多少年后，有学者认为赵胡既然答应了严助要亲自入长安朝见，后又"背入朝之约"，"一再售汉以疑"，造成了汉对南越的"益疑"，则"祸速"也，认为只要入朝见天子，"一修朝觐，礼成而还，恭恪之节愈昭，君臣之义愈密"，则南越国的江山愈固矣。对这种看法，现代史学家张荣芳、黄淼章却提出了不同的见解和看法。

张、黄认为：经过汉初七十余年的休养生息，汉王朝的国力正达到了最高峰。在这种大气候下，具有雄才大略的汉武帝要加强中央集权，势必要解决封国问题，打击割据势力。如武帝元朔二年（公元前127年）采纳主父偃的建议，下达"推恩令"等。联系当时形势，武帝对南越国是有征服的想法的。无论南越国如何讨好汉廷，只要汉朝国力一旦强盛起来，是不会允许这个极具威胁的王国存在的。且看汉越刀兵相向，就可知两者决一雌雄的日子只是个时间问题了。

第九章 南越国的兴亡

🏵 危机四伏南越国

事实上，早在汉文帝时，将军陈武就提出了以武力南征荡平百越的构想，当时的汉文帝则说："兵，凶器，虽克所愿，动亦耗病，谓百姓远方何？愿……结和通使，且无议军。"话虽如此，实际上当时的汉廷军力有限，汉文帝颇有自知之明，所以未对南越动武。而到汉武帝时，形势已大不相同了。经过景帝的"削藩"和平吴楚七国之乱，同姓诸侯王的权势大不如前。汉武帝行"推恩令"，强令诸侯王分封自己的子弟，使封地越分越小；同时借口取消了不少高官贵族的封爵，使中央王权得到了巩固，皇帝有能力独揽朝政大权。整个国力达到了有汉以来最为鼎盛的时期，造成了国富民强和安定的政局。这样，戡定边患，开拓疆域，建立大一统的汉帝国成了汉武帝的当务之急。这个时候，雄心勃勃的汉武帝再也不满足于南越王国表面臣服，实质上仍是半独立的藩属关系了。政治上的稳定，经济上的繁荣，军事上的强大，使汉武帝感到用武力解决南越国问题的时机到来了。

早在唐蒙出使南越时，因食蜀产枸酱，无意中发现了从西蜀至夜郎，再从群柯江浮舟而下，可至番禺城的通道。唐蒙发现这条通道后，曾上书汉武帝说："南粤王黄屋左纛，地东西万余里，名为外臣实一州主。今以长沙、豫章往，水道多绝，难行，窃闻夜郎所有精兵，可得十万，浮船群柯，出其不意，此制越一奇也。诚以汉之强，巴蜀之饶，通夜郎道，为置吏，甚易。"唐蒙的建议，是让汉武帝利用这条水道出奇兵制越，汉武帝听罢大喜，拜唐蒙为中郎将，带一千兵和许多汉帛丝绸财物等，赴夜郎国先行招抚。唐蒙带了大量锦缎，率一千人做护卫，出都南下，沿途经过许多险阻，才进入夜郎国。夜郎国王名叫多同，因为地处闭塞，素与外界不通，这多同还以为世上唯他夜郎最大，见到汉使唐蒙，不禁问道："汉朝与我谁大？"唐蒙欲笑不得，只得如实俱述。后世相传的"夜郎自大"的故事便源于此。唐蒙一边讲述汉朝如何强盛，如何富饶，又把锦缎置于帐前，五光十色，锦绣成章，夜郎王见所未见，闻所未闻，不由得瞠目结舌，表示愿臣属于汉，当下与唐蒙订立约章。

夜郎国在赵佗执政时期曾接受赵佗赠给财物，与南越关系密切，有役属

汉代铜镜上的楼船
图

关系。唐蒙对夜郎王厚送财物，晓谕威德，恩威并施，终于说服夜郎归汉，其附近的小部落也相约归附汉朝。汉武帝不失时机地在夜郎设犍为郡，为平定南越伏下了奇兵。

元狩年间（公元前122—前117年），汉武帝以南越将叛，欲与越军用船进行水战为由，在长安西南开凿昆明池，周围四十里，建造楼船，训练水军，做好与越军进行水战的准备。

除此之外，汉武帝连连颁诏，拓边关，广绝域，西至沫若水（沫河和若河，即今大渡河），南至牂柯江（一说即今北盘江，一说即今都江），凿灵山道（今广西南部），架桥孙水（一说在今贵州瓮安西北），直达印都（西南州郡）。

汉代楼船复原示意
图

汉廷在这一带设立了一都尉、十县令，归蜀管辖。

就在汉武帝集中力量准备平定南越时，南越国本身也发生了变化。赵婴齐在长安时，曾娶邯郸樛氏为姬妾，生子赵兴，而他在南越时，已娶越女为妻，生子赵建德。婴齐接南越王位后，受樛氏姬妾的迷惑，竟然向汉廷请求立樛氏为王后，赵兴为太子。出于利益的考虑，汉武帝批准了他的请求。赵婴齐这种舍长立幼的做法，打破了封建常规制度，为南越国的灭亡种下了祸根。当时，南越丞相吕嘉等人，曾在立嗣的问题上劝谏过赵婴齐，"盍于婴齐择立太子之日，积极诚谏，以去就争，使改立建德，嘉为国重臣，争之不已"。遗憾的是，此时的赵婴齐已听不进这些臣僚的劝谏了，他这个荒唐的做法，成为导致南越国覆亡的导火线。

赵婴齐继位不久即病死，汉朝追封他为"明王"，太子赵兴即王位，母亲樛氏被封为王太后。这位太后长在长安，在未嫁赵婴齐之前，与一名叫安国少季的官吏有过暧昧关系，此事整个长安上层人物几乎人人知晓。元鼎四年（公元前113年），汉武帝专门派安国少季为使者，带上辩士谏大夫终军和勇士魏臣等到番禺，还派卫尉路博德将兵屯桂阳，以接应使者，给南越造成内外压力，劝谕南越王赵兴和樛太后到长安朝见天子。

这个时候，南越王赵兴继位不久，年纪尚轻，太后又是汉女入越，人生地疏，朝中的实权实际上掌握在丞相吕嘉手中，形势对赵兴母子十分不妙。更为不妙的是，自安国少季到达南越国后，尽管这位樛太后徐娘半老，却风情不减，淫心犹存，竟与旧日情人安国少季再次私通，直搅得宫内宫外乌烟瘴气，出现了"国人颇知之，多不附太后"的局面。樛太后深知自己不得南越国民心，恐国中发生动乱，于是心生邪念，力劝赵兴和南越国臣僚向汉武帝请求内属："比内诸侯，三岁一朝，除边关。"主动放弃南越立国以来一直保持的相对独立的地位。樛太后的这一做法，无非是想借汉朝的力量来削弱吕嘉的大权，使势弱力孤的她和赵兴重掌实权，保住赵氏王室。

汉武帝接到南越王赵兴请求内属的上书，非常高兴，立即按汉朝之例，给越相吕嘉颁发银印，并赐给内史、中尉、太傅等南越高级官吏印章，其余的官吏由南越国自行备印。此举意味着南越王国高级官员由中央朝廷直接对其进行任命。汉武帝明令废除南越野蛮的黥鼻刑罚等，推行汉朝法律，改其旧俗，同内诸侯。同时还命令使者全部留镇番禺，力求南越局势平稳。这道诏令预示着南越国将由一个独立自主的王国，变成汉廷真正的内属国了。樛太后和赵兴接旨后，喜不自禁，立即整理行装，准备入朝晋见天子谢恩。

赵兴母子的这一举动，引起了国内众臣的震怒，作为三朝丞相的吕嘉更是愤恨不已。于是，赵兴母子同以丞相吕嘉为首的两个政治集团的矛盾变得尖锐起来。

从历史留下的点滴记载看，吕嘉为越人。清代梁廷枏的《南越五主传》中引用了已失传的《粤记》一书，说吕嘉"本越人之雄，佗因越人所服而相之，而南越以治"。吕嘉颇有政治才能，又很得越人的信服，赵氏王室需要他来和辑百越。赵氏王室的重用使得吕嘉感激涕零，他死心塌地为南越王国着想，备受赵氏王室的赏识。

南越国作为一个独立的割据王国，对汉称臣实际上是一种效仿周代的诸侯对于周天子似的称臣，也可以说是一种应付强敌的权宜之计。而在政治、军事、经济等各个方面，南越国是完全自主的：南越丞相的设置，则不同于同期汉朝各诸侯国的丞相是由中央王朝委派，"不得与国政，辅王而已"。南越国的丞相是由南越王直接任命，其实际职能应该与西汉中央王朝的丞相一样，能直接参与处理军国大事，掌有重权。自从吕嘉坐上南越丞相位置之后，除赵佗时代不算，从南越的文王赵胡、明王赵婴齐，直至四主赵兴，在长达二十多年的时间内，南越的丞相再未易人，由此可见南越的相权在吕嘉手中已达到了登峰造极的地步。到南越王赵兴时，吕嘉已经"年长矣，相三王，宗族官贵为长吏七十余人，男尽尚王女，女尽嫁王子弟宗室，及苍梧秦王有连。其居国中甚重，粤人信之，多为耳目者，得众心愈于王"。吕嘉不但在朝内擅权，在外又与拥有重权的南越藩王相勾结，造成内外呼应的犄角之势，这就更加强了他在南越国中的特殊地位。从史料看，吕氏家族中除了吕嘉任丞相外，还有吕嘉的弟弟为南越的"将"，即掌握着兵权。吕氏家族七十多人都在朝中为官，吕嘉本人及其家族不但培养了一批亲信与部属，还博得了越族贵族的支持和南越国的中下层——广大越族百姓的信任。在以越人为主的南越国，吕嘉博得了越人，实际上也就掌握了南越国的权力。事实上，南越国自赵胡开始，便再未出现过像赵佗那样的"一代雄主"，不但如此，还颇有一代不如一代的味道，这一代又一代国王，只懂得吃喝玩乐、作威作福，面对这位三朝重臣，除了尽力去拉拢他，寻求支持之外，似乎别无他法。

正是置于这样一种状况，才使吕嘉长期为相，并造成了擅权专制的局面，这种局面对南越国特别是赵兴母子显然是不利的。

且说正在整治行装准备赶赴长安的樛太后，通过耳目了解到，以吕嘉为首的一批朝臣反对内属的呼声越来越高，只是不肯当面谏阻，只将满腔怒火

第九章 南越国的兴亡

压在心中，以待时机总爆发。吕嘉也采取了暗中对抗的办法，称年老体衰，疾病在身而不上朝，也不与暂未离开南越的汉使者见面，软磨硬抗，以俟时机。种种迹象无不表明，欲除内属之患，必须首先除掉丞相吕嘉。于是，在摎太后心中，一个恶毒的念头涌现出来。她向赵兴说道："今丞相称病不朝，吾看他反内属之心不死，或许他要发动叛乱，不若早下决心除之。"

赵兴叹道："母后，不可！丞相忠心辅佐，南越不可无丞相之助，待吾慢慢说服他，只要他回心转意，满朝文武会人心所向的。"

摎太后见赵兴仍恋恋不舍丞相吕嘉，遂私下与汉使者勾兑，以求彻底解决丞相吕嘉等反对内属汉廷之事。汉使者早就对吕嘉的态度和做法极为不满，于是，经过一番密谋后，终于想出了一条置丞相吕嘉及一切反对南越国内属的群臣于死地的计划，这个计划是：由摎太后在宫中设宴，宴请汉使者及众大臣赴宴，借此机会，杀死吕嘉。

一切按计划进行。在宴席上，汉使朝东坐西，南越王赵兴和摎太后南北对坐，吕嘉与众大臣则面西而坐，当宴会开始后，摎太后借酒对吕嘉说："南越国内属是利国的事情，丞相总是不赞成，不知是何居心？"她想用这番话来激怒吕嘉，也激怒汉使，并借汉使之手杀掉吕嘉。由于吕嘉之弟是将军，带领士兵守在宫外，前来参加宴会的汉使安国少季等一时犹豫不决，未敢动手。吕嘉见情势不妙，立即起身离席出宫，太后按捺不住心中的怒气，竟亲自操起长矛欲投掷吕嘉，南越王赵兴发现后，立即向前阻拦，使长矛未能投出。一场太后精心策划的南越宫廷"鸿门宴"就这样流产了。

吕嘉在其弟保护下，安全回到家中，一直托病不朝，私下却与其弟密谋发动政变。吕嘉知道赵兴不想把事情闹大，所以几个月没有采取行动。摎太后一直想着早日铲除吕嘉，却总未找到合适的人选和机会。

此时的南越上层已是杀气腾腾、危机四伏，整个国家面临生死存亡的紧急关头。汉武帝获知这一信息后，一面怪罪安国少季等汉使怯弱无决断，同时认为，南越王赵兴和太后已经归汉，只有丞相吕嘉犯上作乱，不必兴师动众，决定派庄参率两千人出使南越，即可解决吕嘉的问题。但庄参认为：若汉以友好姿态去的话，仅几人就够了，如果是准备去动武，区区两千人无济于事。汉武帝听罢极为气愤，盛怒之下罢了庄参。其时，郑壮士故济北相韩千秋觉得这是一个投机和显示自己能力的难得机会，便自告奋勇说："一

279

个小小南越有什么了不起，又有赵王做内应，只是吕嘉一人为害，给我勇士三百人，一定斩吕嘉的头颅回报。"汉武帝听后龙心大悦，即派韩千秋和樛太后的弟弟樛乐于元鼎五年（公元前112年）四月带两千人前往南越，讨伐吕嘉。自此，拉开了平定南越的序幕。

历史的终结

　　当韩千秋、樛乐带兵南下的消息传到南越国后，吕嘉索性一不做、二不休，决定孤注一掷，公开发动叛乱。在叛乱前，他首先造出舆论，说南越王赵兴太年轻，樛太后是中原人，与汉人有奸情，不顾赵氏社稷，只求汉皇帝的恩宠。又说樛太后以入朝为名，要把先王遗下的珠宝都献给汉帝，以讨好谄媚，还说樛太后到长安后就会把众多的南越随员卖为奴仆，使他们有家不能归。这些虚实结合的宣传鼓动，加重了群臣以及越人对樛太后和赵兴等人的反感，倒戈叛乱之声占据上风，吕嘉见时机成熟，便迅速指挥其弟带兵杀入王宫，杀死了南越王赵兴、樛太后及安国少季等使者。随后，吕嘉派专人通告苍梧秦王赵光及南越王属下郡县，"为万世虑之意"，起兵杀死赵兴、樛太后和汉使者，并立赵婴齐越妻所生的长子术阳侯赵建德为南越王。

　　就在吕嘉发动叛乱，在南越国宫里宫外大肆屠杀之时，韩千秋、樛乐已率两千汉军逾岭进入南越，并攻下了几个边境小邑。吕嘉得知这一情报，心生一计，他命令南越军队佯装不抵抗，并开道给食诱敌进入。韩千秋等不知是计，因此轻敌冒进。当他们进至离番禺还有40里的地方，吕嘉突发奇兵反击，韩千秋、樛乐兵败被杀，两千名汉卒全军覆没。

　　吕嘉见南越王赵兴、樛太后及南征汉军相继被杀，有些得意忘形，他将汉使者的凭信——使节包好，连同一封"好为谩辞谢罪"的信，置于汉越交界的边塞上，又发兵据守南越各个关塞，准备与南下汉军决一死战。

　　吕嘉的行动，使汉武帝极为震怒，同时也认识到了南越国的实力。他一面抚恤死难者的亲属，一面下达征伐南越国的诏书。为了吸取上次人单势寡的教训，汉武帝下令调遣部分粤人及江淮以南楼船将士十万人，于元鼎五年

第九章　南越国的兴亡

秋，分兵五路进攻南越。这五路大军的进攻路线分别是：

一路以卫尉路博德为伏波将军，从长沙国境内出桂阳下湟水，从湖南经萌渚岭而入连州一线，再沿江到石门；二路以主爵都尉杨仆为楼船将军，出豫章，下横浦，从江西大庾岭入南雄一线；此两路均取北江而下，直至番禺都城。两路大军共计六万人马，是攻打南越的主力军。

三路、四路以归义侯郑严、田甲为戈船将军和下濑将军，出湖南零陵，或下离水，或至苍梧，沿西江而下，然后直通番禺；五路以驰义侯何遗率巴蜀罪人及夜郎军队下牂柯江，取道西江，会于番禺城下。

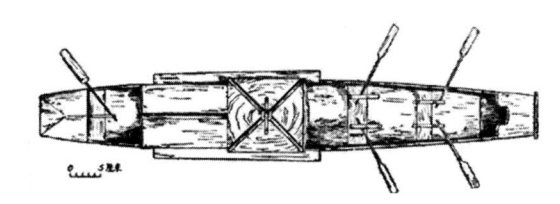

广州皇帝冈西汉大椁墓出土的西汉船模结构俯视平面图

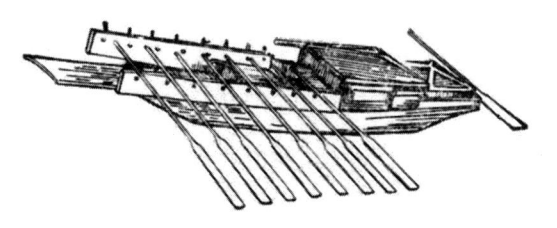

长沙第203号汉墓出土的带钉眼的汉代船模示意图

就在汉武帝派出十万人马分兵五路讨伐吕嘉之时，原在建元四年借赵佗新丧趁机侵边的闽越王被汉军击败，后封为东越王的余善，借此机会又想讨好汉廷，主动请求发八千将士助汉攻越。东越王余善之奏很快获得汉武帝同意，并要他即刻起兵。

此前，余善本来就是发动对南越国袭击的主谋之一，及至汉廷出兵，事情闹大了，又杀其王兄以求自保，是个相当狡诈之人。这次当他接到汉廷的诏令后，原计划由闽越进入揭阳一线，再经潮州水系由海路直抵番禺。但他又害怕受到南越的致命打击，所以，当他亲率八千将士到达揭阳后，以海风甚烈，难行舟船为由，就地待命。同时，余善又想讨好南越丞相吕嘉，把汉军的发兵之举动，密派使者告于丞相吕嘉。他坐持两端，再不进兵，企图两方讨好，以获渔翁之利。

当汉朝五路大军浩浩荡荡、杀气腾腾地向南越国扑来时，吕嘉及其手下军事将领凭借岭南的天险，指挥军队予以阻击，双方军队在岭南地区展开了激烈的争夺战。当战争持续到一年后的秋天，楼船将军杨仆一军首先逾岭破横浦关而入，顺凌水入浈水，到韶关之后再转入北江，并攻陷寻峡，继而又攻破番禺城北30里的石门，缴获了南越大批军粮船只，使汉军的供给得到充分的补充。石门攻破后，杨仆不敢贸然对番禺城发动进攻，留下万名将士扼守，等待伏波将军路博德军的到来，共同进击。

关于杨仆其人，司马迁在《史记》中将其列入《酷吏传》的代表人物，从这篇传记和其他史料中，可知其人的大体经历。

杨仆是河南宜阳人，由千夫出身为吏，千夫是奖励战士武功的赏官，所谓武功爵之一。汉制爵分二十级，武功爵则分为二十一级，千夫是武功爵的第七级。他在河南郡出任吏职，担任相当于五大夫的职位。由于他出色的表现，经河南守的推荐，升任御史。汉初的御史，除了御史大夫位列三公，掌副丞相以外，御史中丞、侍御史以及临时派遣外勤任务的绣衣御史等等，内举刻按章，外督各部刺史，同时负责治大狱，讨奸猾。他担任了御史职务，奉派督剿山东盗贼，果敢善战，成绩昭著，再升迁主爵都尉。他的才能博得武帝的赏识，南越吕嘉作乱，才派他为楼船将军，率师征伐。这五路大军，当以路博德和杨仆这两路为主力，其余三路只是助攻的部队，而路博德一路战斗力最强，因为他原是屯兵南越边境，待命进攻的，在南越人的心目中，他的声望也高出数人之上。杨仆是临时拜命，由长安绕到豫章，然后率师出发，形势上当然比较落后，可是经过了几个月的部署整理，只有杨仆这一路先期攻入南越。

为了造成出奇制胜的形势，楼船将军杨仆之军由波涛汹涌的北江水上直捣番禺，立即占据番禺城之东南；伏波将军路博德率步马将士在后，到达番禺，占领了城之西北面，猛攻番禺城。

番禺城依山面水而筑，历经秦尉任嚣、南越王赵佗和丞相吕嘉的多次扩建加固，池深城高，汉军虽攻城多日，无半点进展。

后来，有谋士献策，需用火攻，方可破城。杨仆从其计，遂号令将士聚集柴木，纵火烧城，大败番禺守军。因番禺守军素闻伏波将军大名，又不知汉军杀来多少人马，就纷纷从城西北而出，这些南越兵卒几乎全部为路博德军所俘获。

路博德见敌军来降，立即遣使者好言招抚，令出逃士卒复入城内进行劝降。至此，守军人心涣散，遂全部投降，番禺只剩一座空城。此时已是元鼎六年十月。

南越王赵建德和吕嘉见汉兵攻之甚急，无力再固守下去，遂率其残部数百人逃出番禺，乘船东去，抵达福建漳浦县之太武山上。在山上仓促深沟高垒，筑城以自守，并与跟随的将士集体盟誓：宁为玉碎，不为瓦全，誓与此城共存亡。

汉军追来后，再度攻城，不久城破。无奈中，吕嘉裹挟赵建德率几百人逃亡海上，路博德闻知立即派兵追赶，结果，伏波将军的校尉司马苏弘擒赵建德，原是南越国的郎官孙都俘获了吕嘉。

吕嘉和南越王赵建德被擒后，南越国附属郡县不战而降，诸王侯官吏纷纷向汉朝投降。苍梧王赵光闻汉兵到来立即投降，揭阳县令史定投降，原越将毕取率军投降，桂林郡监居翁劝谕骆越40万人一起归汉。至此，南越国全部平定。

战争刚一结束，汉军将领便快马将已擒获吕嘉及南越王的消息，飞报长安朝廷。此时，汉武帝刘彻正出行至左邑桐乡，欣闻南越国已破，传诏天下，以左邑桐乡改名为闻喜县。

元封元年（公元前110年）春，武帝刘彻行至汲新中乡，又闻已得吕嘉首级送入长安，立即传诏，以汲新中乡改名为获嘉县。

汉武帝刘彻为惩罚已被杀的吕嘉，回到长安后，传诏将吕嘉的子孙宗族全部从南越迁至四川，并设置不韦县，以彰其先人吕嘉之恶。

至元鼎六年（公元前111年），在历史上存在了五世93年的南越国宣告终结。

第十章 余波不绝

南越王墓发掘报告诞生，对赵胡与赵眜两个名字的解释，学界争论激烈。赵眜到底是谁？是司马迁、班固真的失误，还是后人的附会？赵佗墓到底匿藏何处？最后的秘境，希望的曙光……

令人费解的谜团

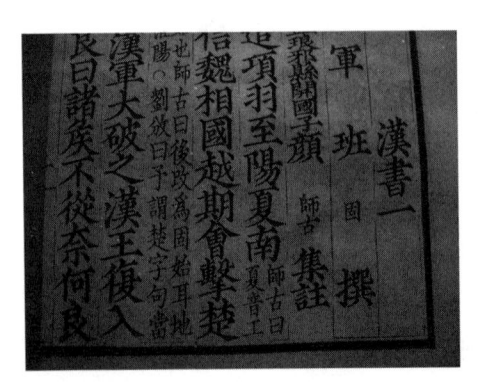

颜师古注《汉书》影印件

随着新华社消息的播发，象岗这个把南越王墓吞入腹心的小山包，迅速成为举世瞩目的岭南考古学的圣地。由于南越王墓历两千多年沧桑而未曾被盗，保存完整，墓中许多随葬器物堪称绝品，在中国汉代考古史上占有极其重要的地位。广州市政府决定就地筹建南越王墓博物馆，以便更好地保护文物，传播优秀的中国古代文明。

就在南越王墓引起世人瞩目的同时，也留下了许多颇有争议的谜团，其中最大的谜团就是墓主究竟是谁？若按司马迁《史记》和班固《汉书》中的记载，第二代南越王名叫赵胡，而墓中出土的印章却是赵眜，这个名字显然与史书上的记载不符，那么这个赵眜是否就是史书中记载的赵胡？如果不是，那又是谁呢？如果是，究竟是怎样弄错了？是谁将它弄错了？

依据考古学大师夏鼐"尽快写出发掘报告，以向学术界公布南越王墓考古发掘成果"的指示，南越王墓发掘完成之后不久，参加发掘的黄展岳、麦英豪等主要成员很快编写出了《西汉南越王墓发掘初步报告》一文，以广州象岗汉墓发掘队的名义，刊发于《考古》1984年第3期。就在这篇初步报告中，编写者认为"赵眜"就是"赵胡"，并对两者的关系首次做了这样的公开解释：

《汉书》影印件

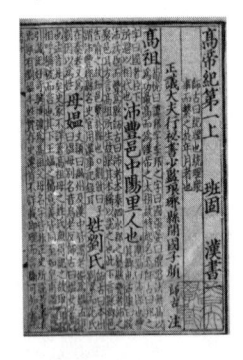

……墓主身着玉衣，身上有"文帝行玺"金印，故确定为第二代南越王。《汉书·南粤传》记赵佗僭号为武帝，第三代南越王婴齐去僭号，而"藏其先武帝文帝玺"。今

第十章 余波不绝

本《史记·南越列传》脱失"文帝"二字。这枚"文帝行玺"的发现,证明《汉书》记载是正确的,第二代南越王曾僭号为"文帝"。史汉本传均谓赵佗传孙胡,但发现的名章作"赵眜",又有"泰子"印二枚,与史汉皆不合。我们认为,如果单从"赵眜""泰子"二印考虑,似可斟酌,但"赵眜"印与"文帝"印同出,说明这个赵眜只能是史汉中的第二代南越王赵胡。《史记》误"眜"为"胡",或出自司马迁所据档案资料不实,致误;或司马迁并不误,后被班固传抄笔误,后人又据班固误抄改订《史记》正字,遂致一误再误。现在应据此印文改赵胡为赵眜,还他本来名字。

这份报告一发表,在学术界产生了强烈的反响,引爆了一场学术大争论。不少学者发表文章赞成以上的看法,也有学者断然否定以上的看法,并发表文章提出了新的见解。其中著名学者余天炽先生最先提出,赵眜根本不是赵胡,而是赵胡的父亲或者长兄。他在《南越文王的名字、卒年辨》一文中针对报告提出的观点,做了如下的批驳:

广州南越文王墓在墓主人身上出土了"文帝行玺"龙纽金印一枚,同时同地还出土了"泰子"龟纽金印一枚,"泰子"覆斗纽玉印一枚和"赵眜"覆斗纽玉印一枚。《初步报告》说:因"'赵眜'印与'文帝'印同出,说明这个赵眜只能是史汉中的第二代南越王赵胡"。史汉把赵"眜"误写成赵"胡"。因此,"现在应据印文改赵胡为赵眜,还他本来名字"。

这是史汉以来第一次有人提出的对南越王名字的更正,很清楚,其重要性是不言而喻的。

至于史汉致误的原因,《初步报告》认为,"或出自司马迁所据档案资料不实,致误;或司马迁并不误,后被班固传抄笔误,后人又据班固误抄改订《史记》正字,遂致一误再误"。

"或",不确定也。孔子说:"或之者,疑之也。"(许慎:《说文解字》,《或》字条引)可知,《初步报告》的作者断定是史汉致误,尚无确凿证据,只是以疑而断也。

是不是司马迁所据的档案资料不实而致误呢?我以为不可能,理由如下:

第一，南越国历五世93年而亡。史汉对南越王的名字，记载一致而且明确。就五代南越王在位时间看，赵佗居首，赵胡次之，赵婴齐又次之，赵兴居四，赵建德居后。在五代南越王中，在位最长和最短的都因所据资料档案翔实，名字都写对了，唯独在位长达十余年的第二代南越王，太史公得到的档案资料就不准确，以致连名字也写错了。真是这样么？！造成这个历史真实的偶然性原因是什么呢？

第二，赵胡在位期间与西汉王朝的交往甚多。据史汉记载，建元四年（公元前137年）赵佗卒，佗孙胡继立为南越王。建元六年（公元前135年），闽越王郢趁南越国旧王新丧，新王初立，国内未集之机，发兵攻打南越国。赵胡遵汉约，守职守，不敢擅自兴兵相攻击，而立即派人上书汉武帝，请求天子出面处理。后来，汉武帝不仅派两将军攻打闽越王郢，惩强救弱，而且先后派唐蒙、庄助、严助三人出使南越国，晓谕南越王赵胡入朝谢恩。赵胡均称病推辞，而派其子婴齐入质于长安达十余年之久。在五代南越王中，除赵佗而外，与西汉王朝交往最多的是赵胡。邂逅，相遇，连名字也记错是常有的事。但是，与汉朝交往了十多年，又是汉朝密切注意的"强胡劲越"的南越王，怎么会连名字也搞错呢？

第三，西汉行郡国之制，郡县有编户之籍，诸侯王设王籍。汉高祖刘邦十一年（公元前196年）五月，封赵佗为南越王。吕后时，"削去南粤之籍"（《前汉书·西南夷两粤传》）。文帝元年（公元前179年），恢复南越王"故号"，赵佗死孙胡立，继位为南越王，他的名字当然也记入汉朝王籍。如此重要的国家档案文书，竟然会把南越王"赵眜"错写成"赵胡"？果真如此，汉唐盛世，文章风采之邦，将何以言之？

第四，赵佗在上汉文帝书中，第一句话就开宗明义地写上："蛮夷大长老夫臣佗。"这大概是一般的上书格式吧。赵胡上书汉武帝起码应有三次：佗死，他继位为第二代南越王时要上书汉武帝，以便得到汉朝的承认。第二次是建元六年那次，上书请汉武帝处理闽越王擅自兴兵攻南越事。第三次是他派太子婴齐入质长安时。赵胡这几次上皇帝书，当然不会连"南越王臣胡"也不写，或者是懵懵懂懂，连自己的名字是"赵眜"却错写成"赵胡"的。因为从史汉的记载看，我们尚无法证明赵胡是晋惠帝式的白痴。

第五，我国古代史官之设，相传始于黄帝。其职掌专事记载。左史记

第十章 余波不绝

言，右史记事，及掌管国家的图书、历象、占验之事。史官记言记事，历来讲求翔实直书。司马迁世称良史，他为汉武帝之太史令时，已"年二十八"（《史记·太史公自序》）。司马迁既为史官和历官之长，掌天文及国史，当然他就不仅能看到金匮石室之藏书档案，而且也能看到史官们当场记下有关唐蒙等人出使南越国的汇报，赵胡给汉武帝的上书及汉朝廷有关处理南越和闽越关系的议论和决定。凭借这些翔实直书的实录材料，太史公怎么会把南越王的名字搞错呢？

于此可见，"或出自司马迁所据档案资料不实，致误"，此疑怕难以成立。

是不是班固传抄"笔误"？古文献中，常有因辗转传抄而笔误之事。汉代尚未有印刷术，其时传抄致误的可能性比隋唐以后会更多些，这是事实。但是，古文献的传抄笔误一般多出于字形相似、偏旁相类、音义相近的字，并非凡字都会笔误。"眜"字，《说文解字》载："从目，末声。"而"胡"字，则"从肉，古声"。可见，"眜"与"胡"，无论是字形、音义和偏旁都全不同，很难造成笔误。且《史记·南越尉佗列传》中，提到赵胡名字的共有八处，《前汉书·西南夷两粤传》中也有七处。如果是班固传抄笔误，何以会一而再，再而三，竟至于七而不发觉？！

说实在的，时至今日，我们尚无法找到确凿的例证，甚至是孤证，以构成我们"或司马迁并不误，后被班固传抄笔误"的假证。既然事实如此，我们又怎好以疑而断，肯定是班固把"赵眜"错抄成"赵胡"呢？

因此，我们以为，南越国第二代王的名字还是叫"赵胡"，而不是"赵眜"。史汉所记应无误，我们尚不敢贸然为赵胡立案更名。

的确，"赵眜"印和"文帝"印同出，这是一个需要我们重视并认真去解释研究的问题。我们以为，这个问题可以从下面的途径去探索：

第一，"赵胡""赵眜"不是同一个人的名字。因为若是同一个人的名字，就只能有两种解释：要么是史汉误写了，要么是"赵眜"是赵胡的别名。前一种解释我们已论证了其不可能，后一种解释说实在我们也无法证明它成立。因为，人有别名，早见于先秦史籍。齐少姜有宠于晋侯，晋侯爱称她为少齐（《左传》昭二年）。这是一例。但是，赵胡的别号"赵眜"，却全无历史记载。而且，不但南越国其他四代南越王均无用别名的习惯，就是同时期的汉朝皇帝、同姓诸侯王亦无此习惯。可见,"赵眜"不可能是赵胡的别名。"赵眜""赵胡"不是同一个人的名字,此事甚明。

就是从南越文王墓出土的几枚印玺来看,南越文王赵胡,亦非"赵眜"。在封建礼制统治森严的年代里,印纽饰和印的质料的区别,本身就是这种等级统治的一种表征,是有严格的规定的。与龙纽金印"文帝行玺"一同出土的两枚"泰子"印,其中一枚是龟纽金印,另一枚是覆斗纽玉印。这两枚"泰子"印的纽饰和质料都不同,而又同出,正说明它们不是一个"泰子"的用物,而是两个"泰子"的信物。同时,"赵眜"覆斗纽玉印,其纽饰和质料与那枚覆斗纽"泰子"玉印完全相同,另一枚"泰子"印虽然是龟纽而不是龙纽,但它与"文帝行玺"同为金印。所以,我们认为。金质"泰子"龟纽印,应是"文帝"赵胡的太子印,玉质"泰子"覆斗纽印,应是"赵眜"的太子印。赵胡、"赵眜"是两个太子。

第二,既然赵胡、赵眜是两个人的名字,而不是史汉误记,那么,"赵眜"是谁呢?我们的猜测,一个可能是赵胡的父亲,另一个可能是赵胡的兄长。

当然,"赵眜"者也有可能是赵胡的长兄。赵佗在文帝元年(公元前179年)上书时就说过:"老夫处粤四十九年,于今抱孙焉。"(《前汉书·西南夷两粤传》)孙已是"抱"了,其"得"孙之年当在此年前几年。而赵佗孙胡即位是建元四年(公元前137年),前后相隔近五十年。在这近半个世纪的岁月里,大概佗之子都死了,只能立嫡孙"赵眜"为太子,后"赵眜"又早逝,佗于是更立庶孙胡为太子。胡死,携其曾为太子之长兄"赵眜"的太子印入葬,以示缅怀毋忘之意,亦非子虚乌有之事。

总而言之,"赵眜"何许人,至今尚是个悬而未决的问题,对此,我们也只是想到达据史事而做出合理猜测、假设的阶段。但是,"赵眜"不是南越文王的姓名,这一点我们是不怀疑的。

继余天炽之后,暨南大学学者朱纪敦又提出了既不同于初步报告,也不同意余天炽观点的新看法。他在否定了以上两种观点的同时,宣称:赵胡和赵眜原本是一个人的两个名字。其理由是:南越王国是汉初的地方割据政权。秦汉之交,南海尉赵佗乘"州郡各共兴军聚众,虎争天下,中国扰乱"

第十章 余波不绝

(《史记·南越列传》)之机,割据一方,称王五世。国王名声显赫,为时人所熟知。司马迁、班固治学严谨,怎么会出现这种常识性错误,竟将国王名字写错?何况赵胡当政时,为报答汉廷替他兴兵讨闽越的恩德,曾派太子到汉廷当人质。太子怎会将其父王之名误传呢?再说,太子婴齐在汉廷时,娶邯郸摎氏女为次妻。婴齐归国后,摎氏还继续与汉廷的安国少季私通,并在南越王国内结成一个与南越地方割据势力相对抗的亲汉集团。当时汉廷与南越王国之间,来往频繁,统一与割据的政治斗争,错综复杂。在这种情况下,如果汉廷连南越国国王的名字都搞不清楚,确实令人难以置信,再次,"胡"与"眜"二字从形、音、义上说,相距甚远,笔误的可能性极小。但前者被载入史册,后者却见诸出土文物,似乎两不相干,颇费推敲。仔细分析当时情况,看来有两种可能。

一、"赵胡"是原名,"眜"是后来的改名;
二、"赵胡"不是原名,是当时人给他的绰号,是诨名。

朱纪敦用了大量的事例来证明以上的两种可能性,最后他总结性地说:赵胡即赵眜。"赵眜"既非笔误,也非司马迁所据失实,或班固传抄失慎。

朱纪敦的一家之言发表后,得到了部分学者的赞成,其中广东文史馆的学者于城撰文附会说:

从该墓出土的陪葬文物来看,可以肯定墓主人就是南越文王(帝)赵眜,但《史记》和《汉书》都一致说南越文王名叫赵胡。因此,引得许多学者纷纷探讨,做出了很多深邃的解释。据我看来,事情倒很简单,赵眜既然有两种不同身份:一是在国内至高无上的"帝";一是向汉朝俯首称臣的"王"。为什么他不可以有两个名字呢?"眜"是他的本名,这个名字是尊贵的,是要忌讳的,他不愿在向汉朝上奏章时使用这个名字,更不愿汉使向他宣读皇帝诏书时喊这个名字,所以他在与汉朝的交往上便改用另一个名字赵胡。难怪司马迁和班固都说他的名字叫赵胡呢。

几乎就在朱纪敦和于城等人提出以上观点的同时,海外学者高倬云也对此发表了自己的看法,而高倬云眼中的赵眜,既不是历史上记载的赵胡的父亲、兄弟,也不是同一个人,而是赵胡的儿子赵婴齐。他的理由是:

一、赵佗身侍秦汉两朝，至汉武帝建元四年，享年在百岁上下。《史记》称赵佗在秦亡后，击并桂林、象郡，自立为南越武王，及汉高祖定天下，亦体谅佗为南方安静而劳苦，并没有为难于他，至高后时，有司请业南关市铁器，并派兵攻打南越，佗坚守大胜，兵不能逾岭，自此以兵威边，自尊号为南越武帝。

汉十一年，孝文帝遣陆贾使南越，佗上表自罪称帝，并说原委，自此至孝景帝时，都称臣朝贡，便是佗在国势范围内，仍以帝王自居，窃国如故。

二、赵胡是佗的孙子，死后谥为文王，僭号文帝，在位有二十年以上，死亡时也并不年轻。

三、文帝的太子婴齐立，藏其武帝玺，汉书且云：亦藏文帝玺，是则武帝、文帝玺，此时尚藏而未随葬，但二书中并无提及婴齐在位若干年，如果他死时年在三十五至四十岁、而藏父与祖父之帝玺同葬，想亦大有可能。

四、至于第四代王赵兴，却是年少在位而死的，且是被谋害而殁。死时定不过四十。

基于《史记》所载，推断第三代王婴齐可能是墓主，再其次第四代王赵兴虽然被害死，但吕嘉在朝粉饰升平，立第五代王巩固相位，嘉已历事三朝，把这位被害君王循例厚葬也未可料，而证不出赵眜是何人，则有待异日了。

面对世人的瞩目和学界多种不同的意见，以麦英豪、黄展岳等为首的南越王墓发掘人员，不得不对自己以前发表的观点认真思考和检查。经过深入细致的研究之后，麦、黄等人觉察到在过去编写的《初步报告》和发表的文章中，存在着论证不足、漏误不实等缺憾，但他们确认的"文帝"与赵眜应是一人，赵眜即《史记》《汉书》所称的赵胡。于是，麦英豪、黄展岳等人在经过长时间冷静而细致的思考研究后，于1991年在广州文物管理委员会、中国社科院考古所、广东省博物馆三家共同编写的大型考古发掘报告《西汉南越王墓》中，再度抛出了结构严谨、证据充实的长篇论文《墓主和年代》，就在这篇长文中，对南越王墓墓主到底是谁的问题，从三个方面做了详细的考查论证，其主要论点是：

第十章 余波不绝

第一，墓主身上的玺印及有关封泥（"眜""帝王"）、铭刻（"文帝九年"），其所有者都应是墓主本人，这是判断墓主是谁的不容争辩的内在物证。《史记》《汉书》中《南越（粤）列传》所记述的南越国世系，则是我们的主要参考史料，又是我们结合物证立论的基础。《史记》《汉书》两传都说南越王国"自尉佗王，凡五世九十三岁而亡"，如果没有十分可靠的证据足以修改两传中的这句话，我们不能轻易改变对两传的信从。这是讨论墓主是谁的前提条件。根据内在物证和对史汉两传的信从，我们认为，"文帝行玺"金印与"赵眜"玉印同出，二者应是一人。

有的学者把藏印和葬印分开，认为婴齐在位时藏"文帝"玺，等到自己死时才把"文帝"玺放在自己墓中，从而推定此墓为婴齐墓。这是一种猜测。《说文》："葬，藏也。"可见藏印可藏在密室中，也可以藏入墓中，实在没有理由加以区分。

第二，出土名章"赵眜"与史书"赵胡"不符，这点我们已考虑到，并在《初步报告》中做解释。应该承认，历史上确实存在许多音义通假，一人多名，一名多字多号，以及传抄失实等事例。

总之，出现赵眜、赵胡两名，其原因或出自传抄致误，或出自一人两名（一越名，一汉名），或出自名、字、号的歧异，或出于音义通假。虽然目前还不能找到最直接、最合理的解释，以后也可能永远无法究明，但都不能妨碍墓主赵眜即《史记》《汉书》中的赵胡的结论。

至于两枚"泰子"印，因其质料纽式书体均不同，有人便认为分属赵胡、赵眜所有，并说二人都曾为太子，眜、胡是父子关系或兄弟关系，甚至说象岗南越王墓的墓主是赵胡，死时携其"文帝"金印及其父兄眜的私印入葬。这实在令人费解。墓主既然随葬了自己的官印却不随葬自己的私印，而把早已去世的父兄辈的私章入葬，实在于理欠通；再说墓中有"眜"字封泥同出，如果"眜"是墓主的父兄，这就无异于说，父兄生前已为子弟检封葬品了，这岂不成了天大笑话。

第三，墓主是南越二主还是三主，是赵佗之子还是赵佗之孙？除了上述因出土两枚"泰子"印和赵眜与史载赵胡不相符而引出不同的意见外，有些学者又从"赵佗年寿有问题"出发，坚持墓主赵眜是赵佗之子，进而武断赵佗子曾继任王位。

据《史记》的《秦始皇本纪》《南越列传》，始皇三十三年略定南越，置桂林、南海、象郡，时佗为龙川县令。说明从始皇二十八年时，赵佗一直留居岭南。假定始皇二十八年，赵佗已二十岁，至文帝元年相隔有39年；历文帝、景帝至武帝建元四年，又经43年，实足年寿应是102岁。逾百岁者不多见，但是不能因为不多见而否定其存在。所以，我们认为《史记》记佗"至建元四年卒"一语不误。今本《汉书》记文帝元年佗上书自谓"处粤四十九年"之四十九应是"三十九"之讹。汉代简书"四十"常作"卌"或"䇹"；"三十"常作"卅"或"䇹"，由此，我们颇疑今本《汉书》的讹误非始自班固，而极可能是后代的误抄。

以上论证墓主赵眜即《史记》《汉书》中的第二代王赵胡，剩下的就是墓葬的年代了。《史记》《汉书》对第二代南越王的在位年数没有明确记载，仅知第二代即位于建元四年（公元前137年），第三代到元鼎四年（公元前113年）已殁，这中间共24年，是为第二代、第三代在位年数的总和。《史记·南越列传》记："赵佗建元四年卒，佗孙胡为南越王，后十余岁，胡实病甚，太子婴齐请归。胡薨，谥为文王。"《汉书》夺"卒"字，余同。出土铜句鑃刻铭"文帝九年乐府工造"，说明《史记》《汉书》记胡（眜）在位十余年当可信。由此推定，第二代南越王大约死于元朔末元狩初，估计在公元前122年左右，入葬年代亦以死年或稍后一两年为宜。

对照墓主遗骸的鉴定研究，也有助于说明墓主与赵佗的祖孙关系。

从墓主遗骸的鉴定，可以判断死亡年龄为35—45岁。今以40岁估算，知墓主约生于文帝末年，是时赵佗应有八九十岁（照王鸣盛算已近百岁），耄耋之年生子，实为奇谈。故墓主绝非赵佗之子，甚明。把他看成是赵佗的孙子，则符合实际情况。从古代帝王早婚，祖孙岁差又达八九十年这两个方面估算，墓主赵眜不会是赵佗的长孙，而应是赵佗的次孙中的一个。《汉书·南粤传》载，汉文帝元年陆贾出使南越，赵佗上汉文帝书称"于今抱孙焉"。按文帝元年即公元前179年，至建元四年（公元前137年）佗卒，相隔有43年，就退一万步来说，汉文帝元年赵佗的孙子刚出生，到佗死之年这孙子已是43岁的壮年了，再加上南越二世在位约16年，如果二世是长孙的话，死年已是58或59岁将近老年的人了，这个岁数与墓主遗骸鉴定的年岁迥异，所以，这是论定墓主是佗的次孙的又一力证。

第十章 余波不绝

再说墓中出土不少药物，反映了墓主生前多病。这一点与上引"后十余岁，胡实病甚"的墓主健康状况也是相符的。

由于麦英豪、黄展岳以大量的历史典籍和考古资料，对象岗古墓墓主到底是谁的问题，做了严谨和较为科学的论述，所以当这篇长文抛出后，认同麦、黄两人观点的人越来越多，学界原来那极其热闹的争论渐渐沉寂了。

最后的秘境

根据文献记载，南越国共传五主93年，第一代王赵佗在位长达67年之久。第二代王赵胡是赵佗之孙，在位十余年病死，葬于象岗，其陵墓已经发掘。第三代王赵婴齐是赵胡之子，在位只有八九年。第四代王是赵婴齐之子赵兴，即位不久便被丞相吕嘉所杀，最后的亡国之主赵建德在位不久也死去。若把南越国第四、第五主在位时间合起来，前后也只不过仅三年多，从两人死亡的结局看，生前和死后不可能建造起与前辈匹敌或与自己身份相符的大型陵墓。而有精力和财力建造大型陵墓的，只有前三主，现在第二主赵胡的陵墓已被发掘，那么整个南越国五主中就只有一主赵佗和三主赵婴齐的陵墓尚未找到。

关于三主赵婴齐的陵墓，文献中已有三国时被吴主孙权派兵盗掘的记载。与这个记载有些关联的还

南越国官署遗址出土的"万岁"瓦当的文字结构变化多姿

有，1983年5月，也就是在象岗大墓发现之前的一个多月，广州市考古队在西村车辆段宿舍工地曾清理了一座汉代大型木椁墓。墓坑长13米，宽6米，全部以河沙填实，这座墓堪称广州所见的汉代规模最大的一座木椁墓，遗憾的是墓室早已被盗。在发掘中，考古人员于盗洞内发现了玉舞人、玉璧、玉璜、玉剑饰等精美玉器若干件。当象岗古墓发掘后，将出土文物与之对比，发现木椁墓遗落的器物，不论是玉质还是雕琢工艺，都不在象岗古墓出土器物之下。据此推断，木椁墓的这些器物当是盗墓者在慌忙之中遗落的。过去广州也曾发掘过一些汉代大墓，但从未出土过如此精美的玉佩饰，这表明墓主有较高的身份。另外，从墓中出土的玉剑饰推断，墓主应为男性。根据以上种种迹象，考古人员推断此墓可能就是文献中记载的南越国第三主赵婴齐的陵墓。

如果考古人员对木椁墓的推断属实的话，那么在南越五主中，就只剩一主赵佗的陵墓没有找到。赵佗在位67年，且是南越国的鼎盛时期，他的陵墓一定比象岗赵胡的陵墓规格更高，内中的随葬品也一定更加华丽和壮观。那么，赵佗的陵墓到底密藏在何处？这成为岭南考古中一个最大的谜团。为解开这个谜团，广州市考古人员在发掘象岗赵胡大墓之后，经过查阅有关地方史籍和整理考古资料，终于得出了一些较为合理的推论，从而为寻找赵佗墓的秘所提供了新的线索。

据晋代裴渊《广州记》云："（番禺）城北有尉佗墓，墓后有大岗，谓之马鞍岗。秦时，占气者言南方有天子气，始皇发民凿破山冈，地中出血，今凿处犹存，以状取目，故岗受厥称焉。"《蕃禺县志》卷52杂记云："城北五里马鞍岗，秦时常有紫云黄气之异，占者以为天子气，始皇遣人衣绣衣，凿破此岗，其后卒有尉佗称制之事。"据此分析，马鞍岗在今广州越秀山与象岗相连凹处。

北魏郦道元《水经注》引王氏《交广春秋》云："越王赵佗，生有奉制藩之节，死有秘异神秘之墓。佗之葬也，因山为坟，其垄茔可谓奢大，葬积珍玩……佗虽奢僭，慎终其身，乃令后人不知其处。"此记载没有明确指出赵佗的陵墓何在，却由此可知，赵佗在生前就为其陵墓做了十分缜密的安排，因山为坟，地面不留痕迹，十分神秘。

唐代李吉甫《元和郡县图志》记载："禺山在县西南一里，尉佗葬于此。"禺山在何处，这是广州古史上仍在争论不休的一个问题。

《蕃禺杂志》载："佗死，营墓数处，及葬丧车从四门出，故不知墓之所在。惟葛蒲漳侧，古马知上有云：'山掩何年墓，川流几代人。远同金骠裹，近似石麒麟。'时莫解之，但疑其墓不远。蔡如松云：'旧说即悟性寺也。'今蒲涧之南，枯冢数千，人犹谓越王疑冢。"葛蒲涧在广州白云山，此记载把赵佗陵墓说成在白云山上。

清初屈大均《广东新语》记载："南越王赵佗，相传葬广州禺山，自鸡笼岗北至天井，连山接岭，皆称佗墓。"

清梁廷枏《南越五主传》云，赵佗死"葬都城东北，南自鸡笼岗，北至天井，连岗接岭，葬时多为疑冢。丧车从四门出，棺椁无定处，当时人莫知所在。孙胡嗣立，私上谥曰武帝"。此记载与《广东新语》基本相同，只讲出赵佗墓的一个大致范围。

在广东民间故事传说中，唐朝贞元时期，有一个姓崔的人居南海，一次不小心跌入鲍姑井，这里竟通赵佗的陵墓。崔某从陵墓中拿了一颗宝珠，给波斯商人。此波斯商携珠返国时，珠落于广州大江，变为大石，珠江由此得名。此传说虽然神异荒诞不可信，但有一点值得我们注意，那就是鲍姑井本在越秀山的三远宫，编此传说的人可能认为赵佗陵墓在越秀山上。

另外，在《广东通志》《广州府志》《蕃禺县志》《羊城古钞》《广东考古辑要》等地方史籍中，均有赵佗陵墓的记载，但都是互相转抄上面史籍，均大同小异。

从以上史料可以看出，南越王赵佗的确在生前就对陵墓做了周密的安排，他死后葬在南越国都城——番禺。但赵佗的陵墓何在，却是众说纷纭、莫衷一是。根据以上史料透露的信息，可能在"白云山""马鞍岗""县东北八里""悟性寺"等地。

考古学家黄淼章结合以上几个地点的地形和考古调查材料进行排比考证分析得出的结论是：

一、赵佗陵墓在"白云山之说"，其所依据的史料较少。广州考古队曾调查过白云山，但至今还未发现过西汉前期的遗址和墓葬。第二代南越王墓在象岗，离当年南越国都城仅二三公里，从南越国已发现的坟墓一般都是合族而葬来看，赵佗陵墓不应离象岗太远。因此，赵佗墓是否会远离都城而在白云山上，值得怀疑。

二、"禺山之说"。禺山在何处？广州究竟有无禺山？这仍是争论不休的问题。同时还有番北禺南、番南禺北和番东禺西等不同说法。今中山四路北面，从儿童公园起往东至旧仓巷古城隍庙一带，是一块长几百米呈东西向的台地，俗称"高坡"。古诗有云："欲问禺山何处是，路旁童子说高坡。"相传这里是禺山所在，清代曾在此建有禺山书院。1957年，考古工作者在此发现一座规模宏大的秦汉造船工场遗址，据地层关系可以看到，这个所谓台地是由秦汉至明清年间的遗物堆积而成的。有人认为禺山在今西湖商场附近。1988年，西湖商场拆建，地下基础挖得较深，考古队前往调查，没有发现广州地区山冈常见的基岩，这里也不是禺山，更不可能有赵佗的陵墓。据说五代时南汉主刘䶮曾凿平番禺二山为宫阙，二山遂平。如此分析，禺山十分矮小，赵佗当然不会选择一个小冈作为自己永久的寝宫。再说，按各种史籍记载，禺山是在城内，赵佗为了保密，使自己的寝宫不受盗扰，是不会在城内大肆动土搞地宫的。因此，赵佗陵墓在禺山之说不能成立。

三、"鸡笼冈之说"。此冈在今燕塘附近，清代属鹿步司。这一带虽然冈峦起伏，但都很低矮，目前广州市区向此发展，许多小冈已被基建削平，这里很少发现汉代墓葬，更没有西汉前期大墓的迹象。从地形分析，很难想象出叱咤风云的赵佗会葬于此。因为赵佗之墓，一定会深藏地下十余米至二十米以下，才能不露痕迹。而广州地区天气潮湿，地下水位较高，一般小冈挖地不到十米，便碰到地下水，所以小冈是不会被赵佗用作陵墓所在地的。

四、"县东北八里之说"。按西汉时期番禺城不大，史称赵佗筑城周四十里。据麦英豪先生考证，其城的东界当在今芳草街附近，而北界则在东风路以南。这样，县东北八里，即为今淘金坑、黄花岗、永福村一带。这一片地区，都没有比较高大的山冈。考古工作者在华侨新村、淘金坑、黄花岗一带，发现了一大批南越国墓葬，但都是臣民墓。这附近今天已成为羊城闹市，二三十层高楼不少，是广州高层建筑最集中的地方，建筑基础一般都挖得很深，却未见有赵佗陵墓的影踪。

五、广州附近，还有比较高大的山冈，即西得胜冈、花果山、飞鹅岭，也即今广州电视台、广州市科技中心、广州大学一带。这几个冈都是风化花

第十章 余波不绝

岗岩山石，近几年来，这里大规模动土，几个山冈都被推削了几米至十几米。基建期间，考古工作者都前往调查发掘。在广州大学，考古人员配合推土工程于1987年8月、1989年3月发现和发掘了数座西汉墓葬和晋墓，但没有发现西汉前期的大墓。广州科技中心基建工地近年来推土已达十余米深，1985年3月25日在工地发现一座西汉前期木椁墓，墓室呈"凸"字形，长9.6米、宽5.1米，出土有近百件铜器、陶器等文物，但多保存不好，此墓规模圈较大，不少铜器有镏金，表明墓主生前有一定身份，可能是南越国中的一个较高级的官员。1988年5月，在其西面的另一工地上发现一座西汉前期墓，出土一枚"向贡"玉印，应是墓主的私章。在今广州电视台基建工地，已推土将小山冈削去近二十米，只在1988年12月在岗顶三四米深处发掘了一座东汉砖室墓。这几座山冈比较高大，可以隐藏比较大型的古墓，但近年来基建挖土都很深，考古人员却未能在此找到南越王陵的线索。

六、至于"马鞍岗""天井岗""悟性寺"等说，由于这几个地方都隶属越秀山，因此可一并视为"越秀山之说"。经查阅地方史料，结合地理环境和象岗发现第二代南越王墓及汉代陵墓昭穆制度分析，认为赵佗陵墓应在越秀山上。

越秀山是广州的主山，属白云山余脉，其东西绵延约1.5公里。据《白云越秀二山合志》所载："越秀山在省会城北，为省会主山，由白云山逶迤而西，跨郡而耸起，东西延袤三里余，俯视三城，下临万井，为南武

越秀山上的古树

之镇山……中峰之正脉落于越王故宫,上有越台故址。"越秀山属于低山,其主峰越井岗海拔仅74.8米,周围还有木壳岗、长腰岗、上山岗、蟠龙岗、鲤鱼岗、象岗和圆炮台等等。

越秀山是广州最早的风景名胜地,据地方史志载,南越王赵佗当年就在此山大宴群臣,并和汉朝派来的使者陆贾同游此山,山上还有越王台旧址,因此越秀山也称为越王山。在隶属于越秀山的象岗,发现赵胡陵墓,表明越秀山不仅是赵氏王朝佳日游宴之地,也是南越国王陵所在地。这是一个重要突破,为寻找赵佗墓提供了极为重要的线索。

从考古发现的南越国墓葬看,有如下特点:墓葬多分布在西北郊和东北郊,大墓、中小墓分岗埋葬。中小墓数十座围在一岗成一个墓群,大墓则独占一个山冈。从总体来看,南越国墓葬反映出"聚族而居,合族而葬"的制度。第二代南越王墓独占了象岗,看来,赵佗的陵墓也会独占一个山冈。按合族而葬制度推测,赵佗陵墓不会离第二代王太远,而离象岗较近的山冈,比较高大能藏下王者之墓者,除上面提到的飞鹅岭、西得胜岗和花果山外,剩下的就是越秀山了。

从氏族宗法制度来看,赵佗墓在越秀山是符合制度的。据西安发现的汉代帝陵分布情况分析,以父为昭、子为穆的昭穆制度在汉代前期依然存在。《周礼·春官·冢人》记载:"先王之葬居中,以昭穆为左右。"若以汉高祖长陵为祖位,高祖太子惠帝的安陵正是在长陵之右居于穆位。赵佗本是汉人,南越国又有不少中原人相辅,对中原的昭穆制度当然了解。从理论上说,南越国以赵佗的陵墓为祖位,居中,第二代南越王为穆位,居右。从考古发现看,第二代南越王赵胡的墓在象岗,位于越秀山之右,刚好是穆位。因此,推测赵佗墓在越秀山,是有一定根据的。从对越秀山各岗的调查分析推测来看,赵佗陵墓很可能就在越秀山的主峰越井岗——即今中山纪念碑附近的岗腹深处。

越秀山地理环境优越,滔滔珠江从前面流过,都城番禺就在脚下,从越秀山可眺望附近的碧波,又可看到阡陌纵横的田园。清初陈恭尹《九日登镇海楼》诗云:"五岭北来峰在地,九州南尽水浮天",形象生动地描绘了越秀山的特点。能以此山为枕,确实具有王者之风,与赵佗地位相符。

另外,越秀山也是一块风水宝地。据晋代裴渊《广州记》,"秦时占气者曰南方有天子气，始皇发民凿破山冈"，此岗即隶属越秀山的马鞍岗。到了明朝，也有术士认为越秀山有王者之气，故在山上建"镇海楼"，含有雄镇海疆之意，又有镇王者气之意。南越王赵佗生前喜欢此山，在山上建越王台，做游乐玩赏之地；死后作为秘密的永久寝宫，也是顺理成章的。最后，应该指出的是，赵佗的陵墓虽然是他生前选定的，但丧葬仪式却是接班人即象岗墓主赵胡主持的。赵佗的殡葬是轰动南越国的大事，赵胡竟然能掩过众人的耳目，制造不少假象，使人坠入迷雾，不知陵墓所在。赵佗陵墓能长期保存不留痕迹，第二代南越王赵胡确实费了不少心机。

象岗第二代南越王赵胡墓的发现，为后人寻找赵佗陵墓提供了一个重要线索。依据地方史志和广州考古新发现材料分析，南越王赵佗的陵墓应在象岗东面的越秀山上，具体的位置就在越秀山"中山碑"之下。当然，这仅仅是一种推测，真正找到这最后的秘境，揭开赵佗陵墓之谜，还有待于今后的考古新发现。

1999年夏完稿于北京十三陵北新村
2000年7月二稿于北京定慧寺
2011年3月三稿于北京亚运村

主要参考书目

一、著作

《史记》，［汉］司马迁撰，中华书局，1982年。

《汉书》，［汉］班固撰，中华书局，1978年。

《后汉书》，［南朝宋］范晔撰，中华书局，1982年。

《晋书》，［唐］房玄龄等撰，中华书局，1974年。

《通典》（点校本），［唐］杜佑撰　王文锦等点校，中华书局，1988年。

《建炎以来系年要录》，［宋］李心传撰，中华书局，1988年。

《太平寰宇记》引《南越志》，［宋］乐史撰，上海古籍出版社，1987年。

《徐霞客游记》，［明］徐弘祖著，上海古籍出版社，2003年。

《秦史稿》，林剑鸣著，上海人民出版社，1981年。

《西域南海史地考证译丛九编》（5-9编），冯承钧译，中华书局，1958年。

《浚县辛村》，郭宝钧著，科学出版社，1964年。

《吕思勉读史札记》，吕思勉著，上海古籍出版社，1982年。

《广州汉墓》，广州市文物管理委员会、广州市博物馆编，文物出版社，1981年。

《岭南之光——南越王墓考古大发现》，麦英豪、王文建著，浙江文艺出版社，2002年。

《广州南越王墓》，麦英豪、黄淼章、谭庆芝著，生活·读书·新知三联书店，2005年。

《南越国史》，张荣芳、黄淼章著，广东人民出版社，1995年。

《西汉南越王墓》，广州市文物管理委员会、中国社会科学院考古研究所、广东省博物馆编写，麦英豪、黄展岳主编，文物出版社，1991年。

《满城汉墓发掘报告》，中国社会科学院考古研究所、河北省博物馆文物管理处编，文物出版社，1980年。

《汉代乐舞百戏艺术研究》，萧亢达著，文物出版社，1991年。

《汉书新证》，陈直著，天津人民出版社，1979年。

《南越国史》，张荣芳、黄淼章著，广东人民出版社，1995年。

《中国古代兵器》，《中国古代兵器》编纂委员会编，陕西人民出版社，1995年。

《秦汉兴替》，王吉祥著，辽宁少儿出版社，1989年。

《中国历代帝王陵寝》，罗哲文、罗扬著，上海文化出版社，1984年。

《客死他乡的国王》，刘振东、谭青枝著，四川教育出版社，1996年。

《天地之灵——中国古玉漫谈》，古方著，四川教育出版社，1996年。

《南越王》，张兰亭、孙明奎著，华文出版社，1997年。

《中华帝陵》，张生兰著，中州古籍出版社，1997年6月。

《中国青铜器发展史》，杜迺松著，紫禁城出版社，1995年。

《宗周社会与礼乐文明》，杨向奎著，人民出版社，1997年。

《消逝的乐音》，曾遂今著，四川教育出版社，1998年。

《吕皇后传》，王彦辉著，吉林人民出版社，1995年。

《广西贵县罗泊湾汉墓》，广西壮族自治区博物馆编，文物出版社，1984年。

《南越王墓与南越王国》，吕烈丹著，广州文化出版社，1990年。

《西汉南越王墓》（上、下册），广州市文管会、中国社科院考古研究所、广东省博物馆编，文物出版社，1991年。

《南越王墓玉器》，林业强著，香港两木出版社，1991年。

《兴安灵渠》，广西教育学院《兴安灵渠》写作组，广西人民出版社，

1974年。

二、论文

《江苏邗江甘泉二号汉墓》，南京博物院，《文物》1981年11期。

《秦统一百越战争始年诸说考订》，余天炽，载《百越民族史论丛》，百越民族史研究会编，广西人民出版社，1985年出版。

《西阴村史遗存》，李济，载《清华大学研究院》第三种，1927年版。

《南越王墓发掘手记》，李季，载《文物天地》1986年3期。

《汉代的玉器》，夏鼐，载《孝古学报》1983年2期。

《陕西阳平关修筑宝成铁路中发现的"朔宁王太后"金印》，杨肃谷等，《文物参考资料》1955年3期。

《长沙马王堆二、三号汉墓发掘简报》，湖南省博物馆等，《文物》1974年7期。

《西瓯族源初探》，梁钊韬，载《学术研究》1978年1期。

《我国东南古代越族的来源和迁移》，陈国强，载《民族研究》1980年6期。

《略论汉初"南越国"》，张荣芳，载《秦汉史论丛》第1辑，陕西人民出版社，1981年9月。

《试论南越王国》，周宗贤，载《贵州民族研究》1981年1期。

《试论两汉的玉衣》，卢兆荫，载《考古》1981年1期。

《试论秦瓯战争》，周宗贤，载《学术论坛》1982年4期。

《秦汉通南越要道考略》，吕名中，载《中南民族学院学报》1983年2期。

《南越国兴亡》，路丹，载《广东文博》1984年1期。

《论秦汉时期岭南越族与汉族的关系》，周宗贤，载《中央民族学院学报》1984年2期。

《试论秦汉之际岭南经济文化与中原的关系》，梁肇池，载《桂林师专学报》1984年3期。

《从南越王墓看南越王国》，黄展岳，载《文史知识》1984年4期。

《汉族南迁与岭南百越地区的早期开发》，吕名中，载《中国史研究》1984年4期。

《关于楚灭越的年代》，李学勤，载《江汉论坛》1985年7期。

《关于南越国的几个问题》，韦东超，载《中南民族学院学报》1987年1期。

《古代东南越地水陆交通的开拓》，林蔚文，载《广西民族研究》1988年1期。

《陈涉戍边是走向南越——兼说陈涉的籍贯》，路百占，载《许昌师专学报》1988年2期。

《西瓯骆越关系考略》，梁庭望，载《广西民族研究》1989年4期。

《试论南越国在岭南地区早期开发中的贡献》，吴国富，载《百越民族研究》，江西教育出版社，1990年。

《秦始皇统一岭南地区的历史作用》，梁国光、麦英豪，载《考古》1975年4期。

《秦始皇统一岭南的进步作用》，顾维金，载《中山大学学报》1975年5期。

《试论秦始皇平岭南开灵渠的功过》，徐硕如，载《学术论坛》1978年1期。

《秦统一南越战争始年诸说考订》，余天炽，载《百越民族史论丛》第2辑，1982年。

《秦统一岭南投放了多少兵力？》，何维鼎，载《华南师范学院学报》1982年1期。

《试论秦对岭南的统一与开发》，何清谷，载《人文杂志》1986年1期。

《南越王墓发掘的主要收获——根据资料试论墓主是谁》，高倬云，香港《华侨日报》1996年3月13日，"学文"副刊。

《关于秦统一岭南的战争问题》，文锡进，载《中山大学学报》1986年2期。

《秦末岭南地区"和辑百越"政策述论》，王昭武，载《思想战线》

1987年6期。

《关于秦统一岭南百越的两个年代》，杨盛让，载《广西民族学院学报》1989年2期。

《英雄伟业费疑猜——记灵渠》，林岗，载《思想解放》1980年2期。

《灵渠——古代科学技术的精华》，吕梁，载《广西日报》1980年2月29日。

《广西古运河——灵渠》，周红兴、唐承荣、彭源重，载《文物天地》1981年4期。

《灵渠的故事》，嵇文公，载《桂林日报》1981年4月21日。

《兴安古运河——灵渠》，木思森，载《历史知识》1983年1期。

《马王堆汉墓出土地图所说明的几个问题》，谭其骧，载《文物》1975年6期。

《广州赵佗故城考》，曾一民，载《羊城今古》1991年3期。

《从西汉与南越的关系看历史上处理民族问题的得失》，罗庶长，载《广西民族学院学报》1982年4期。

《试论西汉对南越国的政策》，黄庆昌，载《广州文博通讯》1984年1期。

《试论秦汉时期岭南越族与汉族的关系》，周宗贤，载《中央民族大学学报》1984年2期。

《广州南越王墓印文释》，余天炽，载《学术论坛》1985年3期。

《西汉官印丛考》，叶其峰，载《故宫博物院院刊》1986年1期。

《汉初"南越国"社会性质试探》，李安民，载《广西民族学院学报》1986年3期。

《汉代对岭南的经济政策》，冼剑民，载《暨南大学学报》1989年4期。

《西汉越族官印试释》，王人聪，载《东南文化》1991年1期。

《南越国时期岭南经济文化的开发》，余天炽，载《广州研究》1986年2期。

《开拓岭南的功臣赵佗》，黄沫沙，载《羊城晚报》1962年8月3日。

《赵佗与南越国》，欧阳熙，载《广州师院学报》1980年1期。

《汉代统一岭南功臣赵佗》，黄良，载《广东画报》1980年5月号。

《论南越国赵佗的历史作用》，杨拯、吴永章，载《中南民族学院学报》1981年1期。

《岭南地区的开拓者——赵佗》，尹家俊，载《历史知识》1983年5期。

《试谈南越王赵佗的历史地位》，张维，载《广东文博》1984年2期。

《南越王赵佗入越及称王年代辨疑》，吕名中，载《中南民族学院学报》1984年4期。

《赵佗在岭南的文治武功》，何维鼎，载《学术研究》1984年6期。

《广州朝汉台实为乌有》，黄淼章，载《广州研究》1986年2期。

《论赵佗归汉及汉初的经济政治与南越王国的兴亡》，正经，载《广东社会科学》1986年2期。

《南越武王（帝）与南越文王（帝）》，于城，载《岭南文史》1987年2期。

《赵佗陵墓考》，黄淼章，载《岭南文史》1991年1期。

《广州象岗南越王墓墓主、葬制、人殉诸问题刍议》，麦英豪、吕烈丹，载《广州研究》1984年。

《南越文王墓葬的人殉》，黄新美，载《中山大学学报》1984年4期。

《广州象岗大墓"赵昧"印释》，黄鸿光，载《学术研究》1984年5期。

《南越文王的名字、卒年辨》，余天炽，载《岭南文史》1985年2期。

《赵胡、赵昧试推敲》，朱纪敦，载《广州研究》1986年2期。

《广州象岗南越王墓墓主考》，麦英豪，载《考古与文物》1986年5期。

《南越王墓佚名夫人是谁？》，许国彬，载《羊城今古》1989年4期。

《评陆贾〈新语〉》，李春光，载《辽宁大学学报》1984年2期。

《从〈新语〉看陆贾的政治思想》，赵捷，载《辽宁大学学报》1985年4期。

《汉初"无为之治"源于陆贾论》，汤其领，载《史学月刊》1991年4期。

《秦代开发南方的重要人物史禄》，徐勇，载《中学历史教学》1985年6期。

《我国考古发掘又一重大收获，广州发现西汉南越王墓》，余章瑞，载《人民日报》1983年11月11日。

《谈西汉南越王国和最近发现的南越王墓》，杨豪，载《光明日报》1984年2月1日。

《西汉南越王墓发掘初步报告》，广州象岗汉墓挖掘队，载《考古》1984年3期。

《象岗南越王墓反映的诸问题》，麦英豪，载《岭南文史》1987年2期。

《象岗探秘——广州南越王墓发掘散记》，黄淼章，载《岭南文史》1987年2期。

《南越王墓发掘述评》，杨豪，载《广西民族研究》1987年4期。

《广州西汉南越王墓出土铁铠甲的复原》，中国社科院考古所技术室等，载《考古》1987年9期。

《西汉长沙王墓和南越王墓葬制初探》，高崇文，载《考古》1988年4期。

《广州西汉南越王墓》，黄淼章，载台湾《历史月刊》1990年31期。

《南越王墓虎节》，何琳仪，载《汕头大学学报》1991年3期。

后 记

  谨对以上列目参考文献已故的、健在的著者、编者致以诚挚的谢意。

  在本书采访过程中，得到了国家文物局、中国社会科学院考古研究所、广州市政府、广州市文物管理委员会、南越王墓博物馆、广东省武警总队等单位的支持和协助，并得到了以上单位的黄景略、谢辰生、李季、黄展岳、白荣金、姜言忠、韩悦、王世民、王影伊、麦英豪、黄淼章、李林娜、吴凌云、刘鸿儒、王维一、叶丹洋等同志的热情支持与协助，特表感谢。

岳南

2011年9月24日